JN439319

『태백산맥』 외 80편의 독서감상문

문학의 숨결을 찾아서

▪ 여는 글

갖은 우여곡절 끝에 소위 말하는 잘 나가던 내 삶에 갑작스럽게 남편이 운영하는 공장이 전소되며, 주위 사람들의 염려와 관심에 아무런 답변을 할 수 없었던 나는 급기야 세상과 담을 쌓았다. 그러다 대인기피증까지 생긴 나에게 남편은 가장 큰 위안으로 다가와 5년 안에 다시금 정상의 자리에 설 것이라며 자신했다.

하지만 아무것도 남지 않은 곳에서 남편도 어찌 좌절하지 않았겠는가?

밤낮없이 뛰면서 힘든 과정을 혼자의 힘으로 끌고 나가던 남편은 내 마음까지 다독여주며 언제나 밝은 모습이었고, 여느 때보다 사랑으로 감싸안아 주었다. 그렇게 1년여의 시간이 흘러가며 누적된 피로와 스트레스로 인하여 입원을 하게 된 남편의 건강은 심각했다.

우리에게 과연 남은 것은 무엇인가?

좌절이란 아픔도, 재기하려던 한 조각 희망의 광채도, 사라진 것들에 대한 기억이 아니라, 또다시 좌절이란 절망은 나의 가슴을 사무치게 때렸다.

그러나 누구던가? 남편은 건강을 되찾았고, 우리에게 있어서 가장 소중한 것이 무엇인지? 비록 뿌리 없는 꽃이지만 꽃을 피워내고 향기를 담을 수 있는 한 마음이 아득히 멀어진 날들 속에서도 꺼지지 않는 불씨가 되었음을 알게 하였다.

또한 청소년기임에도 잘 성장해주는 두 아이를 위해 나는 다시 일어서리라 다짐하고, 복지회관에 있는 도서관을 찾아 '새로운 삶의 시작'이란 굳건한 마음가짐으로 독서하고, 감상문을 쓰면서 나의 제2의 인생이 시작되었다.

처음부터 내용 정리를 충실히 했던 것은 작품의 올바른 이해를 위한 것이기도 했다. 하지만 사실은 내가 읽었던 작품들은 거의 도서관에서 빌린 것이기에 읽고 돌아서면 잊어버리는 내 나이를 생각하지 않을 수 없었다. 그래서 작품을 읽으며 꼼꼼히 기록한 것들을 토대로 시작한 것이 독서감상문을 쓰게 된 밑거름이 되었다.

컴퓨터의 황제 빌게이츠가 "오늘날 나를 있게 한 것은 하버드 졸업장이 아니라 바로 동네 도서관이었다." 라고 말하였듯 독서의 중요성은 더 말할 필요가 없다. 여기에 덧붙여서 독서로만 끝날 것이 아니라, 감상문을 쓴다는 것은 독서를 하는 동안 사고의 깊이를 더하여 주고, 논리적인 습관을 기를 수 있는 원천이기에 아주 중요하다.

특히나 청소년기를 거치며 감명 깊게 읽었던 책과 그 시절에 습득한 지식들은 살면서 기억 속에 생생하기에 청소년기에 지식의 창고를 가득 채운다면 그보다 효과적인 것은 없으리라. 그 이유는 짧은 시일 내에 많은 독서를 하면서 느끼는 감흥도 며칠이 지나면 혼돈을 일으켜 '공부하는 것도 모두 제 시기가 있다.'란 것을 실감하였기 때문이다. 하지만 기억 속에서 사라져 버린 줄 알았던 작품 속의 세상이 시간이 흐른 뒤에도 독후감을 써놓은 것을 읽으면 책을 읽었던 기억이 생생하게 떠올랐다.

이와 같이 그래도 내가 무슨 책을 읽었다고 자신 있게 말할 수 있는 기성세대에는 작품을 기억할 수 있는 흔적을, 청소년들에게는 깊이 있는 사고로 냉철한 판단을 할 수 있는 논리를 정립하게 하는 계기가 되어줄 것이라 경험을 통해 자신 있게 말한다.

그리고 많은 책을 읽는 중에 빛바랜 낡은 책이 안고 있는 역사의 뒤안길이 멀고도 깊어 따라잡기엔 발걸음이 늦다는 것도 알았다. 또한 주인공을 따라가다 미로 속에서 헤매며, 모험이 가득 찬 세상에서는 호흡을 함께 하다가 여독을 안은 양 지쳐 잠들기도 하였다. 기나긴 기다림 속에서는 밤을 새웠고, 어둠이 깊으면 두 눈을 비비며, 헤어날 수 없는 함정을 빠져나오기 위해 내 자신과도 무던히 싸웠다. 그렇게 2년이 훌쩍 넘어가다보니 어느새 300여 편에 가까운 독서감상문을 쓸 수 있었다.

이처럼 문학의 숨결을 찾아가는 길은 나 자신의 존재를 의식하는 길이었고, 좌절 속에서 원망하던 세상과 화해를 하도록 이끌어 주었으며, 나의 문학을 향한 열망을 소통하게 하여 잃어버린 꿈을 찾아가는 길이 되어 주었다.

그러면서 문학작품을 쉽게 이해하는 방법으로 첫째 저자의 생애를 통해 드러난 성향과 둘째 작품의 배경이 되어주는 역사적인 사건과 사회상을 토대로 작품을 가장 근접한 상태에서 이해하려 하였다. 많은 작품 중에서 이번에 81편의 작품을 뽑아서 책을 펴내는 감회는 말할 수 없는 기쁨인데, 진정 무엇인가 갈망하는 사람의 삶은 빈 껍데기가 아님을 깨닫게 해준 남편으로 인한 것이었다.

가장으로 삶의 무게를 짊어지고 의연하게 헤쳐나간 남편에게 진정으로 감사하며, 마지막으로 작품마다 애정을 담아 최선의 노력을 다하는 가운데 감상문을 썼으나, 내가 잘못 이해하여 오류를 범한 부분이 있다면 독자들의 질타를 겸허히 받아들일 것이다.

2009년 5월 어둠이 늦은 새벽에

저자 **박정희** 씀

문학의 숨결을 찾아서

1. 태백산맥(10권)

① 저　　자 : 조정래
② 분　　류 : 대하소설
③ 출 판 사 : 해냄
④ 원고매수 : 제1부 : 恨의 모닥불 (1-3권) 4,500매
제2부 : 민중의 불꽃 (4-6권) 3,000매
제3부 : 분단과 전쟁 (6-7권) 3200매
제4부 : 전쟁과 분단 (8-10권) 총 16,500매 원고

줄거리 및 감상

우리 민족의 등줄기 태백산맥을 따라 분단의 비극을 불러일으킨 사상과 이념의 이데올로기 속에서 각자 선택한 삶의 방향을 토대로 하여 옳고, 그름의 판단이기보다는 혼란스런 시대를 살아온 인물들을 통하여 진정 가치 있는 삶의 뒤안길을 들여다보았다.

1948. 10. 19 여수 · 순천을 중심으로 일어난 사건은 분단 비극의 시발점으로서 의미를 지니고 있는 『태백산맥』의 제1부 '恨의 모닥불' 은 그 시기를 배경으로 하고 있다.

"언제 떠올랐는지 모를 그믐달이 동녘 하늘에 비스듬히 걸려있었다. 밤마다 스스로의 몸을 조금씩 조금씩 깎아내고 있는 그믐 달빛은 스산하게 흐렸다." 이처럼 뭔가 심상치 않은 일이 터질듯 무거운 1권의 본문을 시작으로 비장한 각오를 단단히 하지 않으면 안 될 것 같은 마음을 다지며 대하소설 『태백산맥』의 책장을 넘겼다.

좌 · 우익으로 갈라진 서로의 갈등 속에 인물들은 서서히 등장하며, 그들의 성격과 가정환경, 그리고 각자가 걸어가는 삶의 방향이 주를 이룬다. 공간적 배경이 되는 벌교 하면 특히 꼬막 요리가 유명한데 소화의 어미 월녀가 딸의 꼬막무침을 보면서 했던 말들이 인상적이었다.

그리고 '벌교 가서 돈 자랑, 주먹 자랑 하지 말라. 순천 가서 인물 자랑하지 말고, 여수 가서 멋 자랑 하지 말라.'는 오래 전부터 전해지는 지역의 특색을 담은 말로 그만한 인물들이 많이 있었기 때문이리라.(제1권)

이어지는 사건의 전개는 미군정의 치안유지를 구실삼아 일제 치하의 경찰 근무자 앞잡이를 중추로 경찰조직을 재구성한다. 거기에 남한만의 총선거가 이루어질 때, 좌익 세력의 반대 투쟁운동으로 여 · 순 반란 사건을 일으켜 89명을 사형하고, 염상진을 인민혁명위원장으로 추대한다. 그러자 당국은 경찰서장 남인태를 중심으로 토벌대장을 임만수, 염상진의 동생으로 깡패였던 염상구를 청년단장으로 하여 빨갱이 토벌 전에 들어간다. 그래서 빨갱이 가족들은 쫓기다 붙잡혀 몰매, 죽임을 당하는 등 그 가족들이 겪는 힘겨운 삶이 펼쳐진다. 또한 그 속에서 이념의 엇갈린 갈등은 원망의 씨가 되어 서서히 움트고, 처한 환경에서 빨갱이가 될 수밖에 없었던 가난한 소작인의 실상과 미곡수매로 힘겨운 삶도 짙게 묻어난다.(제2권)

아울러 아무것도 모르는 자식들은 아비가 빨갱이란 이유로 학대받아도 부모는 그저 힘없이 견뎌야하며, 계엄군이 주둔하여 미군정 미곡 수매에 따른 반감과 화순 탄광 사건으로 인민위원회가 조직되어 경찰과 대적하는 농민의 반란이 나주, 해남, 영산포, 무안으로 뻗어나간다.

한편 소화는 술도가 집 아들 정하섭과 첫날밤을 신당에서 보내고, 단지 몇 번 만났다는 이유로 염상구에게 고문을 받는다. 그리고 염상진의 사범학교 후배이며, 이론적 사회주의자로 선생인 안창민을 치료해 주었다 풀려나는 이지숙은 담양 지주의 딸로 사회주의 사상에 빠져 빨갱이의 연락망이 된다. 여기에서 이지숙의 오빠가 들려준 "대나무는 가난한 소작인의 넋이라

춥고 배고픈 것을 싫어해 기온이 따뜻하고 농지가 넓은 땅에서만 산다."란 '대나무 전설' 이야기는 소작인들의 뿌리 깊은 애환을 말해주고도 남음이 있다.(제3권)

그리고 역사는 '힘 있는 자들의 기록' 이어서는 안 되고, '자각하는 민중의 소유' 가 될 때, 비로소 민족의 '허리 잇기' 가 이루어지리라 저자는 말한다. 그 깊은 의도가 담긴 여 · 순 사건 이후의 십 개월 동안을, 제2부 '민중의 불꽃'의 배경으로 하여 여 · 순 사건과 6 · 25 전쟁 사이의 사회적 · 정치적 사건을 다뤘다.

갑오란 때 동학군을 훈련시킨 율어면을 지형적 폐쇄성으로 염상진은 그곳을 점령한다. 이지숙은 염상진의 끄나풀이 되어 동지들의 각 가정사와 정보를 교환하고, 지시를 받아 지하조직 구축을 위해 고심한다. 설을 앞두고 염상진이 횡계다리에 쌀을 쌓아둔 것은 가난한 사람들을 위함이었다. 그리고 소작 땅을 얻고자 하는 소작인들 사이에 농지개혁을 염려한 지주와 갈등의 끝은 보이지 않고, 보릿고개를 겪는 소작인들의 고통은 '미운 진달래'란 학생의 작품에 잘 나타난 것처럼 헐벗고 굶주린 서글픔이 깊게 배어 있다.(제4권)

한편 염상진은 보성을 침투하여 사상자를 내고, 대를 잇기 위한 간청을 받아들이는 벌교 · 보성지구 사령관 심재모는 씨받이를 위해 율어로 갑골댁 며느리를 보낸다. 하여 그것이 화근이 되어 심재모가 고발당한다. 그러자 광주사범학교 영어 선생으로 야학을 통해 독립정신과 애국정신을 일깨워주는 서민영은 그의 무고를 주장하는 탄원서를 낸다. 결국 국회의원 최익승과 선거후보로 나오지 않는다는 조건으로 심재모는 풀려난다.

그리고 이승만 정권의 농지개혁법 공포로 지주들은 자신의 땅에 많은 이문을 남기려 동분서주하고, 소작인들을 회유하는 가운데 김구의 죽음과 미군정 속에서 무기력한 민족상이 그려진다. 또한 제주도 4 · 3 사건의 연루자

350명이 탈출하고, 소작인들이 지주 집에서 폭동을 일으키는 대규모 시위를 벌이자, 군·경은 강제해산에 따른 폭력을 가한다.(제5권)

제3부 '분단과 전쟁' 은 시월의 들판에서 추수하며 흥겨운 농민들은 잠시나마 시름을 잊으나, 대규모 시위로 소작인들이 감금된 상태에서 지주들은 논 빼돌리기에만 급급하다. 이에 논을 사들여 염전을 만들려던 정하섭의 부친이며, 경찰 토벌대 위원장인 정현동은 분노한 농민의 낫에 찍혀 죽는다.

또한 추수가 끝나고 겨울로 들어서자 동상과 식량문제로 염상진 부대는 큰 어려움에 처하고, 벌교·보성지역 제2대 국회의원선거에서 안창배가 당선된다. 이는 이승만에 대한 불신과 함께 친일주의자를 배척하지 않았다는 사실이 선명히 드러난 것이라 말할 수 있다. 그리고 6·25가 터져 해방일보 신문사는 사회주의 리얼리즘에 입각한 기사로 미 제국주의의 불씨를 사르려한다.(제6권)

이러한 가운데 보성군 읍면에 인민위원회가 조직되고, 독립운동가인 김범준은 전남 서구지구 사령관이 되어 부모님과 상봉한다. 그 후엔 인민재판이 시작되어 무상몰수, 무상분배에 사소한 것까지 조사를 하자 인민의 불만이 쌓이나, 인민군의 세력은 부산을 제외한 곳으로 확장된다. 그러나 미국의 인천상륙 작전으로 전세는 바뀌어 인민군들은 가족과 또다시 이별을 한다. 염상진은 광주로 도망치고, 신문기자였던 이학송과 당원 김미선 일행은 한탄강을 끼고 북으로 후퇴한다. 그런데 그들이 도착한 평양은 미군의 폭격을 맞아 폐허가 되어버렸으며, 중공군의 침략으로 또다시 세상은 갈피를 잡을 수 없는 시대로 변한다.(제7권)

제4부 '전쟁과 분단' 은 1950년 11월이 저물어 중국군의 '인해전술'로 1951년 1·4후퇴가 시작되며, 공비와 내통한 통비분자들에게 군인들의 무차별 학대가 가해진다. 그래서 군·경 가족 500여 명이 탄량골에서 학

살당한다.

한편 김사용의 죽음을 먼발치에서 바라볼 수밖에 없는 김범준은 아버지와의 지난날을 회상하는데 삼팔선 이북의 진격 명령이 떨어진다. 하지만 돌림병인 유행열병 재귀열(이나 빈대, 벼룩이 전염시키는 병)이 퍼져 인민군의 피해도 커진다.(제8권)

그리고 화순탄광 광부들이 생존권 투쟁을 벌이자, 미군은 무력으로 진압하여 많은 인명이 희생되고, 식량, 무기, 의약품 부족으로 인민군은 탈출구를 찾으며 지리산을 향한다. 그렇게 향한 지리산의 동쪽에서 제일 높은 천왕봉 일출과 반야봉 반야낙조의 장관을 작가는 정밀하게 묘사해내고 있다.(제9권)

결국 궁지로 몰리며 쫓기는 빨갱이들이 열차를 습격하고, 철길을 폭파시키며 곡식을 탈취하여 지리산으로 도망친다. 그러자 지리산을 집중공격하는 박격포에 아수라장이 되고, "산 속의 열 명 당원보다는 인민 속의 한 명의 당원이 낫다."라며 안창민과 이지숙은 결혼하여 위장귀순 탈주한다. 그러나 붙잡혀 무기징역을 받고, '보아라 부대' '사철 빨치산' 반동 세력은 현실투쟁에서 죽음을 담보로 하는 역사투쟁의 결의를 다진다. 그렇지만 지독한 굶주림과 가혹한 추위를 이겨낼 방도를 찾지 못하는 상황에 휴전협정을 앞두고 계속되는 잔비의 토벌은 그칠 줄 모른다.

결국 1953년 7월 27일 판문점 휴전 협정에 의해 1945. 8. 15 그어진 삼팔선이 휴전선으로 변하자, 염상진은 더 이상 퇴로를 찾을 수 없는 진퇴양난進退兩難 속에서 부대원과 자폭한다.

마침내 치열한 좌 · 우익의 피비린내 나는 전쟁은 종식되어져 전남지구 부사령관이었던 염상진의 목이 벌교역에 내걸린다. 그로부터 며칠 뒤, 서민영과 김범우가 염상진의 장례를 치러 준다. 그 후 힘이 장사로 소작회를 이끌며 농사를 짓고, 평등을 주장하던 하대치가 염상진의 무덤에 서서 대원들이 죽어간 혁명의 별이 어둠 속에 빛날 것을 가슴에 심으며 사라져간다.

(제10권)

『태백산맥』은 여 · 순 사건이 있었던 1948년 벌교를 배경으로 하여 겪는 민초의 굶주리고 헐벗은 아픔과 더불어 좌 · 우익 사상의 한계를 벗어나지 못한 대립과 갈등 속에서 지리산으로 숨어들어간 빨치산 토벌작전이 끝나가는 1953년 초겨울로 들어서는 시기까지를 그린 대하소설이다.

태백산맥에서 시작하여 황해로 흘러가는 한강이 우리의 젖줄이라면 태백산맥은 우리 민족의 등뼈였다. 그런 등뼈가 민족의 운명을 시험하는 각축장이 되어 끝내는 분단된 현실이 있기까지 험준한 태백산맥은 등이 휘어진 것도 모자라 끊겨버린 온전치 못한 반쪽의 역사를 증언하고 있다.

작품 속에서 다룬 당시를 살펴보면 지주와 소작인 사이에서 벌어지는 갈등은 강자와 약자의 벽이었다. 그래서 돌파구를 찾아야하는 약자 앞에 농지개혁이란 시책은 골을 더 깊게 만들었고, 이승만 정권의 부정 선거와 미군정이 치안을 구실삼아 일제치하의 앞잡이를 중추로 경찰을 재구성하니, 이런 현상을 지켜보는 지각 있는 사람들은 일어서지 않을 수 없었다. 그래서 시대적인 모순을 안고 있어도 그대로 따라가는 우익과 새로운 개혁의 바람을 불러일으키려는 좌익으로 갈라져 맞설 수밖에 없었던 것이다.

이러한 이데올로기 속에서 주인공으로 등장한 염상진은 사범학교를 졸업하고, 일본 군국주의를 주입시키는 선생은 할 수 없다며 농사를 짓기로 했었다. 그러나 염상진은 현실을 바로보는 눈으로 다시금 나라를 말아먹는 자격 없는 사람을 결코 인정할 수 없어 선두에 서서 새로운 개혁을 시도하기 위해 인민위원장이 될 수밖에 없었던 것이다. 그래서 그는 대원들을 이끌고 새로운 역사의 부끄럽지 않은 주인공이고자 했다.

더욱이 매점매석으로 빼돌린 쌀을 일본과 뒷거래하는 윤삼걸 등 부정한 사람들이 만들어가는 세상을 인정할 수 없었던 것도 마찬가지다. 이러한 상황에서 미군이 겁탈한 처녀들의 자살이 이어지자 '몸 씻기 마을 굿'을 함으로 처녀들의 자살을 막았다는 것으로도 알 수 있듯 좌익 세력은 더 이상

방관할 수 없었던 또 다른 계기를 준 것이다.

그리하여 염상진을 따르는 중추적인 역할을 하는 강동식과 그의 처 외서댁, 하대치 등은 소작인의 애환을 고스란히 안고 있는 대표적인 인물이며, 과수원집 아들인 배성오, 지주의 딸인 이지숙 등은 사회의 현상을 방관하지 않으려는 사람들이었다. 거기에 언론을 통해 깨어있는 자들의 각성은 신문사에 근무했던 김미선과 기자였던 이학송을 들 수 있다. 이렇게 좌익의 중추 세력에 독립운동가였던 김범준 또한 염상진 못지않은 인민을 위한 투쟁을 하였으나 안타까운 현실에 밀려 사라진다.

힘 없고 가난한 소작인들이었기에 삶의 근간이 되는 땅을 얻어 농사를 지어야만 했다. 그러나 굶주림에 허덕여야만 했던 그들은 어떻게든 삶의 돌파구를 찾아야 했다. 그런데 공동생산, 공동분배란 평등한 세상은 사소한 것들까지 조사하는 바람에 더욱 피폐화되어버렸고, 자신들의 이념과 맞지 않는다 하여 저지른 살상은 분명 배제되어야 했다.

반면에 우익의 세력을 대표하는 인물로 염상진의 동생 염상구를 들 수 있다. 그는 어려서부터 편애하는 부모로 인해 형에 대한 미움이 커서였을까? 형과 맞서는 우익에서 빨치산을 잡기 위해 혈안이 되었으나, 결국 죽은 형의 장사를 치러줌으로 갈등은 감동적으로 막을 내리지만, 강동식을 죽이고 그의 아내 외서댁을 탐함으로 결국에 남편의 복수를 위해 외서댁이 좌익에 들어가게 하는 결과를 낳았으며, 각종 비리를 저질러 자신의 이익만을 채우기에 급급했다. 그렇지만 하대치와 대조적인 인물로 의지적 의식의 소유자며 이론적으로 사회주의자였던 안창민, 양반지주로 야학을 통해 독립정신과 애국정신을 일깨워준 서민영, 그리고 손승호 등은 우익에 서서 민족의식을 통해 그 시대를 이끌어갔다.

또한 김범우는 민족의 발견을 주장하고, 중립적인 인물로 좌 · 우익 사상을 비판하는데 그것은 전쟁의 먹구름 속에 인간생존의 양심을 밝히는 역할로서 중립을 지킴으로 소중한 생명을 담보로 하는 전쟁과 대립의 불씨를 끄려는 의도라 볼 수 있다.

아울러 대동아 전쟁을 보면서 민족의식이 싹튼 심재모가 대적하는 가운데서도 집안의 대를 이을 수 있도록 적군의 남편에게 아내를 보냈다는 것은 사상의 이질감이었을 뿐이지, 동족의 이질감은 아닌 까닭에서였다. 그래서 자신에게 불리한 입장이 닥쳐올 줄 알면서도 씨받이를 하도록 조처한 심재모의 따뜻한 마음이 한 민족이라는 사실을 다시금 상기시켜 그의 인간적인 부분은 더욱 아름답게 빛났다.

거기에다 서로를 쫓고 쫓기는 상황에서 그나마 아름다운 미담으로 삭막한 마음을 잠시나마 따뜻하게 이끈 것 같다. 또한 가짜영수증을 발급할 수 없다면서 동조하지 않는 양심을 지킨 심재모의 올곧고 정직한 면에 비해 새로 부임해온 백남식은 출세욕과 자신의 이익만을 찾는 인물로 대조적이라 하겠다.

이처럼 어둠의 새벽을 여는 역사를 향한 발자취를 찾아가다보니 6년 동안 온몸으로 쓴 우리의 피의 역사가 눈에 보이듯 선하다. 그렇지만 우리 역사의 갈래길이 아닌 민족을 잇는 태백산맥을 남 · 북의 동포가 자유롭게 오를 수 있는 길을 열어야하는 과제가 남아 있다. 그리하여 고달픈 역사가 남긴 흔적은 오래 전의 아픔으로 흘려보내고, 서로 서로 마주잡은 손의 따스함을 느끼며 한마음으로 끊어진 허리를 잇는 날이 하루 빨리 오길 기원한다.

마침내 나는 해냈다. 읽고 정리하는 데 무려 20여 일이 소요되었지만, 대작에 심혈을 기울인 작가 정신에 비하면 나의 짧은 시간은 아무것도 아니리라. 하지만 20여 일에 걸쳐 10권의 대하소설 『태백산맥』을 읽어낸 것은 의지라기보다 내 자신과의 기나긴 싸움이었다. 그래서 한 권 한 권의 흔적을 다시금 내 가슴에 새겨두는 고집으로 정리를 하였다.

처음엔 무작정 책을 읽어 내려가면 될 줄 알았다. 그러나 읽다보니 등장인물과 그의 아내(OO댁) 등 잘 매치시키지 않으면 내용을 이해하는 데 혼란이 인다는 것을 깨달았다. 하여 내가 기록해 놓은 등장인물만하여도 60여 명이나 되는 것처럼 인물의 특징과 직책들을 그때그때 기록해 두지 않으면 낭패를 볼 수 있다는 것이다.

특히나 이처럼 방대한 책을 읽을 때 차근차근 메모를 필수적으로 하지 않으면 더욱 그럴 것이다. 그래서 책을 읽을 때 설령 복잡한 내용의 책이 아닐지라도 메모하는 습관을 길러 실천한다면 이해하는 데 훨씬 수월해 지리란 사실을 체험을 통해 강조하고 싶다.

또한 책을 읽는 내내 내가 처음으로 대하거나, 이해가 안 되는 단어들 역시 메모하여 꼼꼼히 그 뜻을 찾아보는 수고는 있었으나, 사실은 책을 읽는 또 하나의 기쁨이었다. 잘 쓰이지 않는 단어들 중 '빼꾸리'는 관아에서 관직을 팔 때 관직 이름을 써서주되 실권 없이 명목만으로 행세를 한다는 것과 '상심喪心'은 허리 꺾일 병이란 옛말이란 것 등 새로운 지식도 습득하였다.

아울러 는적이는, 옴죽옴죽, 흘룽할룽, 씹떡껍떡 등 정감어린 단어들을 대하면서 우리글이 아니면 표현할 수 없는 매력이 새삼 소중하게 다가왔다.
끝으로 마무리를 지으며….

예전에는 눈앞에 펼쳐진 내 하루가 보잘 것 없이 무의미하다 여겨졌지만, 책을 열심히 읽다보니 내일을 기약하는 뿌듯함으로 잠자리에 들어 눈을 감아도 설렌다.

내일은 주인공 누구를 만날까?

머리맡에 쌓아둔 책은 아무런 대답을 하지 않는다.

2. 내 신발이 어디로 갔을까

① 저　자 : 브렌다 애버디언, 이양준 옮김
② 분　류 : 자서전
③ 출판사 : 나무생각
④ 쪽　수 : 364

줄거리 및 감상

화장을 하고, 머리를 손질하고, 마음에 드는 옷을 골라서 입고, 한껏 멋을 낸 모습을 거울에 비춰보며 손가방을 든 다음 현관문에서 '앗! 내 신발이 어디로 갔을까?'

이 얼마나 황당한 일이랴! 외출을 위해 공들인 시간이 무색해지는 순간이다. 하지만 정상적인 사람은 곧바로 인지하여 다른 신발로 대처하겠지만, 정상이 아닌 사람은 너무나 당황하여 눈앞에 아무것도 보이지 않을 것이다. 그리고 이러한 상황을 대처할 엄두도 내지 못할 것이다.

이렇듯 이 작품은 작가의 86세인 친정아버지가 치매에 걸리면서 교수직을 내놓고, 일체의 활동을 접은 후 겪은 일들을 쓴 것이다. 자식을 사랑으로 길러주신 것도 모자라 전부를 내어주어도 부족한 부모가 치매에 걸려버렸다는 것을 어느 누가 쉬이 인정할 수 있을까? 그래서 당황할 수밖에 없고, 상상할 수 없었던 까닭에 그 충격을 받아들이기란 여간 힘든 일이 아닐 것이다. 그런데 부친의 법정 대리인이라니….

예전과 분명 달라진 변화를 극복하려는 삶의 테두리 안에서 가족이 함께 머리를 맞대고 대책을 강구하여도 힘든데, 형제마저 등한시한다는 사실만으로도 얼마나 힘겨운 나날이 될지 닥쳐보지 않은 사람은 모를 것이다. 하지만 누구에게 부모를 떠맡길 수도 없는 일, 그래서 혼자 아버지를 돌보는 고난의 여정이 시작된다.

그나마 남편의 적극적인 도움을 가장 큰 위안으로 삼고, 자식이 없는 저자는 어린 아이를 입양한 마음가짐으로 치매에 걸린 아버지를 돌보기 위해 동분서주한다.

그러다 차츰 시간이 지나며 치매환자를 둔 가족과 모임을 갖고 주위의 이웃들과 친분을 맺어간다. 특히 샐리에게 황당했던 '아버지 알몸 사건' 을 얘기하는데, 그녀는 험난하고 아픈 곳에 첫발을 내딛을 뿐이라고 말한다. 이와 같이 치매 환자를 두고 있는 가족이라면 더없이 공감할 것이다. 특히 나 같은 여자로서 어머니를 돌보는 것과 아버지를 돌본다는 사실은 엄연히 다르므로 그 고난은 가중될 것이다.

그런데 나의 친척 중에는 이보다 더한 경우라 해야 될까? 고모가 오래 전에 돌아가시고, 몇 해 전 오빠마저 병으로 저 세상으로 떠나며 맏며느리인 올케 혼자서 치매 증상을 보이는 고모부를 돌본다. 정말 남의 일이라고만 생각했는데….

어쩌다 시골에 가서 보는 것도 안쓰러울 뿐인데 어떻게 혼자서 고모부님을 돌보는지? 아직도 아들이 살아 있는 줄 알고 계시기에 아들을 부르며 객기를 부리기도 하신단다. 어느 날 연로하신 고모부님을 찾아뵈며 "이 세상에 무슨 미련이 그리도 많아서 아내와 아들을 모두 떠나보내고, 혼자 남은 불쌍한 며느리를 괴롭혀요. 이제 그만하면 됐으니 며느리를 편하게 놓아주어야 되잖아요."라고 말했다. 그랬더니 잠시 제정신이 돌아왔는지 고모부님은 "그러게 말이다. 저승사자는 잡아가라는 나는 안 잡아가고 내 아들은 왜 잡아갔는지. 이제라도 며느리 그만 괴롭히고 떠나야 하는데…." 라고 말씀하셨다. 참으로 황당하지만 치매 환자를 돌보는 당사자가 아니고서야 어찌 그 심정을 헤아릴 수 있으리.

눈을 뜨는 아침을 맞는 것조차 정신적 · 육체적으로 지쳐가고 있을 텐데…. 올케 언니에게 아무런 도움을 줄 수 없는 나는 그저 고생한다고, 힘내시라고 말할 수밖에 없었다.

방송을 통해서도 치매 걸린 노모를 돌보기 위해 다니던 직장을 그만두고 시골로 모셔서 정성을 다하는 아들을 보았다. 지극한 효성심이 많은 사람들을 감동시켰으나, 한 집안 가장의 빈 자리를 채워가는 아내와 자식들 역시 변화된 삶을 감내해야 하듯 막상 환자인 노모를 보살펴야 하는 것은 가정을 송두리째 흔들어버리는 결과를 낳는다. 그래서 감당할 수 없는 가족들의 고통으로 인해 헤어지는 사람들도 있고, 부모를 방치하여 결국 버리는 경우도 있다. 그나마 요즘은 치매환자가 있는 가정에 대한 사회적인 인식이 달라져 대처 방안들이 생겨나고 있어 다행이다. 따라서 사회적인 홍보와 인식을 넓힐 수 있도록 건실한 프로그램을 통해 치매환자들을 대하는 마음가짐과 보다 효과적으로 돌보는 교육이 절실한 것 같다.

지금은 건강하지만 나이 앞에 장사 없다고, 흐르는 세월 속에 늙지 않는 사람은 없다. 언제 우리에게 닥칠지도 모르는 일이다. 그렇다고 내 일이 아니라고 방치하기보다는 치매환자를 돌보는 가정이 주위에 있다면 따뜻한 말이라도 건네주는 관심이 필요하다 생각한다. 또한 나름대로 도와줄 수 있는 것이 무엇인가 한 번 생각해 보는 것도 이웃으로서 도리일 것 같다.

86세의 아버지가 86세의 생일을 맞는데 잠시 제정신을 차린 아버지가 딸이 쓴 책을 보며 본인의 이야기를 쓴 것임을 알기도 했다 한다. 그래서 제정신이 들어왔을 때와 아무것도 인지할 수 없는 어린아이가 되어버린 때, 어느 순간이 환자를 돌보는 보호자가 가장 가슴이 아플까? 란 질문을 던진다. 그리고 만일 아버지가 제정신으로 돌아오신다면 그 때는 어떻게 해야 되는가? 저자는 그것을 가장 가슴 아파했는데 마음으로나마 위안과 격려를 주고 싶을 뿐이었다.

다행히도 TV를 보다보니 2009년 국민건강보험 건강검진에 추가된 치매

선별 검사는 만 60세, 70세, 74세 노인에 한해 받을 수 있다고 한다. 이것만 보아도 알 수 있듯 치매는 이제 남의 일이 아니고, 특히나 고령화사회에서 노인의 건강과 예방을 위해 국가적으로도 그 심각성을 인지하여 건강검진에 추가했다는 것이 참으로 기뻤다.

하여 이 책을 읽고서 부모의 심정을 생각해 보았다. 부모는 자식을 위해 목숨이라도 내어놓는 희생도 당연하다 생각하는데, 자식은 그런 부모의 마음을 알면서도 늙으면 짊으로 여길 뿐이다. 부모는 혼자서 열 자식도 키웠는데, 열 자식이 한 명의 부모조차 모실 수 없다면 이 얼마나 모순인가? 마음의 빚이 아니라 평생을 갚아도 받은 사랑과 쏟은 정성에 십분의 일이라도 미칠 수 있다면….

그래서 오늘은 홀로이 지내시는 엄마 생각이 더 난다. 자식 중에 가장 가까이 산다고 많이 의지를 하시는 엄마께 전화는 자주 드리지만, 바쁘다는 핑계로 가끔씩 찾아뵙는다. 그럴 때마다 밭에서 키운 푸성귀 하나라도 더 챙겨 주려 하시고, 그것도 모자라 집에 잘 도착했다 전화를 드리면 깜박하고 안 준 것이 있다며 무척 서운해 하신다. 그러한 심정을 헤아려 이제는 찾아뵙는 횟수를 조금은 늘려야 되겠다. 살아 계실 때 할 수 있는 최소한의 효도라 생각하며….

3. 제왕의 문(2권)

① 저　자 : 최인호
② 분　류 : 소설
③ 출판사 : (주)여백미디어
④ 쪽　수 : 1권 : 287, 2권 : 287

줄거리 및 감상

우리가 살아가는 일상에서 무엇인가에 집중하여 깊이 빠져드는 것은 그만한 관심이 밑바탕에 있기 때문이다. 거기에 더욱 짙어가는 열정이 더해지면 기필코 해내리란 결심을 굳히는 계기가 되는데, 그만큼 깊은 의미를 두었다면 어떠한 고난과 시련이 닥쳐와도 감내해낼 마음의 자세가 따른다. 그래서 아무리 많은 시간을 투자해도 아깝지 않게 생각한다.

하여 남다른 사명감으로 완성한 이 책에 쏟은 열정이 돋보여 완전히 매료된 나는 작가와 호흡이 점점 하나 되어감을 느끼면서 빠져들어갔다. 소설이라고 하기엔 역사의 자취를 더듬는 여행을 하는 기행문이라 생각되어질 정도의 혼란을 느끼며, 나는 투혼을 불사르는 집념으로 똘똘 뭉친 도전장을 내건 이 책과 동행을 하였다.

국내의 모든 유적지를 답사하고, 중국 대륙을 횡단하는 대장정은 바로 井 문양의 비밀을 찾기 위한 것으로 2년여에 걸친 역사탐방을 한다. 그리하여 완성하기까지 쏟은 정성은 확고한 신념과 불굴의 의지가 빚어낸 결과라 아니할 수 없다. 이 작품을 통하여 과연 인간의 끊임없는 탐구와 노력, 열정 앞에 井 문양에 숨겨진 비밀을 무슨 근거로 밝혀낼 수 있을지? 초조와 불안

속에서도 버릴 수 없는 궁금증이 일었다. 그래서 하나의 과제를 숙명으로 안고 뛰는 '독'을 뿜은 패기와 집념 앞에 강하게 매료되어 뒤따르는 내 자신이 이렇게까지 설레어 보기는 처음이었던 것 같다.

저자는 井 문양의 토기와 도기에 관심과 의구심을 뿜은 것은 광개토대왕을 시초로 기준점을 삼아 출발한다. 그런데 이성산성, 서울대 박물관의 나팔입 항아리, 매룡리 용강골에서 출토된 경질병, 구의동 무덤의 토기, 부산대 박물관 고배(가야국) 등을 비롯하여 경주 안압지 칠기 반찬그릇(찬합)에서도 井 문양이 발견됨에 고구려의 특성을 지닌 문양이란 설득력을 잃어 미궁으로 빠진다.

하지만 광개토대왕은 5만의 고구려 군사들과 변방을 출발하여 지금의 충주인 국원성을 거쳐 신라의 경내까지 쳐들어가 왜인을 쳐부수고, 오늘날의 김해 지방인 임나가라에까지 이르러 왜군을 물리쳤음으로 고구려 남하 경로와 井 문양이 새겨진 출토 지점이 일치함을 깨닫게 된다.

그리하여 동토凍土의 땅 압록강 4만 킬로에 달하는 역사탐험의 대장정에 올라 광개토대왕의 비문과 모두루총 —〈모두루는 할아버지 공으로 대왕의 은혜를 받아 동명성왕과 모두루 일족의 출신지인 북부여의 수사로 파견, 모두루(대사자 등급)가 광개토대왕의 죽음을 슬퍼했다함.〉— 등에 새겨진 내용을 종합한다.

그것은 첫째 광개토대왕의 비문에 새겨진 천재의 아들이며, 어머니는 하백의 딸이다. 둘째 삼국사기에는 천재의 아들이며, 하백의 외손이다. 셋째 삼국유사에는 천재의 아들이며, 하백의 손자이다. 넷째는 모두루총에 하백의 손자요, 일월의 아들이다. 라는 것을 근거로 삼아 결론을 내린다.

그래서 井 문양은 고구려 주몽이 사용했던 것처럼 광개토대왕 자신도 고구려의 부흥을 일으킬 중시조中始祖로 생각하며 비록 건국은 주몽이 했으나, 고구려의 영화는 중시조인 광개토대왕 자신이 광활한 영토와 복잡한 이민족을 통합하는 것은 하늘의 뜻, 물의 뜻임을 만천하에 나타내 보이기 위하여 井 문양을 새겨넣은 것으로 그 이후에도 井 문양이 사용되었으나, 점차 사라져버린 것으로 일단락을 짓는다.

또한 우물은 내세에까지 물의 원천이 되는 것임을 알 수 있다. 그것을 뒷받침해주는 중국인들은 자신이 죽어도 환생을 믿으며, 물의 원천인 우물을 소유함으로써 내세에서의 부귀영화를 꿈꾸었다는 것이다. 하여 무덤 속에 우물 형태를 본떠 토기 · 도기를 부장물로서 묻었던 것으로 고구려인도 마찬가지였을 것이라 생각한다.

아울러 중국인들은 우물물이 넘치는 것을 최고의 길조로 생각한다는데, 모든 생명의 근원이 물에서 시작된다는 사실을 생각해보면 그 마음을 가히 짐작할 것 같다.

결국 고독한 자신과의 싸움에서 의혹을 향한 중단 없는 전진이 井 문양에 대한 비밀을 밝혀낸 것이며, 그 열정의 대장정을 마무리하는 홀가분한 마음으로 백두산에 올라 한민족의 정기를 역사의식과 민족애로 우리의 가슴에 뿌듯하게 심어주어 더없이 감동적이었다.

그리고 압록강鴨綠江의 물빛이 오리 머리 빛과 같이 푸르다水色如鴨綠하여 압록강이라 했다는데 가보지는 못했지만, 압록강은 우리나라 북부와 중국의 동북부 지방과 국경을 이루는 강으로 백두산에서 발원하여 길이 790킬로로 우리나라에서 제일 긴 강이다. 옛 이름이 마라수馬拏水라로 새삼 한민족의 정기를 담았어도 자유롭지 못한 분단 속에서 가슴 아프게 강물은 흐르고 있으리라 생각하니 울컥해졌다.

이처럼 아름다운 도전에는 지식도 함께 넓혀주는 계기가 되어주기에 배움의 길은 끝이 없다는 사실도 알게 되었다. 또한 기어이 밝혀내려는 끝없는 의지와 패기, 열정이 있었기에 井 문양의 비밀을 밝혀낸 것처럼 우리도 무슨 일을 함에 있어 수동적으로 행하기보다는 보다 적극적인 자세로 끊임없는 의문과 질문의 해답을 찾고자 하는 끈기를 배워야 되겠다. 그리고 어떠한 난관에 부딪히더라도 도중에 중단하거나, 쉬이 포기해버리는 나약함

보다는 문제의 실마리 하나라도 있다면 부딪히는 근성을 길렀으면 좋겠다. 쉬운 일만 찾고, 어려운 문제에 부딪쳐 보기도 전에 포기하여 도태되는 사람이 된다면 과연 무슨 일을 해낼 수 있을까?

하지만 자신이 목표를 세운 것 중 어느 하나에 도전하여 정상에 서 보면 매사에 할 수 있다는 자신감도 생기고, 그 자신감을 토대로 하여 또 다른 새로운 시도를 할 수 있어 분명 발전된 값진 삶을 살 수 있다면 이 얼마나 뿌듯한 행복이랴!

4. 천사와 악마(2권)

① 저　자 : 댄 브라운, 양선아 옮김
② 분　류 : 소설
③ 출판사 : 베텔스만 코리아(주)
④ 쪽　수 : 1권 : 410, 2권 : 394

줄거리 및 감상

종교적인 측면에서 생각해 볼 때도 그렇고, 살아가는 가운데도 매순간마다 인간의 마음속에 천사와 악마란 존재의 양면성을 지닐 수밖에 없는 것은 무엇인가?

자신의 욕망을 채우기 위한 악마적인 부분과 모든 것을 버림으로 초월한 천사의 입장에 대부분의 사람은 한 번쯤 서보았기에 우리는 양심에 비추어 때론 천사와 악마의 경계를 짓기도 한다.

아주 어렸을 때 착한 일을 하면 천사가 상을 주고, 나쁜 일을 하면 악마가 벌을 준다는 부모님의 말씀에 착한 아이고자 했을 것이다. 그러나 세상의 이치를 인지하는 성인이 되었을 때, 천사와 악마의 중간 즈음에서 유혹을 뿌리친다는 것이 얼마나 힘든 것인지 경험해보지 않은 사람은 없을 것이다. 따라서 중간자 입장에서 한 번쯤 갈등을 경험해 보았던 이를 토대로 인간의 마음속에 들어있는 천사와 악마적인 요소가 어떠한 결과를 낳는지, 이 책을 통하여 다시 한 번 생각의 폭을 넓혀 보는 계기로 삼는다면, 과연 어떠한 삶을 살아야 하는지 알 수 있을 것이다.

우선 댄 브라운은 평범한 교사에서 『다 빈치 코드』란 작품으로 베스트셀러 작가가 되었으며, 인류의 비밀을 파헤치는 핵심 인물로 미국의 언론에서는 그를 '소설계의 빅뱅' 이라 부르는데 그의 마력은 어디에서 뿜어져나오는지 흥미롭지 않을 수 없다.

이 소설은 CERN에 근무하는 레오나르도 베트라의 갑작스런 죽음으로부터 발단이 된다. 그는 입체 물리학계의 최선두인 가톨릭 사제로 신新물리학이 과학과 종교의 역사에서 논쟁이 벌어지는 상황에 반물질과 관련된 죽음이란 결론을 내린다. 그리하여 베트라의 죽음은 반물질과 일루미나티(개화된 자들로 반기독교 단체로서 조직적으로 활동함)조직과의 관련성에 초점을 맞춰 그 비밀의 해답을 밝혀내려 한다. 그 중추적인 인물로 기호학에 두각을 나타내는 로버트 랭던과 CERN의 소장 막시밀리안 콜러, 죽은 베트라의 딸로 생물학자인 비토리아 베트라가 주인공이 되어 전개된다.

반물질이라 함은 로켓 연료의 이백 톤, 순수한 수소로 이십만 킬로그램과 맞먹는 에너지를 보유한다는 것이 학계의 가설이다. 이것은 금속성분이 없어 금속 탐지기를 통과, 화학 냄새 또한 없으며 폭약처럼 해체할 수 있는 선, 퓨즈도 없음으로 비밀리에 많은 희생을 불러일으키고도 남음이 있는 무기를 말한다. 그런데 그 반물질을 일루미나티 조직과의 관련성에 초점을 맞춘다는 것은 그만한 위험을 감수해야 한다는 것이다.

그래서 죽은 아버지의 비밀을 밝히려는 비토리아와 랭던은 반물질을 찾기 위해 로마 카풋 문디(시저가 한때 다스리고 성 피에트로가 십자가에 못박힌 곳)로 향하는데 바티칸은 교황 선거로 북적이며 개막 미사가 시작된다. 그러나 가장 유망한 교황의 계승자 네 명의 추기경이 납치되자, 스위스 근위대 총사령관 올리베티와 6시간밖에 남지 않은 바티칸 교황 선거 회의를 붕괴하려는 반종교 단체와 맞선 두뇌게임이 시작된다.

한편 카를로 벤트레스카는 서거한 교황의 궁무처장으로 바티칸 비밀문서고에서 랭던, 비토리아와 합세하여 비밀의 열쇠를 푸는 데 많은 도움이 되지만, 읽는 내내 의문점들이 떠나질 않았다. 그리고 갈릴레이와 밀턴(실낙원)의 시詩 「산치오의 흙의 무덤에서」 해답을 찾아가며 추기경을 구하려는 랭던과 비토리아의 노력에도 불구하고, 한 시간 간격으로 죽은 추기경의 시체에는 차례로 과학의 네 가지 원소인 흙, 공기, 불, 물의 낙인이 찍혀 있다.

이런 와중에 암살자에 납치된 비토리아를 구해낸 랭던은 다음 살인의 표적이 궁무처장이 될 것이란 사실을 알게 된다. 그래서 위험에 처한 궁무처장을 구하러 달려가는 사이 궁무처장과 면담하던 콜러가 쏜 총에 궁무처장은 부상당하고, 달려온 근위대의 총에 맞은 콜러는 뒤쫓아 온 랭던에게 캠코더를 전해준다.

마침내 도망친 궁무처장은 신의 메시지를 들었다며, 반물질을 성 피에트로 무덤에서 발견하여 헬기를 타고 공중에서 폭파시킨다. 그리고 성 피에트로 대성당의 테라스에 내려 군중과 추기경들의 지지를 받는다. 하지만 궁무처장을 붙잡으려다 헬기에서 떨어진 랭던은 구사일생으로 살아나 캠코더에 저장된 진실을 밝힌다.

그것은 반물질로 일루미나티의 부활을 꿈꾸며 네 명의 추기경과 베트라를 살해하고, 교황마저 독살한 궁무처장의 음모였던 것이다.

결국 궁무처장은 붙잡혀 시성諡聖의 조사 심문관이었던 추기경을 통해 자신이 교황의 친자였음을 알게 된 그는 성유聖油를 몸에 붓고 연기되어 사라진다. 이로써 24시간의 긴박한 상황은 종료되나, 방송에서는 이 엄청난 사건의 진실을 은폐하는 허위의 보도를 한다.

이처럼 과학과 종교 사이에서 반물질이라는 엄청난 무기와 일루미나티의 부활을 위장하여 저지른 살인사건의 진상을 밝혀낸 긴박한 두뇌게임은 독자로 하여금 빠져들게 하는 흡인력이 강한 흥미진진한 책이다. 또한 그 비밀의 해답을 하나씩 찾아가며 결과에 도달하는 탐정적인 부분은 과학적인 증거와 종교의 예시록에 맞아가면서 매순간마다 신비와 긴장감의 연속이었다.

궁무처장은 결과적으로 폭발사고로 살아난 자신을 키워준 아버지를 죽인 것으로 뒤늦게 알면서 얼마나 고통스러웠을까? 인간의 잘못된 악마적인 요소가 빚어낸 엄청난 살인을 저지른 자신의 죄를 시인하고 죽음을 선택하나, 두 번 다시 종교를 앞세워 인간의 믿음을 위협하는 반물질과 같은 것은 존재하지 말아야 될 것이다. 또한 세계를 위협하는 천사의 미소와 악마의 유혹 중에 어느 것을 선택할 것인가? 천사의 모습을 한 악마의 실체인 궁무처장을 보면서 말이다. 그것은 말하지 않아도 되는 것처럼 진실 앞에 가려진 베일은 벗겨져 정의는 반드시 승리한다는 것은 자명하기에 안타까운 희생은 있었으나 통쾌함을 우리는 느끼는 것이리라.

그런데 이 작품 속에서도 진실의 보도는 가려져 있는데 왜 그래야만 하는가?

주관적인 나의 견해지만 사회의 현상에 물의를 일으킨 저명인사의 종교와 관련된 잘못된 처사라서, 그 파급효과가 진실 앞에 걷잡을 수 없는 사회적 혼란을 야기시켜 민중들로 하여금 근본이 흔들리는 사태를 잠재우기 위한 한 방편으로 사실의 보도가 배제된 것으로 본다. 우리의 역사에도 가까이에는 자신의 삶 일부에도 조금씩은 포장된 가운데 살아가는 경우가 있다. 그렇지만 그것은 다만 선의의 거짓말이라든가, 맑은 물에는 물고기가 살 수 없다는, 남에게 피해를 주지 않는 내에서만 허용된 것으로 받아들이면 어떨까 한다.

그러나 오랜 시간이 흘러도 진실 앞에 후손들은 지나간 역사를 심판한다. 여기에 우리가 명심해야 될 것은 개인이든 단체든 어느 누구를 막론하고, 야욕으로 때론 잘못된 판단으로 임무를 다하지 않는 무책임함에서 비롯되어 국가적 · 사회적으로 혼란을 빚어놓은 물의는 언젠가는 분명히 밝혀진다는 것이다. 그래서 그 일선에서 뛰는 사람들이 밝히려는 언론의 자유를 묵인하여 가두어버리는 일은 법적으로도 강력히 보호받아야 된다고 본다. 따라서 진실을 밝히지 않는 왜곡된 보도는 소설과 현실세계의 다른 점이길 바라며, 반물질과 일루미나티 같은 단체는 이 지상에서 사라져 함께 평화를 수호하며 사는 행복한 세상이길 빌어마지 않는다.

아울러 책을 읽는 동안 종교계의 윤리에 따른 현실과 가상의 세계를 혼동하게 하였고, 바티칸 시국의 정교한 건축과 내부 구조의 묘사는 실로 감탄을 자아내게 하였다. 한편으로는 과학과 종교 사이의 진정한 승자를 가린다는 것은 모순이기에 상호 협력과 인류 발전에 기여함으로 그 가치가 있는 것이지, 개인의 탐욕과 불행의 씨앗을 만들어내는 어리석음은 없어야 되겠다는 생각이다.

5. 데미안(Demian)

① 저　자 : 헤르만 헤세, 우상식 옮김
② 분　류 : 소설
③ 출판사 : 두풍
④ 쪽　수 : 199

줄거리 및 감상

고교 시절에도 이 책을 옆에 끼고 다니며 읽었던 생각이 문득 났다. 비록 많은 책을 당시에 읽지는 않았지만 문학을 좋아했던 나는 취미 란에 독서, 특기 란에는 하모니카 불기라고 적었던 기억도 함께 떠올랐다. 인문계 고등학교 그것도 문과를 택한 고2 때의 어느 날, 소지품 검사를 받던 중 가방에서 하모니카를 발견한 선생님의 표정은 공부에 열을 올려도 부족할 시기에 어느 한편으로는 무슨 하모니카를 분다고…. 종례를 마치기 전에 나와서 한 번 불어 보라해서 그 때 유심초의 '사랑이여'를 멋들어지게 불었더니, 나의 실력을 인정해주시며 공부도 열심히 하라고 다독여주신 선생님이 생각났다.

부모님은 시골에 계시고 자취하던 때라 외로움을 많이 느꼈기 때문이었을까? 하모니카는 내게 많은 위안이 되었고, 특히 『데미안』이란 이 책은 정신적인 성숙을 이끌어 주었던 것 같다. 그래서 지금 다시 읽는 내 마음은 고교 시절로 돌아간 듯하였고, 어떠한 마음가짐으로 어느 시기에, 어떠한 환경에 있느냐에 따라서 작품을 이해하고, 소화해내는 방법이 조금씩 다르다는 것을 느낄 수 있었다.

이렇듯 책은 읽을 때마다 그 느낌이 색다르다는 사실에 문학작품이라 하여 청소년기만의 권장도서란 편견을 버리고, 다시금 꺼내어 읽는 것도 큰 의미가 있을 듯싶다.

화자인 '나' 싱클레어는 10살 때, 라틴어 학교에서 양가良家 출신의 프란츠 크로머란 불량배에게 고통을 받는다. 그런데 이를 목격한 전학 온 상급생 데미안의 도움으로 벗어난다. 그 후로 싱클레어는 데미안의 영향을 받으며 점차 성숙해가는 가운데 내면으로부터 느끼는 고뇌와 번뇌 속에서 갈등하게 된다.

비록 데미안의 도움으로 크로머에게 벗어나긴 했으나, 싱클레어에게 있어서 그 일은 수치요, 떼어낼 수 없는 꼬리표가 되어 언제나 무거운 마음의 짐이다. 그리하여 데미안을 멀리하다 전학을 간 김나지움 기숙사에서 어느 소녀를 짝사랑하지만, 결국 그 소녀의 초상화에서도 싱클레어는 데미안을 느낀다.

데미안은 "새는 알에서 나오려고 싸운다. 알은 곧 세계이다. 태어나려고 하는 자는 하나의 세계를 파괴하지 않으면 안 된다. 그 새는 신을 향해 날아간다. 그 신의 이름은 아브락사스 〈신적인 것과 악마적인 것을 결합시키는 상징적인 관계를 가진 일종의 신神〉라고 한다."라며 싱클레어에게 말한다. 그래서 아브락사스에 대하여 피스트리우스를 통해 인간이 자기 자신으로 가는 것과 깨달은 인간은 자기 자신의 내부에서 확고부동하게 되며, 어디로 가든지 자기 자신의 앞길을 더듬어 나가는 것이 지도자로서의 역할이라는 것을 데미안을 통해 배운 싱클레어는 그 뜻을 가슴에 새긴다.

그 후로 싱클레어는 대학을 입학하여 우연히 데미안을 만나 그의 집을 찾아서 지구의 껍질에서 비상하려는 황금빛 매의 머리를 한 자신의 새를 본다. 그리고 감탄하며 데미안의 집을 자주 찾는 가운데 데미안의 어머니 에바부인에 대한 사랑의 감정이 싹튼다.

그러나 에바부인의 진정한 사랑에 대한 이야기, 수많은 경고의 말을 통해 가벼운 유혹의 순간을 극복하고, 심중의 깊은 늪에서 깨어나 자아自我를 찾는다.

그런데 전쟁이 발발하자 데미안은 전장으로 나갔다 어머니의 강한 부름의 이끌림에 어머니 곁으로 다가간 데미안에게 어머니는 자신이 남긴 키스를 싱클레어에게 전해주라는 것에서도 싱클레어는 데미안을 닮고픈 자신의 모습을 보게 된다.

헤세에게 있어서도 이 작품은 40대의 대표작이라 하는 만큼, 나 또한 불혹不惑의 나이란 공감대가 형성되어 신중한 마음가짐으로 새롭게 읽었다. 헤세는 평생을 방황한 독일의 낭만주의 시인이며, 소설가로 『데미안』이란 이 작품에 "이 세상의 인간에게는 자기 자신이 인도하는 길을 가는 것보다 더 어려운 일은 없다."란 말을 남기며, 이 말의 의미를 깨닫고자 오직 내면의 길로 깊게 파고드는 면을 아낌없이 보여준다. 그리하여 유럽 문명의 발달로 인해 피폐화되어가는 인간의 정신적인 모습과 동시에 낡은 세계의 붕괴를 통해 새로운 자유와 애정을 추구한 그의 삶이 작품 『데미안』에 잘 녹아나 있다고 한다.

이처럼 한 인간의 우연한 만남 속에서 겪는 것들을 청소년기의 눈빛으로 본다면 데미안은 싱클레어의 우상일 수도 있겠으나, 데미안은 새로운 날의 날개를 펼칠 수 있는 조언자로 성숙의 진정한 의미를 시사한다.

그리하여 누군가를 우상으로 삼아 닮고픈 청소년들의 모방심리야말로 어른이 되어 가는 연습이라는 면에서 긍정적이나, 정도를 벗어난 눈에 거슬리는 행동은 분명 다른 것처럼 결국, 내 삶의 길은 알을 깨고 나오는 새처럼 자신의 몫으로 그 만큼의 고통이 필요하다는 것을 강조하고 있음을 알 수 있다.

또한 하루 아침에 얻어지는 것은 아무것도 없으며, 새로운 세상을 만들기 위한 아픔이 파괴란 것에 국한되어 있다면 그 의미는 이미 상실된 것이라 생각한다. 오직 데미안을 통해 그를 추종하는 것으로 불완전한 시기를 보낼 것이 아니라, 싱클레어는 자신의 알을 깨는 고통은 스스로가 책임져야 진정한 자아를 찾을 수 있을 것이다. 따라서 내가 찾는 해답은 길을 찾아가는 방향에 따라 조금씩 달라질 수 있으나, 부단한 노력을 스스로가 하면서 얻는 것이야말로 진정 가치 있는 것이라 생각한다.

6. 인간의 조건(la condition humaine)

① 저　자 : 앙드레 말로, 김붕구 옮김
② 분　류 : 소설
③ 출판사 : 지식공작소
④ 쪽　수 : 532

줄거리 및 감상

'조건'이란 말처럼 중압감이 느껴지는 것은 없다. 특히나 정당한 일을 하지 않는 부정을 행하는 곳에서 올가미가 될 수밖에 없는 것은 당연하다. 그렇지 않는 경우에 누군가의 협박에 의한 것이라면, 그 조건은 분명 부당한 처사라도 따라야 되는지에 누구라도 갈등을 느끼지 않을 수 없을 것이다. 그런데 거기에 생명을 담보로 하는 조건이라면? 그것이 '인간의 조건'이라면…?

머리를 쥐어짜 보아도 입을 열지 못하는 침묵 속에서 이 책을 읽으며 떨쳐낼 수 없었던 '인간의 조건'을 생각하며 기나긴 밤을 고뇌하는 마음으로 읽었다. 긴박하게 전개되는 주인공들이 처한 어지러운 시국은 갑오동학 혁명과 항쟁 속에 부르짖은 5 · 16혁명, 나라를 빼앗긴 일제치하에서 구국을 향한 항일 투쟁을 방불케 하였다.

중국을 무대로 한 이 작품은 농민들의 토지분배와 채권의 폐지, 노동자들의 근로 시간의 엄수에 어긋난 노동력 착취 등 1927년부터 시작된 중국의 사회와 시대상을 토대로 첸 · 기요 · 카토프란 세 사람이 펼쳐가는 삶의 조건이 오직 인간이란 이름으로 의롭게 싸우다 죽음을 맞이하는 것을 그려놓은 작품이다.

중국인 테러리스트 첸은 혼자인 몸으로 기요의 아버지 지조르의 가르침을 받는다. 상하이 봉기가 성공한 후, 장제스 사령관이 입성하여 무기 반납 령이 내려지지만, 첸은 이에 수긍하지 않고 장제스를 암살하려다 실패로 붙잡혀 권총자살을 한다.

기요는 일본인 어머니와 함께 중국 북부에 혁명 기초 세력을 만들긴 했으나, 혁명가로서 애정의 갈등 속에 있다. 그러나 죽음의 길을 동행하여 주는 의사인 아내 메이와의 사랑은 부부로서의 아름다운 시간이었기에 가장 인상 깊게 남는 장면이다.

그리고 상하이 폭동의 조직자 카토프 또한 동지들과 체포되어 죽음을 기다리는데 세 명의 주인공들이 마지막까지 버리지 못한 혁명이란 무엇인가?

새로운 시대가 열렸으나, 그들이 바라는 세상은 과연 중국을 어떻게 변화시켰는지? 궁금하지 않을 수 없었으나 그 내용은 다루어지지 않았다. 끝내는 기요 또한 청산가리로 자살을 하게 되고, 붙잡힌 혁명가들은 기관차의 보일러 속으로 사라진다. 카토프는 기요의 자살에 고독을 느끼며 잠시 그 속에서 휴식을 취한다. 그리고 카토프는 정작 자신이 자살 때 쓰려던 청산가리를 남은 동료에게 주고, 본인은 타죽을 각오를 한다.

결국 새로운 지도자를 따를 수 없었던 세 사람은 죽음을 맞고 만다. 그러나 기요의 아내 메이는 남편의 시신을 거두며, 그의 죽음이 헛되지 않을 복수를 위해 모스크바로 떠날 결심을 한다. 아버지 지조르와의 이별 속에 묻어나는 내면의 쓸쓸함을 뒤로한 채….

우리는 책을 대하며 겁부터 먹는 경우가 많다. 내용을 이해할 수 없어서 그렇고, 주인공들이 왜 그래야만 하는지? 그러다 자신의 한계에 부딪쳐 중도에 그만 덮어버리는 경우도 왕왕 있다. 그것은 책 속의 내용만을 통하여 주인공들의 삶을 이해하려고 하는 데서 빚어지는 오류다. 그러나 의문을 갖고 소설의 배경이 된 당시를 자세히 알아보는 습관을 기른다면 어떠한 책이든 어렵지 않을 것이라 생각한다. 따라서 이 책에서는 첸이 장제스를 암살하려고 한 부분을 토대로 당시의 역사에 사전 지식이 있다면 훨씬 쉽게 이해에 도움이 될 것이다.

장제스는 도쿄에서 유학하며 일본 군대에 근무한 혁명가로 1911년 중국에 혁명이 발발한 소식을 듣고 돌아와 중국 공산주의자들 및 혁명가들과 합세하여 새 총통이며, 후에 황제로 등극한 위안스카이에 대항해 싸운다. 그 후 1918년 국민당 지도자 쑨원의 휘하에 들어가, 쑨원의 목표인 위안스카이 체제의 붕괴와 군벌들의 각축장이 되어버린 중국 대륙의 통일에 힘쓴다. 그리고 쑨원이 소비에트 식 국민당을 개편하기 시작한 1923년 장제스는 소련을 방문 후, 소비에트 식으로 세워진 황푸군관학교 교장에 취임하자 소련의 고문관들이 광둥에 몰려온 1925년, 쑨원이 죽으며 공산주의자들과 국민당의 보수적 인사들 사이에 긴장이 고조된다.

그러나 소련의 지원을 얻어 중국 공산당원들의 세력을 견제, 1927년 상하이 유혈 쿠데타를 일으킨다. 그래서 공산당원들을 국민당에서 몰아내고 공산당이 조직한 노동조합 등을 탄압하자, 마침내 공산당과 갈라서게 되며 그에 대한 지원을 중단했다 한다.

결국 장제스의 쿠데타는 지주 및 상인계급과 밀착 관계를 유지해왔음으로 학대받는 궁핍한 일반 국민들을 무자비하게 억압하는 보수적 노선으로 걸어갈 수밖에 없었던 것이다. 그러나 중국은 농민들이 인구의 90%를 차지하는 나라로 중국 공산당의 승리로 입증된 바와 같이 중국 농민들이 공산당을 지지했기 때문에 강력한 중앙 정부가 수립될 수 있었고, 그로 인해 현대 중국의 통일이 가능했던 것이다.

이처럼 역사적인 사건의 일말이 책의 내용 속에 숨겨져 있었으니, 혁명가들의 끝없는 저항은 국민당과 상하이 봉기 후, 장제스 군과 타협의 표시로 무장해제 하라는 중국 공산당 본부의 지령에 응할 수 없었던 것으로 체포, 처형될 수밖에 없었던 것이다. 따라서 역사의 산 증인이 되어 죽어간 첸과 기요, 카토프의 죽음을 통하여 혁명가로서의 삶이 과연 인간으로서 갖추어야할 조건이라면 이 얼마나 기구한가?

그러나 그들의 의로운 저항과 죽음이 있었기에 희망의 불씨가 되어 오늘날의 중국이 통일된 것이라 생각하니, 인간의 조건은 조국을 위해 불굴의 의지로 목숨을 내걸고서라도 불의와는 타협하지 않는 사람을 뜻하는 것으로 해석할 수 있겠다.

세상에 태어나 내 삶의 목표만을 위해 열심히 사는 것도 보통사람으로서 힘든데, 혁명가로서 죽음을 불사하는 그 삶의 근원이 무엇일까?

그것은 잘못된 사회를 올바로 직시하여 개선함으로 많은 사람들이 더욱 인간다운 삶을 살도록 하기 위한 희생정신이 투철했기 때문이라고 본다. 그런데 우리는 부당한 처우지만 자신의 일이 아니면 등한시하는 경향이 있다. 내 권리를 주장하는 것처럼 혹시 잘못된 처사로 남이 곤경에 처했을 때, 함께 나서서 정당하게 요구하는 것도 발전을 위한 밑거름이 될 것 같다. 그래서 작은 힘일지라도 동참하여 한마음으로 밝고 건전한 사회, 불의에 당당히 맞서 보다 정당한 사회를 만들어간다면 훨씬 따뜻하고 아름다운 세상이 되리라 생각한다.

7. 좁은 문, 배덕자

① 저　자 : 앙드레 지드, 조복순 옮김
② 분　류 : 소설
③ 출판사 : 홍신 문화사
④ 쪽　수 : 376

줄거리 및 감상

프랑스의 소설가, 비평가로 아버지를 일찍 여의고 어머니 밑에서 청교도적인 교육을 받으며 자랐으나, 앙드레 지드는 여러 차례 퇴학을 당하는 등 불규칙한 학장 시절을 보낸다. 어머니의 무조건 복종을 내세운 교육 때문이었을까? 앙드레 지드는 기성종교, 도덕의 구속을 거부하고 구도자로 평생 작품의 세계를 추구한 사람이었다고 한다. 앙드레 지드의 이러한 환경적 삶의 세계를 먼저 알고, 이 작품들을 통해 주제를 유추해 본다면 이 또한 독서의 즐거움일 것이다.

좁은 문

"좁은 문으로 들어가길 힘쓰라. 멸망으로 인도하는 문은 크고 그 길이가 넓어 그리로 들어가는 자가 많고, 생명으로 인도하는 문은 작고 협착하여 찾는 이가 드무니라." 란 성경 구절을 먼저 인용하며, 마음의 저변에 살아 숨쉬는 '좁은 문'의 의미를 생각해 본다.

주인공 제롬은 일찍 아버지를 여의고 외삼촌댁에 머물면서 두 살 위인 외삼촌의 큰 딸 알리사를 사랑하게 된다. 그래서 제롬은 많은 고뇌 속에서 힘겨운데 어머니마저 운명하자 홀로인 제롬을 그녀 또한 사랑하지만, 그녀는 사랑하는 남자와 도망친 불륜의 어머니로 인하여 늙은 아버지에 대한 안타까운 연민에 더없이 고민한다.

그러한 가운데 제롬과 많은 연애편지를 주고받으면서도 서로가 다가설 수 없음은 무엇보다 알리사의 신비주의적인 금욕주의 생활 때문이었다. 사랑의 힘이 약한 것도 아닌데 알리사가 더 이상 제롬에게 마음의 문을 열지 않는 금욕주의. 그래서 결국 둘의 사랑은 더 이상 진전되지 않던 어느 날, 알리사는 자수정 십자가를 자신과의 추억이라 생각하고 딸을 낳으면 주라면서 제롬과의 이별을 끝으로 요양원에서 죽는다.

그런데 그녀의 유품 중 '알리사의 일기'에는 인간과 신 사이의 교감과 애정에 따른 슬픔의 번뇌를 안고서 자신의 길을 걸으려 나약한 마음을 스스로 다지고, 힘들어 하면서도 견디어낸 삶이 고스란히 적혀 있는 것이었다.

여기에서 알리사의 금욕주의적인 삶의 의미를 담은 것이 좁은 문이라면, 진정한 사랑을 선택하기 위하여 좁은 문으로 들어선다는 것은 어찌 보면 정신적인 하나의 사랑일 뿐이다. 알리사 또한 진정으로 제롬을 사랑하면서 온갖 아픔과 고뇌를 참아내야 했던 것이 종교적인 믿음 안에서 어머니의 부정한 행위와 연관된 것이라면, 이는 자신의 삶을 희생한 것이라고 본다.

그래서 자신의 진정한 마음의 평화와 사랑의 길을 향하는 것보다 힘들어 하면서도 금욕주의 삶을 이어갔다는 것은 좁은 문을 더 좁게 한 결과다. 따라서 좁은 문의 그 의미는 성경의 구절과 다를 수 있다고 본다. 또한 결국에는 자신의 삶에 대한 방관이라고 볼 수도 있다. 왜냐하면 서로가 진정 사랑을 했던 것은 분명하기에 알리사 자신이 조금만 마음의 문을 넓혔더라면, 그것 또한 값진 선택으로 행복의 문으로 들어설 수 있음에도 거부했기 때문이다.

이처럼 앙드레 지드의 청소년기를 지배한 금욕주의와 먼 훗날 사촌누이

마들렌과의 결혼이 있었지만, 일생을 처녀로 생을 마친 그녀가 모델이 된 작품으로 사랑을 했으나, 더 이상 다가서지 못한 자기희생에 따른 허무한 죽음을 비판하는 것이라고도 한다.

배덕자(背德者)

사랑하는 마음을 고스란히 담고 있으면서도 알리사가 고집한 금욕주의로 인하여 사랑을 이룰 수 없었던 것이 『좁은문』이라면, 이와 대조를 이루는 『배덕자』는 주인공 미셸을 통해 사회적 인습과 도덕적 속박에서 벗어나 자유로운 삶을 추구하는 내용이라 하겠다.

서재에 파묻혀 학문에만 전념하던 미셸은 사랑하지도 않는 여인 마르슬린과 결혼을 한다. 그리하여 아프리카로 신혼여행을 떠났다 결핵에 걸린 미셸은 삶에 대한 끈질긴 애착과 아내의 정성어린 간호로 죽을 고비를 넘기고 겨우 살아난다. 회복 후에는 생명에 대한 지대한 애착을 느끼며, 생명의 기쁨을 완전한 것으로 만들기 위해 과거의 모든 도덕적인 것과 인연을 끊으려 한다.

한편 여행을 마치고 프랑스로 돌아온 미셸은 아프리카에서 느낀 쾌락을 잊을 수 없어 자신과 같이 결핵을 앓고 있는 병든 아내를 데리고 다시금 여행길에 오른다. 그러나 자신이 결핵에서 소생한 비방을 알면서도 그는 아내에게는 정작 그 비방을 알려주지 않고, 모래 바람과 불결한 숙소에 태양이 작열하는 곳으로 끌고 다닌다.

그래서 결국 아내는 무모한 항해와 추위 속에서 죽고 만다. 비록 병든 몸이나 아내로서 힘겨운 여정을 함께하며, 사랑을 이야기하나 마음이 닿지 않는 곳에서 겉으로만 정성을 다하는 시늉만 했을 뿐, 정작 아내는 외롭고도 힘겨운 병마와 싸우다 죽어간 비운의 여인이 아닐 수 없다.

두 작품 속에 작가의 생애가 녹아나 있듯이 온전한 사랑을 해보지 못한 그의 생을 들여다보며 『배덕자』를 읽은 후에는 자신이 살아온 삶에 대한 진솔한 속죄의 계기를 삼기 위해 두 작품을 쓰지 않았나 하는 나의 소견이다.

사랑은 받는 것보다 주는 것이 더 행복하다는 것처럼 진실로 정성을 다하여 남편을 간호하고, 숙명처럼 남편의 그림자를 밟으며 따랐던 아내를 보면서 착하고 여린 심성과 대조를 이루는 미셸이기에 더욱 배덕자의 두 얼굴을 강하게 각인시켜 주는 것 같다.

그러나 미셸이 결핵에 걸렸을 때, 정성을 다한 아내의 마음을 알고 있으면서도 외면한 것은 첫 번째의 아픔이고, 아내 역시 똑같은 병에 걸렸는데 비방을 알려주지 않는 것에 두 번째 울분이 터진다. 그리고 병든 몸을 이끌고 제대로 치료도 받지 못하는 상황에서 남편을 동행하다 죽어간 아내에게는 세 번째의 복창이 터진다. 어찌하여 아내는 자신의 생을 무모하게 방치한 채 남편을 따르며 희생을 했는지 모르겠다. 남편에게 복종하고 따르는 것도 올바르지 않고, 정당한 것이 아니라면 말리는 것이 상책인데 특히나 자신의 소중한 생명과 관계된 것인데도 불구하고 어찌 적극적으로 대처하지 못했는지?

배덕자의 뒤에 숨어서 그 배덕자를 더 부도덕하게 만든 원인을 제공한 것이 아내임을 안다면, 우리도 부부 사이에서 아내로서 부당한 처우에 당당히 자신의 권리를 주장할 수 있고, 남편 또한 아내의 권리를 존중해주는 것이 당연하다고 본다.

따라서 한 가정이 온전하게 유지되기 위해서라면 부부 사이에 믿음과 사랑이 가장 중요한 것이지만, 어떠한 처우에도 남편의 뜻을 따라간 아내를 생각해보면 가슴이 아플 뿐이다. 배은망덕한 '도덕에 어그러진 자' 로 인하여 문득 우울한 생각이 들기도 하였다. 그러나 결코 하늘도 무심하지 않다면 양심에 따른 반성과 후회는 분명할 것이며, 응당한 벌은 기필코 받아야 세상은 공평하지 않을까?

"소유는 사람을 휴식으로 꾀어내고 사람은 안전 속에 들어가면 잠들고 만다. 난 눈을 뜬 채로 살고 싶다고 생각할 만큼 생을 사랑하고 있어. 그래서 나는 부富의 한가운데 있으면서도 불안정한 느낌을 갖고 있다네."

—본문 중 메날크의 '도덕의식'에 대한 말 중에서

8. 동물농장

① 저　자 : 조지오웰, 김병익 옮김
② 분　류 : 우화 소설
③ 출판사 : 문예 출판사
④ 쪽　수 : 187

줄거리 및 감상

우리 주변을 둘러싸고 있는 것들에서 새롭게 달라진 것들이 있다면 우리는 변화를 느낀다. 함께 생활하는 사람은 옷을 입는 것도, 머리를 자른 것에서도, 또한 화장을 하는 것도, 즐겨먹는 음식에서도 그 변화가 서서히 이루어지고 있기에 정작 느끼지 못하나, 오랜만에 만나는 사람은 금방 그 변화를 감지한다.

그래서 변화란 본래의 모습을 잃어버리고 강해지거나, 약해질 수도 있어 변화를 두려워하는 사람도 많다. 그러나 세월이 흐르다보면 세상이 변하고 사람도 늙어가며 달라지지 않을 수 없는데, 가장 이상적인 변화를 일으키는 방법은 무엇인지 깊이 생각해볼 일이다. 그리고 그 변화 속에 잃어버린 것들과 퇴색되어져 아무런 의미조차 없어졌을 때, 어떠한 현상이 일어나는지도 말이다.

그렇다면 일상의 삶에서 느껴지는 변화 외에 내가 달라지지 않으면 안되는 중대한 상황에 처했을 때, 과연 어떻게 받아들일지 그것은 자신의 마음에 따른 것이리라. 따라서 변화를 통해 어떻게 삶이 달라지고, 그 변화를 따라 무엇을 수용하여 삶 속에서 유익하게 활용을 할지 『동물농장』을 통해 새로운 시각으로 깊이 생각해볼 일이다.

이 소설은 이솝우화처럼 동물을 의인화시켜 인간의 제국을 풍자한 우화소설로 소비에트 권력체제를 모델로 한 작품으로 배경은 영국이다.

주인 존스의 매너농장에는 온갖 동물들이 살고 있는데 어느 날, 가장 존경받는 수퇘지 메이저 영감은 동물들이 노동을 해서 생산한 것들을 인간이 착취하는 것에 반감을 가지고 인간을 축출하자고 한다. 그래서 노동에 지쳐가고 헐벗은 농장의 동물들을 선동하여 봉기를 일으키나, 존스의 총탄에 무산되고 메이저 영감은 죽게 된다. 이를 계기로 더욱 똘똘 뭉친 동물들은 급기야 존스를 농장에서 추방시키고, 자신들의 자유로운 생활과 질서를 바로잡기 위해 칠 계명을 정한다. 그것은 두 발로 걷는 자는 적이고, 네 발과 날개를 가진 자는 친구이며, 의복을 입어서도, 침대에서 잠을 자서도 안 되고, 음주와 살인은 절대금지하며 마지막으로 모든 동물은 평등하다란 것이다.

그리하여 동물농장으로 이름을 바꾸어 동물들을 통솔하고 지휘하기 위한 지도자로 돼지 스노우볼과 나폴레온이 선출되어 체계를 잡아 간다. 스노우볼은 다음 해의 농사를 위해 풍차 만들기에 전념하지만, 이를 반대하는 나폴레온은 그의 곁을 지키는 사나운 개 9마리로 위협하며 결국 스노우볼을 쫓아내고 유일한 통치자가 된다.

동물들은 인간처럼 도구를 쓸 수 없어 생산을 위한 풍차를 말馬 복서는 말없이 완성한다. 그러나 강풍에 풍차가 무너지자 스노우볼 짓이라 나폴레온은 매도하고, 식량 부족을 위한 물물교환으로 닭의 알을 빼앗으며 반란과 학살이 자행된다. 또한 9마리의 개와 노련한 언변으로 보좌하는 교활한 돼지 스퀼러로 점차 나폴레온은 동물의 우상이 되어 특권을 누린다.

결국 처음에 정했던 칠 계명은 무시된 채 인간과 똑같은 행동들을 한다. 뒷다리로만 걸어다니는 돼지들이 존스 씨의 옷을 입고, 채찍을 든 채 술을 마시며 다시금 매너농장이라 바꾼다. 마침내 동물농장은 인간인지 돼지인지 분간이 불가능해진 것이다.

이처럼 어느 집단이나 소속에는 우두머리가 있기 마련이고, 힘이 있는 자는 지배자가 된다. 그렇지만 소비에트 권력의 체제 속에 나약한 인간들의 모습을 그대로 형상화시킨 이 우화는 수단과 방법을 가리지 않고, 부정적인 방법으로 열심히 일하며 사는 사람들이 필요할 때는 다독이다, 쓸모없으면 잔인하게 죽여버리는 것을 말 복서를 통해서도 알 수 있다. 걸림돌이 된다 생각되면 음모하여 제거하고, 맞서지 못하도록 힘으로 무장하여 우상시 하도록 존재의 가치를 남용하고, 권력을 이용해 지배하려는 것은 분명 '모든 동물은 평등하다.' 란 원래의 계명을 어긴 것이다.

이렇듯 자신들이 정해놓은 규칙이 부당하면 삭제하고 바꾸며 특별한 존재로 여기는데 "우유, 사과는 돼지의 건강에 좋고, 두뇌노동자이며 복지를 살피니 돼지들만을 위한 것이 되어야 한다."라며 아무런 토의 없이 권력으로 정해버리는 것은 독재라 할 수 있겠다. 또한 나폴레온이 풍차 만들기를 반대한 것이 아니라, 스노우볼이 설계를 훔쳐간 것이 전략이라며, 말도 안 되는 음모와 날조 등은 분명 눈 가리고 아웅 하는 격이 아니고 무엇이랴!

동물농장의 공화국이 작가 시대의 사회구조와 걸맞음을 보면서 누구도 나서지 못하고, 권력을 쥐고 있는 힘 앞에 무릎을 꿇는다는 것은 처음에 나서서 희생되어진 메이저 영감의 의로운 죽음에 대한 망각이다. 함께 힘을 합쳐 이루어 놓은 좋은 의도와 희생을 잊은 채 매도시킨 것이기에 분명 지탄되어져야 마땅한 것이라 생각한다. 비록 독재에 대한 풍자지만, 그 안의 진실은 언젠가는 밝혀질 것을 알기에 우리가 살아가는 세상에도 나폴레온과 같은 사람은 언젠가는 심판을 받을 것이다.

그런데 이와 비슷한 경우가 지방자치제 선거에서도 흔히 볼 수 있다. 대부분 출마한 사람들이 지역민이기에 말하지 않아도 사람 됨됨이는 어느 정도 파악하고 있는데, 선거철이면 상대의 후보자들을 비방하며 헐뜯는다. 그리고 정작 금배지를 단 국회의원들은 금품의 비리에 연루되어 사회적으로 물의를 일으키는데 정작 그들이 나폴레온과 같은 사람이 아닌, 스노우볼이라고 믿는 사람은 과연 몇이나 될까?

상황에 따라 변화를 일으키는 카멜레온은 자신을 위장하여 먹이를 구하는데, 이와 같다 하지 않을 수 없는 인간이 버젓이 목소리를 높이는 세상은 하나 된 시민의 힘으로 분명 바꿔야 된다고 본다. 그래서 민심이 천심인 세상을 연다면 분명 아름다운 변화일 것이라 기대하며….

9. 어머니

① 저 자 : 막심 고리끼, 최윤락 옮김
② 분 류 : 소설
③ 출판사 : 열린책들
④ 쪽 수 : 665

줄거리 및 감상

대출할 도서를 찾다가 우연히 눈에 띈 『어머니』란 책에 몇 번의 눈길을 주면서도 사실은 너무 두꺼워 망설였다. 그러다 대출할 도서가 눈에 띄지 않기에 어쩔 수 없이 빌렸지만 그냥 지나친 또 다른 이유가 있었다. 그것은 어머니께 제대로 자식의 도리도 못하면서 어찌 이 책을 읽을지 내용도 그러할 것이란 생각이 먼저 들어 마음의 짐을 어떻게 할 수가 없어서이기도 했다. 그러나 자식으로서 마음가짐을 새로이 하고 용기를 내었다.

우선 작가의 이름은 처음 들어보는 까닭에 막심 고리끼와 작품에 따른 러시아 역사도 사전지식이 있어야 될 것 같았다. 그래서 알아본 이 소설은 러시아 소비에트 정권이 들어서기 10년 전에 쓰였으며, 막심 고리끼는 소비에트 문학의 개혁자이자 기초자로 불려진다고 했다. 그는 정치활동을 통해 볼셰비키 당과 긴밀한 관계로 짜르 정권의 박해를 받으며 옥살이도 수 차례 했으나 굴하지 않았다. 1차 러시아 혁명 때 가장 친한 친구이며 동지인 레닌과 만나 그를 도왔으며 톨스토이, 도프토예프스키 등 러시아 작가들 사상에 영향을 주었다고 한다.

이런 사전지식을 통하여 사회의식과 개혁, 이데올로기의 역동기 속에서 사상에 의해 갈등하고, 부딪혀 싸우다 피를 흘리는 죽음을 불사한 밑거름이 무엇이었는지? 또한 그런 삶을 선택한 자식의 투쟁을 어머니로서 어떻게 받아들여 자식의 길에 등불을 밝혀주는지, 모성에 숨겨진 불사신 같은 어머니의 강한 사랑을 다시 한 번 이 책을 통해 찾아보고자 하였다.

노동자들의 무기력한 생활상을 시작으로 어머니의 남편인 미하일은 술주정도 모자라 구타와 폭언을 일삼다 죽는다. 이런 가정환경의 영향으로 아들 빠벨은 방황하다, 노동자로 일하면서 금서를 읽게 되며 노동자도 배워야 한다는 것을 깨닫는다. 그리하여 빠벨의 집에서 뜻을 같이 하는 동지들이 모여 책을 읽고 토론을 하나, 이를 지켜보는 어머니는 들킬까 봐 두려운 마음으로 기도할 뿐이다.

그러던 어느 날 공장 소유의 택지가 불결한 환경에 있어 개선하는 공사 비용을 노동자들에게 충당하려는 것과 택지에서 이탄泥炭을 채취하여 이득을 챙기려는 사장과 부딪치며 사건은 시작된다. 이에 빠벨은 삐라를 뿌려 부당한 처사에 정당한 권리를 찾으려 노동자들의 대표를 맡는데 그들을 선동했다며 붙잡아 간다.

그러자 어머니는 아들이 뿌리던 삐라가 계속 뿌려지지 않으면 아들의 짓으로 들통날까 삐라를 비밀리에 뿌린다. 이를 계기로 아들을 염려하며 지켜만 보았던 어머니가 아들의 동료가 "우리는 모두 한 어머니의 자식들입니다. 이 세상 모든 노동자들이 한 형제예요."라는 말을 듣고 깨달은 어머니는 앞장서서 본격적으로 그들을 돕는다.

한편 시한폭탄을 안은 듯 긴장감이 맴도는 사회주의 운동은 드디어 메이데이 시위행진으로 시작되며, 풀려난 빠벨은 진압세력에도 굴하지 않는다. 깃발을 들고 동참한 어머니는 "저기 앞장서서 걸어가는 게 내 아들이라오." 라며 자랑스럽게 말한다. 또한 붙들려가는 아들이 놓친 깃발을 들고 많은 사람들이 동참한 저항은 힘과 무력 앞에 무너지지만 어머니는 결코 굴하지 않는다. 아울러 노동자에서 농민까지 사회주의 운동을 확대시키기 위한 유인물을 옮기는 위험한 일에 나서서 모범을 보인다.

그러한 가운데 또다시 체포된 빠벨은 동지들과 유죄가 선고된 법정에서 그는 다음과 같이 연설한다. "우리에게 전제정치란 나라 전체를 속박하고 있는 족쇄에 불과합니다. 우리는 민중들에게서 하나하나 가까운 족쇄부터 벗겨낼 의무가 있는 것입니다…. 우리는 사회주의자들입니다…. 사적 소유란 민중을 분열시키고, 서로에게 대항하기 위해 서로를 무장시키고, 화해할 수 없는 반목을 주장하고, 이러한 반목을 감추거나 정당화하려고 거짓말도 서슴없이 내뱉을 뿐 아니라, 모든 이들을 거짓과 위선, 그리고 악으로써 타락시키기 때문입니다…. 사적소유를 폐지하라! 모든 생산 수단은 민중에게로! 모든 사람에게 노동의 의무를!…. 어떤 사람은 명령만 하고 어떤 사람은 일만 하는 사회가 존재하는 한 우리는 그런 혁명가가 될 것입니다."라고.

이처럼 정당한 노동자의 가치와 자유로운 인간의 사회주의를 부르짖으며, 실현될 때까지 민중의 불꽃은 타오를 것이라 한다. 그래서 민중의 가슴에 불꽃을 피운 빠벨의 연설은 감동을 받은 사람들과 동지들이 인쇄한다. 어머니는 아들의 훌륭한 연설을 담은 유인물을 동료에게 전달하다 발각되어 경찰에 붙잡혀가며, "피 바다를 이룬대도 진리는 죽지 않는다."라고 말한다. 그리고 여러 역의 사람들에게 유인물은 암암리에 전해진다.

전제정치의 부당성을 부르짖으며 민중의 가슴에 사회주의를 심어주려는 정의로운 일을 하는 장한 아들의 길에 어머니는 등대되어 밝혀 주었던 것이다. 그리고 어떠한 희생이라도 그것이 아들을 위한 것이었기에 어머니는 기꺼이 동참했다.

그러나 나의 자식이 보장된 미래를 걷는 길이 아닌 빠벨과 같은 길을 걷는다면, 과연 나는 그런 아들의 어머니로서 동참할 수 있을까? 아무리 정의로운 일이더라도 그것이 소중한 자식의 목숨을 담보로 하는 것임을 알면서까지도….

자식의 안위를 위해 나는 결코 돕지 못하고 말릴 것 같다. 어찌하면 손을 떼게 할지 대책을 세우기에 급급할 것 같다. 훌륭한 자식 뒤에는 부모의 교육과 가르침이 특별하다는데 이 책의 어머니처럼 할 수 있는 사람은 과연 몇이나 될까?

자식을 키우는 어머니로서의 생각과 다 커버린 자식과의 생각은 분명히 다를 것으로 본다. 그래서 이 책을 읽도록 아이들에게 권하여 아이들의 느낌을 한 번 들어봤으면 하는 것이 부모로서 아무런 답도 하지 못하고, 변명하는 한 방편일지라도 나는 내 생각보다 자식의 생각을 먼저 듣고 싶다.

그러나 만약에 대중을 위해 희생할 수 있는 그 무엇인가 확신을 가지고 자식이 나를 설득한다면, 그 때에 자식의 안위를 위하면서도 어떠한 판단을 할지는 좀더 생각해봐야 될 것 같다.

이처럼 어머니로서 자식의 장래를 생각하지 않을 수 없는 것이 당연한 심정이나, 빠벨처럼 그 어머니에 그 아들로 손색이 없는 것에 미치지 못하는 나의 한계일 뿐이다. 그래서 가장 큰 아픔을 동반한 난제가 바로 자식의 안위와 직결된 것이기에 더욱 훌륭한 어머니로 다가온 빠벨의 어머니를 통해 진정 내가 자식을 위해 할 수 있는 최소한의 결정이 무엇인가는 또다시 변명일지 모르지만, 아니 분명한 변명이지만 아이가 아직은 어리기에 미루어 놓는다. 그것이 나의 해명이라고 볼 수는 없을지라도 적어도 나는 정직한 답을 했다고 생각할 뿐이다.

※참고

『어머니』는 러시아 문학에서 노동계급 최초의 소설이었으며, 소설의 줄거리 중 1902년 모스크바 소르모프에서 노동자들의 메이데이 시위행진, 소르모프 당 조직 활동과 시위 해산 후 가담자 재판은 사실 사건에 근거한다.

10. 인생수업

① 저　자 : 엘리자베스 퀴블러 로스, 데이비드 케슬러, 류시화 옮김
② 분　류 : 수필
③ 출판사 : 이레
④ 쪽　수 : 270

줄거리 및 감상

나는 지금 생의 중간 즈음에 있다고 할 수 있을까?

내 자신의 나이를 생각해보며 엉뚱한 질문과 가정 아래 혼자서 조용히 미소를 지어본다. 삶의 중요한 시점이 항시 무엇인가를 선택해야 되는 순간 순간이 아니라, 진실로 충실한 하루를 보내고 눈 뜨는 아침에 감사할 줄 알아야 되는데….

그래서 문득 물 흐르듯 순응하며 정해진 길을 걷다가 내일의 죽음이 아름다울 수 있다면 이 책을 읽은 보람일 것이라 생각했다. 거기에 나 자신의 삶만을 돌아보는 것이 아닌 끈으로 맺어진 많은 이웃하는 사람들에게도 나라는 사람이 미칠 수 있는 영향을 한 번쯤 생각해 보며, 진정 어떻게 사는 것이 보람되어 후회하지 않는 길인지 참으로 난감할 뿐이었다. 이처럼 끝도 없이 생각만 깊다면 그 해답은 『인생수업』을 받으면 되지 않을까.

두 명의 저자가 쓴 『인생수업』이란 책에 들어가기 전에 저자들의 삶을 들여다보지 않을 수 없다. 그들이 펼치는 인생의 수업을 이해하기 위한 한 방편이기에 말이다.

'엘리자베스 퀴블러 로스'는 병원에서 죽음을 앞둔 환자들의 정신과 치료와 상담을 맡는데 의료진들의 통상적인 관심만 있을 뿐, 환자를 한 인간으로 대하지 않는 것에 충격을 받는다. 그래서 의사와 간호사, 의대생들이 죽음을 앞둔 환자들의 마음속 이야기를 들어주는 세미나를 열어 세계 최초로 호스피스 운동을 의료계에 불러일으켰으며, 20세기를 대표하는 정신과 의사로 알려져 있다. 그리고 그녀의 제자인 '데이비드 케슬러' 또한 미국 호스피스 운동의 선구자로 '죽음을 앞둔 사람들과 가난한 사람들을 위한 집'에서 봉사하며 호스피스의 중요성을 경험한다.

이처럼 두 여성은 호스피스 운동을 하면서 만난 환자들과의 수많은 대화 속에서 진정 우리의 삶이 무엇으로 풍성할 수 있는지 인식하게 이끌어 준다. 아울러 존귀한 죽음에 이른 사람들의 상황을 보살펴 편안한 안식의 길로 인도하는 역할을 한다. 또한 자신들이 겪으면서 느껴온 것들이 살아서 숨 쉬는 것에 국한시키지 않으며, 영적인 세계에까지 평화로운 마지막을 정리하도록 안식을 주는 소중한 경험들을 쓴 책이다.

따라서 죽음에 임박한 사람들을 보면서 느꼈을 소중한 경험은 우리가 미처 생각하지 못한 부분에까지 사고의 깊이를 더하여 교훈을 주었다. 그리하여 더욱 경건한 마음으로 읽으며 죽음을 어떻게 받아들여 인정하고 떠나보내야 하는지? 처음으로 심각하게 생각의 깊이를 자극하여 가장 고통스럽게 다가온 갑작스런 오빠의 죽음이 생각났다. 그런데 그 때는 미처 오빠의 마음을 헤아리지 못한 안타까운 마음만 앞섰다. 그러나 시간이 지나다보니 세파에 다져진 까닭인지 일상에서 벌어지는 긴박한 일들에서 슬프고 안타까운 죽음까지도 이제는 태연하게 받아들이게 되었다.

이러한 마음으로 이 책을 읽다보니 자신의 죽음을 스스로 정리할 수 있도록 이끌어 주어야 한다는 생각이 강하게 일면서 문득 아버지가 떠올랐다.

지금으로부터 17년 전에 나의 친정아버지는 갑작스럽게 급성 간암에 걸리셨다. 아버지께서 얼마 남지 않은 시한부 통보를 받을 당시, 나는 슬픔에 겨워 하늘을 원망하며 그 슬픔을 주체할 수 없을 때, 아버지께서는 당신의 병에 대하여 그 심각성을 모르시고 강한 삶의 애착을 보이셨다. 평소에 그렇게도 자기 관리에 철저하시고 똑똑하셨던 분이 당신의 병명조차도 짐작하지 못했던 것은 가족들이 감추었기 때문이다. 혹시라도 '희망의 끈을 놓지는 않을까?'하는 염려로….

그 후로 진통을 덜어주는 간단한 처방을 받으며 병원에서는 퇴원을 권유했다.

그러나 아버지께서는 병원에서 치료받으면 다 나을 줄로만 알고 계셨기에 사실대로 말 못하는 가족들은 눈물을 몰래 훔쳐내야만 했다. 그렇게 아버지는 자신의 죽음을 가족들이 감춤으로 아무런 정리도 하지 못하고 돌아가셨다. 이러한 아버지의 상황은 오래 전의 일이지만 지금 돌아보니, 그 때는 대부분의 사람들이 죽음에 대한 정리를 자신이 할 수 있도록 알리기보다는 쉬쉬한 경향이 많았던 것도 무시할 수 없는 사회적인 현상이었던 것 같다.

하지만 나이가 들어가고 어수선한 세상을 살면서 많은 위험으로부터 안전할 수 없는 돌연사랄지, 자연재해, 언제 닥칠지 모르는 교통사고의 위험 등과 같이 대처할 수 없는 죽음이라면 몰라도 진실을 당사자에게 알리는 것은 바람직하다고 본다.

한 번 오면 누구나가 돌아가야 하는 길을 천상병 시인님은 자신의 시詩「귀천歸天」에서 이 세상에 소풍 왔다 가는 것으로, 난소암으로 투병하였던 『魂불』의 작가 최명희님은 "아름다운 세상 잘 살고 간다."는 유언을 남기셨다.

이렇듯 죽음을 맞은 사람들이 가장 가까이는 사랑하는 가족과 이 세상을 살다간 마지막을 아름답게 장식할 수 있도록 이끄는 것은 아무것도 모른 채 자신의 죽음을 맞는 것과 확연히 깊은 의미가 내제되어 있음을 이제야 알았다.

그리하여 나의 죽음을 알고 정리하는 것은 나의 권리이며, 나의 마지막을 함께하며 곁을 지켜주는 것도 가족의 의무라 생각한다. 이렇게 주변의 일조차도 죽음은 어려운데 전혀 모르는 사람들의 죽음을 함께하는 호스피스의 역할은 그야말로 사회봉사 중 생의 마지막까지도 꽃의 향기를 전달하는 아름다운 봉사란 사실에 경건해질 뿐이다.

"생의 마지막 순간에 간절히 원하게 될 것, 그것을 지금 하라."는 말과 본문 중 가슴에 남는 내용으로 "상실은 무엇이 소중한지 보여주며, 사랑은 우리의 진정한 모습을 가르쳐 준다. 관계는 자신을 일깨워 주고 성장의 기회를 가져다준다. 두려움, 분노, 죄책감조차도 훌륭한 교사이다. 삶의 가장 어두운 시간에도 우리는 성장하고 있다. 삶은 그 특별한 매력을 나타내기 위해 굴곡이 있는 것이다." 라는 가르침은 어떠한 상황에서라도 인간의 존귀함은 무엇과도 바꿀 수 없으며, 마음먹은 대로 일이 풀리지 않는다면 받아들일 때라는 말처럼 죽음이 그와 같을 것이란 생각이다. 이 책의 정리를 마치고 나니 경건한 마음의 한 곳에 머무는 아버지의 모습이 보일 듯 가물거려 주체할 수 없는 심정을 조용히 달래본다.

11. 칭찬은 고래도 춤추게 한다

① 저　자 : 켄 블랜차드 외 지음, 조천제 옮김
② 분　류 : 경제학
③ 출판사 : 21세기 북스
④ 쪽　수 : 220

줄거리 및 감상

무엇이 그리도 힘들고 바쁜지 잃어버리고 사는 것이 너무나 많은 생활에 오늘도 분주할 뿐이다. 특히나 주인의식이 없는 이기주의로 인하여 직장 내에서 효율성이 저하되고, 대인 관계에 있어서도 능력을 위주로 하기에 더욱 각박해질 수밖에 없는 사회가 되고 말았다.

아이들은 성적에 연연하여 경쟁의식 속에서 하루하루 지쳐가고, 열심히 노력해도 성적이 오르지 않을 때면 불안한 마음뿐인데, 거기에 부모의 핀잔이라도 있을라치면 과격한 분노를 삭이지 못하는 언성으로 집안의 분위기는 삭막해져 간다. 그래서 정작 하루를 돌아보면 딱히 눈에 띄게 이루어 놓은 것은 없고, 지친 몸으로 안주할 가정으로 돌아가 가족과 함께 오순도순 살아가는 이야기라도 한다면 그것이 행복인 현대인들의 바람이다.

이렇게 하루의 일과에 지쳐버린 사람들을 안식이 있는 곳으로 이끌어 차분히 읽을 수 있는 책이 바로 『칭찬은 고래도 춤추게 한다』가 아닐까 싶다.

그리하여 휴식이 있는 곳에 머무는 어른들이라면 지친 심신의 안락과 정작 소중한 것이 무엇인지를 깨닫게 하고, 동물 중에서도 가장 좋아하는 고래를 소재로 했기에 아이들도 흥미를 가지고 읽을 수 있을 것 같다. 하여 온가족이 읽고 함께 느낌을 얘기한다면 훨씬 가족애를 느끼지 않을까?

대기업에 근무하는 웨스 킹슬리는 회의 차 올랜도에 가게 되는데 범고래 샴의 묘기를 보면서 궁금증이 생긴다. 그리하여 조련사 데이브 야들리에게 거대한 범고래의 묘기가 있기까지의 훈련 과정을 자세히 듣는다.

첫 번째로 '신뢰를 쌓고 긍정적인 면을 강조하라.' 란 가르침으로 잘못된 행동을 할 시에는 범고래가 잘할 수 있도록 다른 방향으로 전환시켜야 하며, 범고래에게 있어 '음식'이 인간에게는 '돈'일 수 있는 것에 대하여 웨스 킹슬리는 범고래의 매력에 더욱 빠져든다.

그리고 인간관계 전문가인 앤 마리의 고래와 인간과의 교육 방식의 강연에서 "사람들이 잘 못하는 일을 지적하는 것은 쉽습니다…. 그냥 앉아서 일을 망칠 때까지 기다리면 되는 거죠. 그러고 나서 잘못을 지적함으로써 자신이 훨씬 똑똑하다는 것을 보여주려고 합니다. 저는 그걸 '뒤통수치기 반응'이라 부릅니다." 라는 말을 감명 깊게 듣는다.

그래서 두 번째 '뒤통수치기 반응'과 잘못된 일이 생겼을 때는 에너지를 전환시키는 반응 방식인 '고래 반응'의 상반되는 설명을 토대로 하여 깊은 깨달음을 얻는다.

이로써 웨스 킹슬리는 고래를 훈련시키는 조련사의 가르침을 직장에서도 적용한다. 처음엔 의아해하며 직원들의 반응이 없었지만 점차적으로 동화되어 업무능력의 증진과 성과를 올리게 되자, 킹슬러는 집에서도 '고래 반응'을 적극 활용한다.

예전에는 두 아이들이 직장에 나가는 엄마의 잔소리를 신경질적으로 받아들이고 이해를 못해 힘든 부분을 외면했다. 하지만 각자가 해야 할 일들을 스스로 찾아서 행동한다. 이로써 세 번째 부족한 부분에 대해서는 아낌없는 격려를 하며 잘된 부분들을 칭찬하는 계획성 있는 실천을 통해 점차 화목한 가정으로 변한다. 부부 관계에서 또한 서로를 배려하고 아껴주며 이해하는 사랑이 더욱 돈독해지는 계기가 되었다는 것이다.

나 또한 방학이면 항상 아이들과 뒤엉켜 싸우기가 일쑤다. 규칙적인 생활을 하는 것이 아니라서 밥을 먹을 때도, 청소를 하거나 집안일에도 많은 어려움을 느낀다.

더욱이 주부로서 화나는 것은 해도 해도 끝이 없는 집안일과의 싸움이 마침내는 아이들과의 전쟁으로 돌변하여 큰소리를 치지 않으면 안 되는 경우가 허다하다. 그래서 더욱 짜증난 것이 퇴근한 남편에게까지 이어져 퉁명스럽게 대하다보니 싸움으로까지 이어질 때도 있었다.

이처럼 '뒤통수치기' 반응이 일어날 때면 가정의 평화가 깨져버리고 만다. 또한 방학이 시작되면서 언제나 반복되는 생활은 달라지지 않는 가운데 개학날만을 기다리는 것은 주부들의 솔직한 심정일 것이다. 해서 나는 대책을 세우지 않으면 안 되리란 절실함을 깨닫고, 아이들이 각자 해야 할 일을 계획표에 넣게 함으로 실천이 되지 않을 때는 거기에 상응하는 나름 대로 규칙을 정했다. 밥을 제때 먹지 않으면 각자 알아서 차려 먹기, 각자의 방은 자신이 청소하기, 자신의 운동화는 자신이 빨기 등 분담하니 훨씬 수월한 방학을 함께 잘 보낼 수 있었다.

이와 같이 앞으로는 불편한 사항에 보다 적극적으로 나서서 삶의 태도를 바꿀 수 있도록 대처를 잘 한다면, '고래반응'처럼 칭찬도 있어야 되겠다. 그래서 앞에서도 언급했듯 이 책을 읽고 난 소감이 아니라, 시간이 흐른 뒤에 어떻게 이 책의 내용대로 실천했는지 그 성과를 적는 것이 이 책을 읽은 보람이 될 것 같다.

또한 "자기가 원하는 행동에 대해서 관심을 가지고 있으면 더 많은 것을 얻을 수 있다."는 이 책의 가르침처럼 항시 생활 속에서 잊지 않았으면 좋겠다.

결국 최고만이 칭찬받고 남의 뒤통수를 치면서 최고만이 최상이 되듯 생을 쫓아가는 사람들. 하지만 '고래 반응'은 타인과 경쟁이 아니라 상호협력과 보완이며, 뒤쳐진 사람들을 질타하는 것이 아닌 손을 내밀어 함께하는 것이다. 따라서 이 사회가 각박한 경쟁으로 '뒤통수치기 반응'을 악용하는 비열한 사람은 언젠가는 자신도 똑같은 결과를 낳는다는 것을 명심했으면 한다. 더욱이 혼자만이 살아가는 세상이 아니라 함께하는 가족과 직장동료, 이웃이 더불어 사는 세상이기에 더욱 아름다운 사회를 열어가는 것이 얼마나 중요한지 깨닫게 하는데, 그 원천이 바로 칭찬과 격려로 덩치가 큰 고래까지도 춤추게 하는 마술이었다.

12. 흙 속에 저 바람 속에

① 저　자 : 이어령
② 분　류 : 에세이
③ 출판사 : 문학사상사
④ 쪽　수 : 351

줄거리 및 감상

초판이 1963년이니 44년 전의 작품임을 가늠할 때, 내가 태어나기도 전에 이 책은 이미 민중의 가슴속에 급진적으로 파고들었을 것이다. 그래서 사회가 안고 있는 부조리와 태초 이래로부터 지금까지 이어져오는 민족성 안에 서양과 일본 등 여러 나라와 견주어 설명하였기에 민중을 향한 각성의 부르짖음은 우리의 의식을 뒤흔들었을 것으로 본다. 거기에 진정한 선각자로서 깊이 잠들어버린 잘못된 사고의 방식과 변화의 추구를 위하여 아낌없이 민족사를 비판하며, 각성을 부르짖는 내용의 에세이인 이 책은 처음부터 끝까지 그야말로 뿌리째 흔들어서라도 의식의 개혁을 주창하는 적나라한 붓의 터치로 강하게 각인시켜 놓았다.

또한 영어 · 일어 · 중국어 등 외국어로 번역되었다는 『흙 속에 저 바람 속에』는 중국의 철학자 임어당으로부터 '아시아의 빛나는 거성'이라 극찬을 받은 바 있다고 한다. 그래서 우리 시대의 고전으로 받아들여질 만한 책이라고까지 하는 거창한 타이틀과 문학박사라는 이어령 님의 화려한 프로필 앞에 자못 위축감마저 느껴지기도 하였다.

가난한 백성들의 삶에 먹을 것만이 우선시되어 못살고 헐벗은 나라에서

'갓'만 쓰고 허청거리던 선비였으며, 백의白衣는 순응의 색채인데 그로 인하여 염색의 기술은 아예 없는 그나마 선명하지 못하고, 뜨뜻미지근한 색채 속에 자연에 순응하며 도전적이질 못한 삶을 영위하여 왔다고 하였다. 그리고 민족사에 크고 작은 사건과 외적의 침입 앞에서 과학적이고 근거 있는 판단이 아닌 '눈치'만으로 이치를 캐어 묻지 않음으로 논리적이지 못해 '눈치만 빠르면 절간에서도 새우젓을 얻어 먹는다.'라는 속담마저 생기게 되었다는데, 모든 소제목의 글마다 부정적인 사고의 비판이 이처럼 적나라하게 쓰여 있다.

옛 선조들의 멋과 풍류를 즐기는 모습들 가운데 장죽長竹이 길었다는 것은 우리가 게으르고 무기력하며 비활동적, 비사회적인 환경 속에서 살았다는 의미이며, 주체성의 빈약은 자아의식과 개인(나)에의 인식의 고갈에서 비롯된 현상으로 나自我 없는 '우리'야말로 전제주의를 낳게 하는 요인이 된다고 하였다.

또한 신라시대 과부가 자식들이 잠든 사이 교천 냇물을 건너 정부情夫에게 다니자, 일곱 아이들이 찬물을 건너다 병나지 않을까 다리를 놓아주었는데, 어머니도 부정한 자신의 행동을 깨닫고 발을 끊었다는 효불효교孝不孝橋의 이야기에서 다리를 놓아준 일곱 아들의 행동은 효성이나, 어느 한 편에서는 불효이기도 한데 이 모순의 행위를 보면서도 엉거주춤하는 기묘한 걸음걸이가 한국인이라는 것이다.

그리고 "완구 하나 제대로 없어 사금파리와 돌멩이로 대신한 미래의 꿈나무에 대한 부당한 환경과 완구 없는 역사이기에 미래조차 없는 역사와 다를 바 없다." 라고까지 하면서 암울한 지난날을 오직 의식이라는 주관성에 의한 표현들로 가득한 이 책을 나는 읽으면서 참으로 가슴이 아팠다.

분명 달라져야 하는 것은 너무나도 많다. 하지만 몸통을 잘라버린 머리와 꼬리가 있다면 과연 존재할 수 있는 것인가? '온고지신溫故知新'이란 말이 있다. 옛것을 토대로 새로움을 찾는 것이 자명한 사실일진데, 다른 나라의 잘

된 점과 우리의 미흡함을 꼬집어내어서 설득적인 글로서 이끌어가는 것은 분명히 모순이라 할 수 있겠다.

태초 이래부터 현재를 살아가는 역사에 위선적이며 주체 또한 상실해버린 처사이다. 비교 분석하며 논리적으로 글을 쓰고자 함에 있어서 분명히 드러나 있어야 되는 것은 '뿌리'이다. 그 뿌리마저 뒤흔들어버린 의식의 개혁이 과연 바로 설 수 있는 길은 무엇이란 말인가? 부끄럽기 그지없는 처사가 아닐 수 없으며, 냉철한 판단과 혹독한 시각으로 사회를 바라보면서 감정에만 치우쳐 깨달음을 이끌어내는 부분은 도저히 찾아볼 수 없었다.

그러면서 학생이 무거운 짐을 옮겨줄 때 뭔가가 있다고 의심하며 '친절은 옛날에 죽은 것. 순진한 시대가 가버린 것'이라 학생에게 말해주고 싶다 한 부분에서 과연 학생들을 가르치는 교수로서 마치 사회의 전반적인 흐름인 양 매도시키는 것은 또한 저자의 모순이란 생각이다.

'책 속에 길이 있다.'에서 이 사회에서 책 속의 길은 가난과 눈물, 굴욕과 패배의 길이기에 책을 읽지 말아야 도리어 잘 살 수 있는 것이라 어느 세미나에서 말을 하고, 뒷마무리 부분에서 "날씨가 아름답지 않았던들…. 이 사회가 조금이라도 교양 있는 친구들이 손해만 보고 살지 않았던들…. 세미나는 결코 비극으로 끝나지 않았을 것을"이라고 하였는데 무엇이 주체이고, 또한 무엇이 불만인지 엉겨붙지 않는 알맹이만 있을 뿐, 덩어리들을 더욱 응집시켜 놓고 원망하는 현실상을 보면서 과연 교양 있는 사람이 없음을 개탄하는 저자는 어떠한가? 묻고 싶었다.

덧없다는 생각이 든 것은 " '가족적으로 일하자.'는 '돈을 적게 준다.'의 뜻이며, '동지적으로 일하자.'는 '돈을 숫제 안 준다.'는 은어인 셈이다."라는 것에서는 착하게 살면서 서로가 한 마음 한 뜻이 되어서 좀더 능률적으로 일하고자 함인데 찬물을 끼얹은 격이다. 거기에 백말 띠의 딸을 기피하는 우리의 잘못된 관습에 입시경쟁률을 줄이는 찬스라며, 미신의 해롭지 않은 부분을 강조하였다. 이 또한 수긍하고 받아들이기가 어려웠다. 특히 입시

경쟁을 예를 들었다 함은 교육자로서 저자의 한계인 것이라 생각한다. 좀더 수긍할 수 있는 공통된 생각을 끌어내어 예를 들지 않았음은 처음부터 끝까지 우리의 민족사를 비판한 것과 일맥상통 한다 결론지어도 괜찮을까?

이 책의 정리가 늦어지며 나는 '임어당' 님의『인생을 어떻게 살 것인가』를 모두 읽었다. 중국인의 근성과 생활상들의 잘못된 부분은 비교 분석했지만, 그 뿌리는 흔들지 않은 주체성이 있다는 것에서 이 책과 상반된 부분을 분명히 찾아내었다. 뒤이어 정리를 해야겠기에 여기서는 마무리 지으며 나의 주관적인 비판을 해본다.

'붓 끝이 죽은 것이라면 사상도 죽는다. 사상이 죽은 것은 민족성의 실추를 담고 있지만, 흐름을 거스르는 행위는 두 번의 죽음을 내포한다.'라고 말이다.

곧은 나무는 먼저 꺾이고, 수질 좋은 샘물은 먼저 마르기 마련이라 한다. 그리하여 민족을 닮은 '나의 모습'을 생각해 본다. 그 안에 내가 있고, 나의 뿌리 속에 이어져 내려온 관습과 풍속에 유구한 역사는 오늘날 민족성의 주체 안에 올곧게 투영되어져 있다. 단군으로 시작된 반만 년의 역사란 것이 '무엇을 어떻게 할 것인가.'가 아닌 '각성하는 것' 과 '깨어난다.'는 것은 의식의 문제이지, 전통과 뿌리의 문제는 분명히 아니다.

과연 우리의 주체의식을 어디에서 찾을 것인지? 그래서 나의 근원을 모르는 존재로 사막에서 목마름을 견디지 못하고 죽는 헛됨이 아니라, 적어도 근원을 알고 난 후에 물 한 모금의 소중한 회생이야말로 반듯한 혼이 되는 것이기에 걸러서 수용하는 자세로 임한다면 진정한 나와 우리의 주체가 형성될 수 있을 것이다. 그래서 다시 한 번 '붓 끝이 죽은 것이라면…. 두 번의 죽음을 내포한다.'는 것은 이 책을 읽고 난 나의 함축된 생각이다.

13. 운명

① 저　자 : 임레 케르테스, 박종대 · 모명숙 옮김
② 분　류 : 소설
③ 출판사 : 다른우리
④ 쪽　수 : 316

줄거리 및 감상

우리는 주어진 삶의 현실 속에서 체념하고 안주하는 가운데 젖어버려 받아들이는 생의 모습을 '운명'이라 하기도 한다. 빨간색 바탕에 하얀 글씨의 『운명』이란 책을 우연히 접하며, 저자가 헝가리 인으로 이 작품은 2002년 노벨 문학상 수상작품이라는 두 가지 사실만으로도 나의 흥미를 불러 일으켰다. 아울러 '운명이란 무엇인가?' 이 책을 읽으면서 나의 생각과는 어떠한 차이점이 있을지? 공통점이라면 무엇일까? 깊이 생각해 보면서 읽는 것도 의미 있을 것이라 생각했다.

주인공 죄르지 쾨베시는 계모와 살지만 평범한 가정의 14세 소년으로 아버지는 노동수용소로 끌려가고, 김나지움에서 방학을 맞은 그는 정유공장으로 직장을 배정받아 출근하는 버스를 타는데 경찰들이 장악하여 열차로 옮겨 타게 된다. 그리하여 죄르지는 1944년 폴란드 아우슈비츠 수용소를 거쳐 독일 브헨발트 수용소에서 석방되기까지 1년간의 수용소 생활을 하는데, 이 소설은 그 기간 동안 경험한 일들을 주인공 죄르지라는 소년을 통하여 사실적으로 담아내고 있다.

강제 수용소 생활을 하면서 겪는 생활환경과 배고픔, 헤어날 길 없는 좌절과 추위 속에서 수용소를 벗어나는 세 가지 방법을 다음과 같이 말한다. 첫 번째는 '집으로 돌아가는 상상', 두 번째는 '자살', 세 번째는 '탈출'이라 했다. 그러나 죄르지는 수용소의 시간들 속에서 이 고통에서 벗어나는 방법으로 "본능과 인내심 중 한 가지 확실한 우위를 차지할 때까지 이를 악물어야 하고 설사 배를 움켜쥔 채 말없는 싸움을 계속하게 된다."고 하면서 수용소의 모든 극한 상황을 견디어내며 희망을 버리지 않는다.

또한 수용소는 일상적인 질서를 지배하는 공간으로 받아들이며 담담하게 묘사를 한 부분은 "아우슈비츠의 굴뚝에서조차도 고통들 사이로 잠시 쉬는 시간에 행복과 비슷한 무엇인가 있었기 때문이다."라며, 끔찍했던 수용소의 생활을 묻는 이들에 대한 답변으로 그가 진정 자유를 갈망하며 희망을 버리지 않았던 강한 열망을 담고 있음을 알 수 있다.

이러한 수용소 생활을 시작한 지 1년 후, 전쟁이 끝나자 죄르지는 자유롭게 고향으로 돌아온다. 하지만 이웃들도 전쟁이 할퀴고 간 씻을 수 없는 상흔 속에서 고향은 예전의 모습을 찾을 수 없는 낯설음을 느낀다. 그런데 마을 사람들의 수용소 생활을 잊어버리라는 충고에 "만일 운명이 존재한다면 자유란 불가능하다. 만일 자유가 존재한다면 운명이 없다."라 말한다.

이처럼 운명과 자유의 상관관계보다는 지옥 같은 수용소의 삶을 강한 생명력으로 극복해낸 것이 자신의 속마음이었음을 알 수 있다. 그래서 "다음엔 강제 수용소의 행복에 대해서 말할 것이다." 답하며, 운명에 대한 강인한 의지를 표명하였다.

그럼으로 운명에 갇혀 있지 않는 불타는 삶의 애착들로 꿈과 희망을 담고 있는 메시지는 급속한 사회의 변화 속에 헤매지 말고, 새로운 돌파구를 향해 나가라는 용기를 준다. 또한 어려움 가운데 있는 운명을 거부하는 현대인들이 패기를 가지고 미래의 삶을 향한 도전정신도 키울 수 있도록 이끌어준다.

부다페스트 유대인 가정에서 출생하여 15세에 강제 수용소로 끌려간 1년간의 생활을 담아낸 이 『운명』이란 작품은 사실적인 묘사와 경험들을 상기하여 자세히 적었지만 읽어가는 가운데 다소 지루한 감은 없지 않았다. 하지만 우리가 어느 상황에서건 어떠한 마음가짐으로 환경에 적응해야 할지에 대한 고찰을 하게 하였다. 그래서 직접 경험을 하였던 유대인 대량 학살과 아우슈비츠 참상의 죄를 묻기 위한 것이 아닌 생존환경을 알림으로 그것이 우리에게 어떠한 영향으로 남았는지 보여주기 위한 것이다.

또한 "내가 무엇인가를 쓰려하면 아우슈비츠를 떠올리지 않을 수 없다. 나는 아우슈비츠로부터 온 정신의 매개체"라 밝힘으로써, 비록 기억 속의 저편에 아물지 않는 역사적인 상처 속에 있지만, 그 흔적들을 승화시켜 운명에 갇히지 않았음을 강하게 표출함으로 많은 사람들을 감동시키는 마음가짐이 잘 드러나 있어 참으로 본받을 만하다.

우리는 자신이 겪는 현재의 고통과 아픔이 가장 큰 것으로 안다. 그러나 세상을 돌아보면 얼마나 많은 사람들이 병마와 기근에 시달리는지 알 것이다. 아울러 인간적인 대우조차 받지 못하면서도 강인한 생명력으로 희망의 끈을 놓지 않는 사람들을 볼 것이다. 따라서 쉬이 운명이라 결정지어 포기하지 말며, 그 운명을 발판으로 최선의 노력을 다하여 자신의 길을 열어갔으면 좋겠다.

수용소에서 운명 같은 시간을 보내고 살아남은 것은 뼈아프고 가슴 저린 경험이었으나, 승화시킨 것이 가장 감동적이듯 그래서 자신 있게 말했는지 모른다. '나 자신이 곧 운명'이라는 사실을….

하여 나는 생각한다. 주체가 되는 나의 미래를 어찌 개척하여 나가야 될지를…?

14. 도둑맞은 미래

'환경호르몬'의 실체를 최초로 밝힌다

① 저 자 : 테오 콜본 · 다이앤 듀마노스키 · 존 피터슨 마이어
권복규 옮김
② 분 류 : 생물과학(환경학)
③ 출판사 : (주)사이언스 북스
④ 쪽 수 : 366

줄거리 및 감상

'인간은 자연에서 태어나 자연에서 살고 자연으로 돌아간다.'라는 구절은 1970년 대 말 내가 초등학교 시절에 열심히 외웠던 '자연보호 헌장'의 첫 부분이다. 그 때는 아무런 생각 없이 외우기에만 급급했었다. 그러나 이제 와서 생각하니 그 때부터가 아니라, 자연은 이미 인간으로 인하여 파괴되어 가고 있었던 것이다.

그래서 자연의 소중함이 한층 고조되어 인간의 삶과 뗄 수 없는 상관관계에 있음을 각성하도록 하였던 것이다. 그리하여 삶의 터전인 대자연이 인간에게 공평하여 돌보지 않은 것이라면, 만일 자연환경을 쪼개어 개개인에게 나누어 준다면 그 심각성을 알고 보호할 수 있을까? 엉뚱한 나의 생각일지 모르겠지만, 그만큼 인간이 자연을 과소비함으로 파괴되어 피해자가 속출하였을 때도 책임은 아무도 지려 하지 않았다.

여기저기서 봇물 터지듯 하면서야 그 심각성을 조금씩 자각하였을 뿐, 자연의 생태계를 위협하는 범인들의 몽타주를 만들어 현상수배를 한다면 붙잡히는 범인 수만큼 우리의 미래를 돌려받을 수 있을까?

이제 환경의 문제는 남의 일이 아니라는 것을 피부로 느끼고 있듯 『도둑맞은 미래』란 이 책은 환경의 지배를 받는 호르몬의 피해를 역학 조사를 통해 그 심각성을 강력하게 고발하여 현대를 살아가는 우리들에게 경각심을 불러일으키는 내용이다. 그래서 막연히 알고 있는 환경의 오염과 파괴의 심각성을 보다 정확한 지식을 통하여 그 엄청난 실태를 접할 수 있는 계기가 되어준 책으로 자리매김하였다.

'테오 콜본'은 내분비 저해 화학물질들에 관한 연구를 7년에 걸쳐 했으며, '다이앤 듀마노스키'는 과학적 지식을 알기 쉽게 읽도록 했다. 그는 25년 동안 환경과학과 정책에 관한 칼럼 기사를 썼고, '존 피터슨 마이어'는 국내외 환경 정책의 폭 넓은 경험을 우리 사고에 귀중한 자원으로 덧붙여 주었다. 이와 같이 저명한 세 사람에 의하여 완성된 『도둑맞은 미래』란 책은 '환경 호르몬'의 실체를 최초로 밝혀냈다.

먼저 DES(여성 호르몬의 일종인 디에틸스틸베스트롤 ―본문 중에서―)는 유산 방지와 크고 건강한 아이를 낳을 수 있다 하여 약이 남용되었는데, 부작용은 사지가 없는 기형과 심각한 현상이 다음 세대까지 이어졌다는 것이다. 유산을 막아준다는 희망에 임신 중 복용한 DES로 태어난 딸들에 비정상적인 자궁과 질 투명 세포 암을 유발시켰고, 남자 아이에는 고환암과 불임 등 자녀들의 생식기에 치명적인 이상을 일으켰다.

또한 DDT(염소를 한 개씩 달고 있는 벤젠고리 2개와 3개의 염소가 결합한 형태의 유기염소화합물로 강력한 살충효과와 제초효과를 가지고 있다.)는 살충제로 개체수를 감소시켰으며, 곤충과 잡초, 세균의 진화를 가속화시켜 살충제 · 항생제에 대한 내성을 증가시켰다.

DDE(방역살충제)는 호르몬 분해와 배설을 촉진함으로 호르몬을 고갈시켰다. 그래서 인간에게서 뿐만 아니라, PCB(공업화학물질)는 북극곰 체내에서 발견되어 심각한 환경오염의 원인이 산업화와 공업화에 있음을 먹이사슬의 순환 고리를 통하여 모든 지상의 생물체는 조류 · 기류를 타고 옮겨

다님으로 안전하고, 오염되지 않은 곳은 어디에도 없다는 무시무시한 결론을 내렸다.

DDT, PCB, 수은 등의 유독 물질에 의한 오염은 동·식물이 제역할을 하지 못하게 하여 수컷의 여성화를 초래했으며, 거북이의 성은 유전자보다 온도에 의해 결정되는데 오염으로 성이 암컷도 수컷도 아닌 거북이가 발견되었다고 한다. 참으로 놀라운 사실이 아닐 수 없었고, 특히 고래와 돌고래, 바다표범, 북극곰과 같은 해양 포유류의 긴 수명으로 가장 큰 위험에 처해 있다는 사실에 그 심각성을 다시 한 번 깨닫게 되었다.

한편 호르몬 대참사의 첫 번째 희생자인 양서류 개구리는 오존층의 파괴로 인한 것이란다. 거기에다 DES에 의해 여성은 유산, 자궁 외 임신, 자궁내막증, 유방암을, 남성은 고환암, 전립선암, 정자 수의 감소로 불임의 고통을 주었다 하며, PCB의 노출은 기억과 학습능력 장애, 운동기능 이상을 일으켰다 하니 실로 무서운 결과를 낳은 것임을 알 수 있다.

그리하여 이러한 요인이 호르몬을 교란시켰음으로 물과 음식(가능한 동식물성 지방 피하라.), 불필요한 사용과 노출을 피하고, 보호 수단을 개선하며, 화학 물질의 제조와 사용의 재구성이란 다섯 가지 예를 들어 우리 자신을 보호해야 한다고 하였다.

가장 심각한 것은 호르몬을 저해하는 화학 물질이 면역계를 파괴하여 사회가 안고 있는 생식문제·학습문제·가족의 붕괴와 어린이 학대 등으로 이어지는 폭력은 인류의 미래를 어둡게 하는 원인이 되기도 하기에 오염된 미래를 아이들에게 남겨줌으로 우리는 미래의 아이들에 빚을 지고 있다는 것이다.

아울러 부록에 실린 '윙스프레드 선언문'을 통하여 과학자들은 환경 내의 내분비를 교란시키는 화학물질의 분포와 영향에 대한 우려를 논의하였다. 합의문의 내용을 토대로 하여 인류의 환경 문제가 빚어놓은 현실을 직시하며, 미래 사회는 그들의 노력과 연구를 토대로 그 위험성은 알려질 것이나,

모두가 환경지킴이가 되어 노력하지 않으면 안 되리라.

그런데 현대를 살아가는 사람들은 뒤돌아볼 시간 없이 펼쳐진 눈앞만 보고 달린다. 그러다 어떠한 계기가 불행을 만든 다음에야 멈춰서서 뒤를 돌아본다. 직접 피부에 와 닿지 않으면 등한시하듯 환경 문제는 예전에는 눈앞에 있지 않았으므로 심각성을 자각하지 못했다. 하지만 이 책을 읽으면서 눈에 보이지는 않으나, 잠식되어 나타난 자연 현상과 생태계의 위협은 고스란히 우리의 삶을 위협하고 있음을 깨달았다.

'도둑맞은 미래'는 나의 자손들이 살아갈 세계이다. 그 미래를 도둑맞을 수 없는 이유도 그 때문인 까닭에 환경오염의 원인이 되는 작은 불씨 하나라도 서로의 힘을 합쳐 꺼야 하는 것은 숙명적인 과제이다. 어느 한정된 사람들에 의하여 지켜지는 미래가 아니듯 너와 나 우리, 그리고 국가와 국가, 전 인류가 함께 발벗고 나서야 할 과제인 것이다. 그래서 일상생활의 작은 것부터 시작하여 실천하는 것이야말로 첫 번째 해야 할 일일 것이다.

우리가 모르고 살아왔다고 변명을 하기에 너무 늦어버린 것은 아닌지? 이제라도 '도둑맞은 미래' 도둑이 지구상을 누비도록 방치할 것이 아니라, 멀지 않은 곳에 숨 쉬고 있는 자연의 본래 모습을 찾아 제자리로 돌려놓아야하지 않을까? 목숨보다 소중하게 생각하는 내 자식이 안심하고 살아가야 할 미래를 남겨주기 위해서라도….

15. 말테의 수기

① 저　자 : 릴케, 송영택 옮김
② 분　류 : 소설
③ 출판사 : 삼성출판사
④ 쪽　수 : 311

줄거리 및 감상

독일의 소설가라기보다는 장미 가시에 찔려서 죽은 불운의 시인으로 더 잘 알려져 있기에 이 책을 대하는 생소함을 떨칠 수 없었다. 그래서 더욱 호기심을 유발시키고도 남음이 있었다. 그런데 릴케 자신의 삶을 시인 말테 라우리츠 브리게 라는 인물을 등장시킴으로 수기임에도 불구하고 소설로 분류하였다는 사실도 흥미롭게 다가왔다. 하여 릴케의 가정환경과 성장 과정을 이해하고, 시인이라는 것 또한 잊지 않는다면 쉬이 이 책을 이해할 듯싶다.

말테는 28세의 고독한 시인으로 생계를 위해 덴마크를 떠나 파리로 향한다. 그는 노트르담 드 샹 거리에서 살기 위해 모여든 도시가 오히려 모두 죽어간다 생각할 따름이며, 병원과 환자, 임산부 해산의 목소리 등 삶과 죽음의 그림자가 교차하는 거리를 방황한다. 아무런 연관 없는 타인들의 분주한 모습과 시민들의 슬픔들이 깊게 밴 파리의 거리에서 남루한 자신의 집을 떠올린다.

또한 보들레르(프랑스 시인, 상징주의 선구자. 근대적 고독과 고뇌를 노래한 시집 『악의 꽃』), 플로베르(프랑스 소설가. 사실주의 문학 『보바리 부인』, 『감정교육』)와 베토벤 등의 예술과 문학에도 많은 감성적 요소와 동일한 생각을 하며, 창작의 아름다운 고뇌를 자신과 비교한다. 그러나 오직 현실의 삶은 내면의 어두운 세계를 고독과 우울함 속에 가두어 놓고 탈피를 하지 못한다.

말테의 어린 시절은 유서 깊은 가문의 저택에서 외부와 차단된 채, 어찌나 나약한지 벽에서 커다란 손이 나타나는 환각을 보곤 한다. 현실 또한 어느 누구와도 관계를 맺지 않는 가운데, 어머니를 통하여 마음의 평화와 안식을 얻고자 할 뿐이다.

또한 창작의 어려움을 통하여 고뇌하고, 사랑하는 가족들의 죽음을 통한 공포 속에서 '천국은 왜 생겼을까?'란 의문을 갖는다. 그래서 모든 괴로움과 행복은 하나님만 알고 있을 것이라 한다.

이처럼 어머니의 품안에서 화초처럼 생활하기에 더없이 나약하고, 내성적이며 비관적인 성격으로 인한 고독 속에서 세상의 그 누구도 자기를 사랑할 수 없으며, 오직 신神만이 자신을 사랑할 수 있다고 귀결시킨다.

따라서 세상의 모든 것과 애정을 끊고, 오직 신의 사랑만을 찾고자 하나, 소설의 마지막 부분에서 "그러나 하나님은 아직 좀처럼 그를 사랑하려 하지 않았다."라고 한다. 이렇듯 그의 모든 삶은 비관 속에서 헤어나질 못하는 것이다.

요한 22세의 "구원된 영혼에도 원만한 행복은 없는 것이다."라는 말을 통해서도 말테라는 주인공의 삶에 아름다운 미래가 없음을 알 수 있다. 구원된 영혼임에도 행복을 느끼지 못하는 마음 가운데 고독을 일삼고, 차단된 공간 안에서 세상을 비관적으로 볼 뿐인데 어떠한 행복을 가져다 놓은들 그 기쁨을 느낄 수 있으랴!

그래서 릴케는 "이야기 흐름에 어느 정도 반감을 가지고 읽어나가려는 독자에게만 기쁨을 줄 것이다. 이 수기는 몹시 팽배된 고뇌를 가름하면서, 충만한 자체의 힘을 통해 성취되어 가는 한 영혼이 어느 높이에까지 상승할 수 있는가를 암시해 준다."고 말했다. 이 말에 담긴 숨은 뜻은 진실한 글을 쓰기 위해 한없는 고뇌를 하였고, 무의식과 혼란의 무한한 세계는 젊은 말테를 통해 진정한 삶의 가치를 찾고자 했던 것은 아닐까 싶다.

이 작품은 6년의 노력을 기울여 완성되었다 하니, 릴케 자신이 아내와 딸을 남겨둔 채 파리로 떠나 있는 심적인 부담감은 고독으로 표출되었을 것이다. 가족을 떠날 수밖에 없었던 까닭이 무엇인지 알 수는 없으나, 가장으로 책임을 다하지 못한 자신에 대한 비관이 녹아날 수밖에 없었을 것이라 생각되어진다. 더욱이 아버지와 어머니의 별거, 죽은 누나를 대신하여 여자처럼 나약하게 자란 점 등을 미루어볼 때, 릴케에게는 세상과 타협하며 살아갈 소중한 가정의 행복을 스스로가 느끼거나 추구하지 못한 것이 말테를 통해 고뇌했음을 나는 느낄 수 있었다.

행복은 누가 대신하여 누릴 수 있는 것도 누가 가져다주는 것도 아니다. 사랑도 필요할 때 하는 것이 아니고, 보석함에 넣어두었다 꺼내어 화려한 장식을 위한 도구로 쓰는 것은 더더욱 아닌 것이다. 그리하여 행복하게 산다는 것은 어려움도 함께 부대껴 이겨내며, 아픔 가운데서도 진정 따스한 가슴으로 안아내는 것이라는 사실을 잊지 않았으면 한다.

참고로 시인詩人 릴케의 삶을 들여다보며, 얼마나 많은 고뇌를 하고, 되새겨 성찰하면서 시를 썼는지, 본문의 내용을 되새겨 본다면 하나의 시어에 담긴 깊은 의미를 생각하지 않을 수 없을 것이다. 그리하여 시를 쓰거나, 시인들의 작품을 대하는 많은 사람들의 마음가짐에도 엄숙함이 함께하길 빈다.

본문 중 시(詩)에 대하여

젊은 나이에 시를 쓰는 것만큼 무의미한 것은 없다. 시는 언제까지나 끈기 있게 기다려야 한다. 사람은 일생을 두고, 그것도 할 수 있다면 70년 혹은 80년을 두고, 우선 꿀벌처럼 꿀과 의미를 보아야 한다. 그래야만 마침내 마지막에 겨우 열 줄 정도의 훌륭한 시를 쓸 수 있다. 시는 사람들이 생각하는 것처럼 감정이 아니다. 시가 감정이라면 이미 젊은 나이에도 충분히 쓸 수 있을 것이다. 사실 시는 경험이다. 한 줄의 시를 쓰기 위해서 많은 도시, 많은 사람, 많은 책을 보아야 한다. 하늘을 나는 새의 날개를 느껴야 하고, 아침에 피는 작은 풀꽃의 고개 숙인 부끄러움을 알아야 한다. 또 미지의 나라들의 길, 뜻밖의 해후, 물을 뿌린 듯이 고요한 방에서 보낸 하루, 바닷가의 아침, 바다 그 자체의 모습, 하늘에서 반짝이는 별들과 함께 덧없이 사라진 여행길의 밤들, 그런 것을 시인은 회상할 수 있어야 한다.

아니, 그저 모든 것을 회상할 뿐이라면 사실 그것은 아직 아무것도 아니다. 하루하루의 밤이 전날 밤과 조금도 같지 않은 밤마다의 행위, 임산부가 부르짖는 소리, 새하얀 옷 속에서 푹 잠이 들어 그저 육체의 회복을 기다리는 산후의 여인, 시인은 그것을 추억으로 가져야 한다. 죽어가는 사람들의 머리맡에 붙어 있어야 하며, 열어젖힌 창문이 바람에 덜컹덜컹 울리는 방에서 밤샘을 하지 않으면 안 된다. 그런데 이러한 추억을 가지는 것만으로는 아무런 소용도 없다. 추억이 많아지면 다음에는 그것을 망각할 수 있어야 한다.

그리하여 다시 추억이 우리의 피가 되고, 눈이 되고, 표정이 되고, 이름을 알 수 없는 것이 되고, 이제는 우리 자신과 구별할 수 없게 되어서야 비로소 뜻밖의 우연한 순간에 시 한 편의 첫 단어가 추억의 한가운데에서 불쑥 솟아나고 그로부터 시가 시작하는 것이다.

16. 공생충

① 저　자 : 무라카미 류, 양억관 옮김
② 분　류 : 소설
③ 출판사 : 웅진닷컴
④ 쪽　수 : 290

줄거리 및 감상

한 번도 들어보지 못한 생소한 벌레를 제목으로 하였기에 손이 가지 않을 수 없었다. 일전에 무라카미 류의 『엑소더스』를 읽었던 까닭에 작가의 작품 세계를 조금이나마 이해할 수 있어 이 책을 읽고 이해하는 데 많은 도움이 되어 준 것 같다.

이 작품에서도 특히 인간의 존엄성과 생명의 소중함을 제대로 인식조차 하지 못하며, 인격의 형성조차 제대로 되지 않은 사춘기 소년을 주인공으로 했다는 사실이 더욱 심각하게 다가왔다. 첨단의 시대로 갈수록 개인주의와 매스 미디어 등의 부작용으로 가족과의 대화는 줄어들고, 사회의 일원으로 올바른 도덕과 질서를 통해 법을 준수하며, 더불어 살아가는 적응능력조차 갖추지 못한 사람들이 많아져 한 번쯤 뒤를 돌아보게 하는 계기도 되어 주었다.

방에 틀어박혀 지내는 주인공 우에하라는 어느 날, 할아버지가 입원한 병실에서 죽은 사람의 콧구멍으로 기어나온 기다란 벌레가 자신의 눈으로 슬며시 파고들어 몸 속에 녹아버린 믿지 못할 체험을 한다. 그래서 체험한 것을 의사에게 말했으나 믿어주지 않자, 그 벌레에 대한 궁금함을 간직한 채 지내게 된다. 그러면서 우에하라는 등교 거부를 하는데, 원인은 썩은 오렌지 냄새를 풍기는 학교 선생님의 머릿기름 때문이다. 이렇듯 엉뚱한데다 어느 누구와 자신의 문제들을 이야기할 상대가 없는 혼자만의 세계에 몰입한다.

여기에 형의 폭력과 가족들의 이해가 없는 가운데 우에하라가 어머니를 폭력으로 대하자, 생각과 반항을 못하게 하는 항 우울제를 복용하게 하여 환자로 전락하게 된다. 그러던 중 인터넷을 통하여 점차 그 세계에 빠져들어가다, 자신의 존재 의식을 느껴 항 우울제의 속박에서 벗어난다.

그 후 궁금했던 벌레에 대해 인터바이오라는 대화 상대자로부터 그것이 '공생충'이라는 것을 알게 된다. 아울러 공생충을 가진 자는 살육과 파괴의 권한을 신에게서 부여받았다는 메시지를 받고, 그것을 실현하기 위하여 접근한 여자의 방에서 이상한 영상물을 본다. 그 영상물은 수은 중독 공해로 유명한 미나마타의 환자, 제 2차 세계대전 당시 일본의 모습을 기록한 것과 '방공호'에 관한 것인데 특히 방공호에 흥미를 갖는다.

그리하여 형과 아버지를 야구 배트로 때려 치고, 집을 나서 공원의 잡목림 속에서 방공호를 찾아 '적옥통'과 '황옥통'이라는 독가스 이페리트를 발견하고, 인터넷을 통하여 자신을 조종하려 했던 인터바이오를 끌어들여 세 남자를 죽인다. 또한 많은 사람들이 교차하는 거리에서 누군가에게 조종당하며, 습관과 화살표를 따라 시간을 죽이기 위해 걸어가는 인파들이 피해가는 이상한 빛의 흐름을 발견한다. 결국 네온사인과 빌딩 틈새로 빛의 띠를 보면서 그 '띠에 공생충이 이끄는 미래가 그려져 있다.'며 맺는다.

혼자만의 세계에 갇혀 모든 자각조차 스스로 하지 못하며, 누군가의 조종을 받는 사람이 되어버린 우에하라는 서서히 세상 밖으로 나오면서 자유로워지고 싶은 생각이 인간의 우월 속에서 지배하려 하였다. 속박 속에 있었던 경험을 한 사람이 잔인하게 누군가를 더 철저히 속박하듯이 말이다. 그 발단이 어린 시절에 겪었던 무시무시한 공생충 사건을 아무도 믿어주지 않는 것에 대한 불신이 자리하여 그것에 따른 반감은 엉뚱한 등교 거부로 나타났다.

그런데 자신의 말을 믿어주는 인터넷상의 대화는 군마를 얻은 것이나 같았을 것이다. 더구나 가족들의 무관심으로 인한 마음의 상처와 폭력으로 인한 정신적 피해의식 속에 공생충을 가진 자의 권한을 알게 된 우에하라는 강하게 그 권한을 행사하고 싶었을 것이다. 그리하여 잘못된 정보마저도 사실처럼 모두 믿어버리는 것의 파장이 살인마저도 대수롭지 않게 저지르게 된 원인이 된 것 같다. 전혀 생각지도 못한 것에 불만을 느껴 우발적으로 사건을 일으키고, 세상에 대한 불만들로 가득하여 아무런 상관없는 다수를 피해자로 만들어 버리는 행위는 사회에서 가장 배척해야 될 악인데, 현대에도 이러한 범죄행위가 빈번히 일어나고 있다.

이 책을 읽으며 불특정 다수를 희생시킨 대구 지하철의 참사가 문득 생각이 났다. 아수라장이 되어 안타깝게 죽어버린 사람들의 가족의 울분과 하소연할 곳 없는 참담한 심정을 어찌 겪어 보지 않은 사람이 헤아릴 수 있을까? 그래서 대구지하철 참사나 총기 난사로 인해 희생된 사람들, 강호순의 살인사건을 떠올려보면 그저 세상이 말세라는 생각을 하게 될 것이다.

그러나 이러한 사건의 계기가 정신적인 결함에서 비롯되는 경우가 많은데, '욱!' 하는 화를 다스리지 못하는 것에서도 사고가 발생하여 사회적으로 물의를 일으키고 있다. 더욱이 자신만의 세계를 만들어 놓고, 어떠한 행위를 함으로 우월감에 빠져 희열을 느끼는 정신이상의 증세는 사회를 향해 그 울분을 폭발할 소지가 다분하다. 그 원인의 대부분을 차지하는 소외와 대화의 부족, 어린 시절의 불운한 환경 속에서 사회에 대한 부정적인 적대감을 갖는 등 그야말로 전쟁 다음으로 무섭고 심각하게 우리 사회에서 악의 꽃으로 피어나고 있다.

이러한 현상들에서 벗어나게 하기 위하여 사회의 따뜻한 관심과 배려가 더욱 중요하게 대두되는데, 소외된 삶을 사는 사람들을 외면하지 않고 안아내는 마음이 얼마나 중요한지 배제할 수 없는 것이라 생각한다.

또한 청소년들이 인터넷상에서 어른 흉내내기와 자살 사이트 등을 통하여 대화를 나누고, 공감대가 형성되면 동지를 얻은 양 실천하기 위하여 집단 자살을 시도하는 일들은 인타깝게 벌어진다. 타인과 맺어가는 관계에서의 믿음보다 인터넷상에서 있는 정보들을 그대로 받아들여버리는 오류에 따르는 문제점은 위험 수위를 넘어서기도 한다.

따라서 자라나는 청소년들이 올바른 정보를 수용하고, 그렇지 못한 정보는 올바른 가치관을 토대로 판단할 수 있도록 뚜렷한 의식을 심어 주는 것은 아주 중요하다. 덧붙여서 아이들은 어른들의 잘못된 행동을 보고 그대로 실행에 옮기기도 하기에 본보기가 되지 않으면 안 되니 만큼, 어른들이 각성하고 반성하여 건전한 내일을 아름답게 열어나갔으면 좋겠다.

17. 인생을 어떻게 살 것인가

① 저 자 : 임어당(林語堂), 임춘식 옮김
② 분 류 : 에세이
③ 출판사 : 백양출판사
④ 쪽 수 : 231

줄거리 및 감상

많은 책을 읽다보니 '임어당' 님의 인용문이 솔솔이 나오기에 어떠한 사람인지 무척이나 궁금하기도 하였다. 중국과 관련된 몇 권의 소설책을 읽은 것이 전부였는데, 그것은 우리나라의 역사 속에 많은 고리들로 얼키고 설켜서 쉬이 흘려버렸던 까닭이다. 그러나 인접한 가까운 중국의 문화를 이해하는 것이야말로 진정 우리의 역사와 연관을 맺어 다시금 새롭게 받아들이는 것도 의미가 있으리란 생각이 문득 들었다. 또한 세계의 경제 흐름이 중국을 알지 못하고는 안 되는 현 정세만 보아도 중국의 문화를 이해하는 것은 값진 일이 될 것이라 생각했다.

책을 읽는 것에도 이처럼 앎의 세계를 넓히는 것도 중요하지만, 자신이 독서를 하는 분명한 목적의식을 가진다면 훨씬 보람되리란 나의 소견이다. 『인생을 어떻게 살 것인가』라는 이 책은 임어당이 발표한 각종 에세이에서 대표적인 것만을 골라서 번역한 것이라 한다. 그런데 내가 집어든 이 책은 20여 년 전에 출판된 책으로(1987) 정가는 2,500원이며, 정주시 공공도서 관장서로서 누렇게 퇴색되어져 있었다. 그리고 책을 읽기에 다소 힘들 정도로 작은 글씨라서 눈이 많이 아팠으나, 책은 세월의 공간 속에 변해가는 나의 모습과도 같아서 재질 좋은 백지의 책보다 훨씬 정감이 느껴졌고, 손 때 묻은 사람들의 흔적이 고스란히 남아 의미를 더해주었다.

또 하나 정읍시가 정주시였던 것도 찾아볼 수 있으니, 이 책의 내용에 앞서 감회가 새롭다. 그만큼 이 책에서 느끼는 감성 또한 일찍이 느껴보지 못했던 것이었지만, 중국의 풍습과 속담 및 문화 예술과 민족의 정서 등 전반적인 부분을 조금이나마 이해할 수 있었다.

이미 잘 알고 있듯이 중국은 큰 땅덩어리와 엄청난 인구 속에 많은 사상가(장자, 맹자, 노자, 도연명, 한비자)를 낳았다. 그리하여 사상가들의 가르침과 일화는 사자성어를 통해서 많이 소개되기도 하였다. 그런 사상가들 중에 소개된 일화를 본문의 내용으로 정리하자면, 장자가 어느 날 조릉이란 밤나무 숲에 활을 가지고 놀러갔다 한 번도 보지 못한 커다란 까치 한 마리가 밤나무 숲에 앉아 새를 잡으려 하는 모습을 본다.

그런데 그 때 매미 한 마리가 노래에 여념이 없어 그것을 잡아먹으려는 사마귀에게서 위험조차 느끼지 못하고, 매미를 노리는 사마귀를 까치가 잡아먹는 것을 보느라 장자도 새를 놓치고 말았다. "아아! 이것이 바로 짐승들이 서로 물고 먹는 실태로다." 탄식하며 활을 버리고 집에 돌아오자, 밤나무 숲을 지키던 자는 장자가 밤도둑인 줄로 알고 장자에게 욕설을 퍼부으니, 장자는 석 달을 두문분출하였다 한다. 그 상황에서 '네 자신을 발견하라.'는 장자의 가르침은 산 교훈이라고 할 수 있겠다.

그리고 인생의 애호가인 도연명의 귀거래사歸去來辭는 일찍이 우리가 알고 있는 고사성어로 그의 인생과 삶이 풍류를 즐기며, 술과 유유자적하는 자연인으로 돌아간 것에서도 알 수 있듯 자연 그 자체가 인생이었던 것이다.

또한 스스로 유물론자라 말하는 임어당은 중국 여성들의 한거생활閒居生活을 소개하며 "사람은 마치 구슬로 장식된 커튼 속을 들여다보는 것과 같아…." 라고 했다. 그래서 처녀들의 폐쇄된 사랑 속에 울타리 밑으로 빨간 신발을 내놓거나, 복숭아꽃 사이로 얼굴을 내밀거나, 정월과 유월 등화제날 돌아다니거나, 가야금을 타는 것 등은 우리 선조들과 흡사하여 흥미로웠다.

그리고 "철학이라는 것은 인생의 하나의 태도인데 이 태도는 각자의 우주에 대하여 가지는 이해와 이해력의 심연에 따라 각자가 부동不同하지만 한도가 있는 법이다." 하였다. 이는 결국 통합된 인생견해가 신뢰할 수 있을 때까지 각자의 마음속 주인이 철학하는 것은 중요하지만, 광활한 우주의 이치를 깨닫고자 하는 그 한계를 벗어날 수 없음을 강조한 것 같다.

아울러 중국의 풍습으로 잘 알려진 전족에 대한 것에서 전족은 성적性的인 것이었고, 여자들 사이에 전족의 선호는 남성의 사랑을 얻으려는 욕망 때문이었다 한다. 그래서 중국의 고언 "만 평의 땅이 있어도 5척 침상에서 잠을 잔다."라고 말하는 것은 부질없는 인간의 욕심에 대한 깨달음을 주는 것이었다.

특히나 다도를 즐기는 중국인의 취향을 자세히 소개하여 다도에 대한 새로운 인식을 하게 되었으며, 미인의 눈썹은 초승달, 눈동자를 추파秋波라 하였다. 추파는 '가을의 잔잔하고 아름다운 물결'로 직역되나, '이성의 관심을 끌기 위한 은은한 눈길을 보내는 아름다운 여성의 눈을 말한다.' 고 우리나라 국어사전에서도 자세히 뜻풀이가 되어 그 의미를 다시 되새겨 보았다.

다음은 중국인의 성격으로 중국인은 인내력이 너무 강하기에 인내력이 부족했다면 고생도 덜했을 것이라고 말한다. 중국인들이 인내력이 강할 수밖에 없었던 것은 대가족제도로 인한 안타까운 현상이지만 그것이 또한 중국인이라는데, 무관심도 강한 중국의 어머니들은 '공적인 일에 개입하지 말라.'는 유언을 남기었다 한다.

그 이유는 개인의 권리에 대한 법적 보호 조치가 없는 현실에서 자식의 안위를 위한 방편의 문화였기에 그랬다는 것이다. 아울러 사기성(속임수)도 있어 이해타산이 빨라 사물에 대한 냉담함이 있으면서도 진보를 꺼리는 태도는 '36계 줄행랑'과 '군자는 위험한 곳에 가까이 가지 않는다.' '한 걸음

물러나서 생각하라.'는 말에서도 알 수 있다. 이렇듯 길이 아닌 곳에는 걸음조차 멀리하고, 신중에 신중을 기하는 민족성을 다시금 느낄 수 있었다.

중국 속담 중에 '하나를 구하는 것보다 그냥 지나치는 게 낫다.'는 그런대로 만족하라는 안일한 안주와 같으며, 빨리빨리에서도 강한 편이 도리어 손드는 그것이 '노회의 정신'이라 하였다.

중국의 건축은 대자연과 조화이며 예술은 직선을 피하고, 동적인 아름다움은 중국의 서화에 있는데 서화의 미는 서예에서 출발하여 두 개의 대칭적 부분은 대소와 위치를 다르게 표현한 것이라 한다.

장자의 깨달음을 얻은 일화와 중국의 풍습, 속담에 담겨있는 중국인의 민족성, 생활방식과 건축양식에 이르기까지 중국을 이해하는 데 많은 도움이 되었다.

또한 아무런 사심 없이 자신의 문화와 예술, 민족성, 풍습과 관습을 그대로 표현한 것은 본받을 만한 것인데, 동시에 잘못된 부분을 표현함에 있어서도 주체의 자긍심은 지니고 있다는 것이 '임어당' 님이 얼마나 자신의 조국을 사랑하고 있는지 느껴졌다.

따라서 긍정적인 사고 속에 잘못된 부분을 따지듯 짚어가기보다는 주체성만큼은 밑바탕에 두고, 중국인이란 자긍심을 잃지 않음은 문학하는 지식인의 기본이 되는 자세가 아닐까 싶다. 그리하여 이 책은 진정 조국을 사랑하는 자의 기본은 버리지 않았음을 나는 높이 평가하고 싶다.

끝으로 나에게 주어진 시간이 똑같이 다른 사람에게 부여된다는 것을 부정하는 사람은 없을 것이다. 똑같은 시간 속에서 진정 '인생을 어떻게 살 것인가'는 시대와 환경에 따라 달라질 수 있으나, 진리는 변하지 않는 것을 보면 그 해답은 쉽게 얻을 수 있지 않을까?

18. 젊은 베르테르의 슬픔

① 저　자 : J. W. 괴테, 장기진 옮김
② 분　류 : 소설
③ 출판사 : 홍신문화사
④ 쪽　수 : 218

줄거리 및 감상

세상을 살아가면서 뜻대로 되지 않는 일들이 얼마나 많은가?

부모를 선택할 수 없고, 또한 자식을, 그리고 죽는 것마저 뜻대로 할 수 없는데, 이 책을 읽었던 지난날의 기억은 열렬한 사랑의 결과 상사병에 들어 자살에까지 이르는 베르테르의 슬픈 운명만을 보았다. 감수성이 예민할 때라 진정 사랑하는 사람과 함께하지 못하고 멀리서 지켜봐야만 되는 심정에 공감하였다. 그러면서 나는 사랑의 눈을 뜨며 결국 선택의 순간에서 '내가 이 사람을 선택하지 않고 다른 사람을 선택한다면, 나는 일생을 살면서 그 사람을 한 번도 떠올리지 않을 자신이 있을까?' 라는 나의 생각을 기준하여 지금의 남편을 만나서 살게 되었다. 그 때의 내 판단을 기다렸던 남편이 베르테르와 같은 심정이었을까?

서간체 소설로서 1771년이란 시대가 정확히 적혀 있어 당시를 유추하며 진정 사랑하는 마음가짐이 어떠해야 하는지? 지금 사랑하고 있는 사람이나, 앞으로 사랑할 사람을 만나야 하는 사람이나, 사랑을 선택한 사람들이 과거로 돌아간 사랑의 방식과 비교하며 읽는다면 훨씬 의미 있으리라 생각한다.

가난한 사람들을 돌볼 줄 아는 따뜻한 마음이 있으며, 온순하고 감성적인 베르테르는 약혼자가 있는 여인 로테를 사랑하며 힘겨워 한다. 베르테르가 말한 "인간을 행복하게 해 주는 것이 또한 인간을 불행하게 하는 원천이 됨은 불가피한 일이란 말인가?"에서 자신이 로테를 진정 사랑하고 있음으로 행복한데, 결코 자신의 사랑일 수 없는 집착이 상대를 오히려 불행하게 만드는 모순된 현상을 말하는 것 같다. 또한 "이 세상에서 사랑보다 더 사람에게 필요한 것은 없을 걸세." 라고 말하는 베르테르는 사회의 관습과 도덕적 규범보다 자신의 열정적인 사랑의 감정을 중요시한다.

그러한 가운데 세상은 허위로 가득 차 있어 오직 로테를 통하여 마음의 안정을 찾는다. 그러나 로테의 집을 자주 방문하는 베르트르에게 찾아오는 것을 자제해 달라는 그녀의 충고에 베르테르는 실망한 나머지 자살을 결심한다. 남편인 알베르트 또한 남의 이목이 있고, 소문이 나돌고 있으니 찾아오지 말라는 것이다. 베르테르는 결국 자신의 집으로 돌아가 자살의 결심을 이행하고자 삶의 흔적들을 말끔히 정리한다. 그리고 하인을 로테의 집으로 보내어 권총을 빌려오게 한다. 로테의 손길이 닿은 권총으로 그녀의 가정에 "평화와 환희를 되찾게 할 수 있도록" 이라는 유언을 남기고….

편지의 내용 중에서 진실로 사랑했던 여인이 애인의 배신으로 연못에 투신자살한 이야기와 과부를 짝사랑했던 어느 청년의 살인을 복선으로 하면서 베르테르는 청년도 자신의 입장과 똑같은 상황이라고도 말한다.

나폴레옹이 이 소설을 일곱 번이나 되풀이하여 읽었다고 하며, 베르테르의 옷차림은 당시 청년 사이에 유행이 되었고, 자살 사건이 빈번히 일어났다고 하는 것으로 미루어볼 때, 한 권의 책이 독자들에게 어떠한 영향을 미치는지? 정서에 또한 어떠한 변화를 불러일으키는 것인지? 깊이 생각해 볼 일이다.

많은 사람들이 경험했을 감수성이 예민한 시기에는 사랑에 걸림돌이 되는 것은 모두 배제하고, 오직 사랑하는 마음에만 집착하는 사랑의 열병을 앓는다. 그러나 시간이 지나면서 점차 이성적인 판단을 함으로 사랑의 열병은 서서히 식어간다. 따라서 베르테르처럼 사랑은 이루어질 수 없기에 더욱 간절하고 애틋한 것이지, 인생의 전부를 걸고 쟁취한 사랑이라 할지라도 결국은 지켜가려는 노력에 의하여 사랑은 완성된다고 본다. 그리하여 사랑의 감정도 중요하지만, 오랫동안 행복한 삶을 함께하기 위해서는 이성적인 판단이 배제되어서는 안 되리라 생각한다.

그런데 이미 결혼한 로테의 가정을 자주 찾아가서 여전히 위안과 마음의 평화를 찾는다는 것은 집착이 아닐 수 없다.

감수성이 워낙 예민한 베르테르기에 조심스럽게 로테는 출입을 자제해 달라 했던 것의 의미를 받아들이지 못하고, 죽음을 선택한 것은 극단적인 것으로밖에 볼 수 없다. 베르테르를 향한 로테의 사랑은 그리하여 진정한 사랑이 아닌 그의 측은한 모습을 보면서 느낀 동정심이라고 나는 생각되어진다.

그래서 마음의 상처가 될 수도 있는 충고를 하는 것도 적기가 필요하지만, 아닌 것은 분명히 아니라고 말할 수 있는 용기가 로테에게는 필요했던 것 같다. 또한 로테도 남편 알베르트가 없는 사이에 베르테르를 만나는 것은 그만큼 오해의 소지가 다분한 것이라고 본다.

결국엔 죽음을 통하여 이루어질 수 없는 사랑을 마무리짓는 것으로 소설은 막을 내리지만 피해자일 수 있고, 가해자일 수도 있는 로테의 심정은 어떠할까? 로테의 가슴에 씻을 수 없는 상처를 남기고 떠난 것이 진정 사랑이라고 볼 수 있을까? 남아 있는 사람의 고통은 방치한 채 죽음의 순간 로테의 손길이 닿은 옷을 입은 그대로 묻어달라고 말했던 베르테르의 의도는 무엇일까? 그것이 설령 사소한 무엇 하나일지라도 남아 있는 추억을 죽어서까지 간직하리란 강한 의지라 볼 수 있으나, 잘못된 사랑으로 빗나간 극단적인 죽음은 아픔일 뿐이다.

괴테도 목사의 딸과 열렬한 사랑에 빠져 서정시를 썼으나 결별을 하였다 한다. 어쩌면 그 이루어질 수 없는 사랑을 죽음으로 대신하고 싶을 정도로 힘들었는지 모르겠다. 하지만 이루어지지 못한 사랑을 멍에처럼 끌어안고 가기엔 젊은 날의 아름다운 시절을 승화시킬 수 있는 고귀한 추억이 있지 않은가? '세월이 약이다'란 말이 있듯 사랑의 상처는 세월을 담은 시간에 희석되어져 분명 치유될것이다. 그래서 사랑을 떠나보내야 하는 아픔은 크더라도 진정 사랑하여 떠나보낼 수 있는 승화된 사랑의 마음이라면, 그 따스한 마음이 숨 쉬는 곳에 분명 새로운 사랑이 천사의 날개를 달고 다시 찾아올 것이라 나는 확신한다.

19. 대위의 딸

① 저　자 : 푸슈킨, 이 철 옮김
② 분　류 : 소설
③ 출판사 : (주)계몽사 / 종로학원
④ 쪽　수 : 206

줄거리 및 감상

소설 『대위의 딸』보다도 '삶이 그대를 속일지라도' 라는 시로서 우리에게 더욱 알려져 있는 푸슈킨은 러시아 리얼리즘 문학의 확립자로 귀족 출신이었다.

'삶이 그대를 속일지라도'는 청소년 시절 슬픔과 좌절의 순간 속에 있을 때, 많은 위안과 마음의 안정을 주었기에 푸슈킨의 소설을 대하는 마음은 한층 색다르게 다가왔다. 민감하던 시기였기에 가슴에 담고 암송하였던 그 때를 추억하면서 소설작품을 통하여 삶의 진정한 가치를 찾아보고 싶었다. 그리고 '대위의 딸'이라 하면 군인 정신을 아버지로부터 물려받아 성격이 강하고, 왠지 도도한 면이 있지 않을까? 란 생각으로 책을 조심스럽게 펼쳤다.

장교로 근무한 후, 중령으로 퇴역한 아버지 안드레이 표트로비치는 태어나기도 전인 표트르를 근위연대 중사로 등록하고, 그가 성장하자 훌륭한 군인이 될 것을 바라며 변방의 베로고르스크 요새로 보낸다. 그곳에서 표트르는 근위대에서 격투하다 쫓겨 온 시바블린에게 대위의 딸 마리아 이바노프나를 연모한 시를 써서 보여준다. 그러나 시바블린의 태도에 표트르는 모욕감을 느끼면서 그에게 결투를 신청하여 상처를 입은 표트르는 마리아의 병문안과 보살핌 속에서 진정한 사랑의 마음으로 청혼하기에 이른다. 그리고 표트르는 자신의 사랑을 아버지께 서신으로 알리나, 부모님은 나라를 위해 써야할 칼을 결투를 한 사실에 분개하며 마리아와의 결혼을 완강히 반대한다.

그런 중에 카자흐(중앙아시아 북부에 있는 구소련의 한 연방 공화국)에서 푸가초프의 반란과 습격으로 베로고르스크 요새는 함락되어 붙잡힌다. 하지만 표트르가 그의 충복 사베리치와 요새로 오는 길에 눈길에서 푸가초프에게 도움을 주었던 사람이 표트르였다는 것을 알게 되어 표트르를 살려주며, 친절까지 베풀어 오렌부르크로 가게 해준다. 그러나 베로고르스크 요새의 함락으로 대위인 마리아 아버지와 어머니는 처형당하고, 마리아는 신부의 조카딸로 속여 목숨을 연명하는데 그녀를 두고 떠나는 표트르의 가슴은 미어진다.

한편 반란자 푸가초프는 황제를 자칭하며 세력이 커져가던 어느 날, 표트르는 마리아의 편지를 받는데 그토록 싫어하는 시바블린이 자신의 집에 데려다 놓고, 결혼을 강요하여 힘들다는 내용이었다. 표트르는 사베리치와 다시금 그녀가 있는 곳으로 가서 푸가초프의 배려 속에서 마리아를 데리고 온다.

그리하여 그녀를 자신의 집으로 보내는데 푸가초프가 체포되어 전쟁이 끝나자, 푸가초프의 도움을 받은 것은 그와 친밀하여 일어난 것이란 소문이 퍼져 표트르는 체포된다.

표트르는 마리아의 소심한 성격을 잘 알기에 사랑의 상처를 입고 힘들어할까 봐 체포된 사실을 숨기고 시베리아로 향한다. 그런데 뒤늦게 이 사실을 알게 된 마리아는 사랑하는 표트르를 구제하러 떠났다, 산책길에서 우연히 귀부인을 만나게 되어 자신의 입장을 하소연하였는데 그 귀부인이 바로 여왕이었던 것이다. 그래서 여왕은 표트르의 진실을 알게 되어 형에서 풀려난 그는 마리아와 결혼한다.

표트르의 진정한 사랑이 없었다면 사선을 넘나들면서 어찌 마리아를 구할 수 있었겠는가? 마리아 또한 표트르의 진정한 사랑을 알았기에 누명을 벗기고자 노력한 결과가 여왕을 만난 행운이 있었던 것 같다. 그것은 요행을 바라는 마음이 먼저가 아니라, 진정한 마음이 감동시킨 결과다.

그리고 아버지께서 어리고 한없이 나약한 아들로만 알았지만 군인 정신이 투철하고, 한 번의 사랑에 목숨 걸 줄 아는 남자다운 기백이 넘치는 표트르였다. 그래서 사랑하는 여인 마리아를 지켜내려는 표트르의 사랑이야말로 진정 우리가 본받아야할 것이다. 또한 표트르 곁에서 충성을 다하는 사베리치는 어떠한 상황 속에서도 합리적이며, 현실적인 판단을 함으로써 바른길로 인도하는 그야말로 강직한 인물로 기억해야 될 것 같다.

『대위의 딸』에서처럼 푸슈킨은 1836년 38세의 나이에 자신의 아내 나탈리아와 밀애를 나눈 단테스에게 결투를 신청했다가 이듬해 1월에 사망하였다 한다. 이것으로 미루어 푸슈킨의 사랑 법이 표트르와 같았음을 알 수 있다. 그러나 밀애를 나누는 아내에 대한 분노와 질투의 화살이 사랑이란 명목을 내세워 결투를 신청한 것이 아니었을까? 하여 푸슈킨은 자신의 운명을 미리 점쳐 소설에 담은 것이라는 추정을 해 보았는데, 나의 추정을 밑받침하듯 이 작품에 4년이란 세월을 보냈고, 『푸가초프 반란사』라는 역사서와 병행하여 답사현장은 카잔에서 신비르스크를 거쳐 오렌부르크에 이르렀으며, 등장인물도 실존인물을 그대로 하였다 한다.

비록 아내를 향한 사랑의 화살이 결투가 되어 생을 마감했지만, 푸슈킨은 소설 『대위의 딸』에서 만큼은 승화시켜 진정한 사랑의 결말을 아름답게 맺었다. 하지만 푸슈킨의 비애悲哀를 담은 이 작품을 허투루 흘리는 것은 그의 사랑에 대한 모독이 될 수도 있을 것이다. 그래서 더욱더 '삶이 그대를 속일지라도' 라는 시가 가슴에 와 닿았다.

삶이 그대를 속일지라도 / 슬퍼하거나 노하지 말라! / 우울한 날들을 견디며 믿으라. / 기쁨의 날 오리니. / 마음은 미래에 사는 것 / 현재는 슬픈 것 / 모든 것은 순간적인 것, 지나가는 것이니 / 그리고 지나가는 것은 훗날 소중하게 되리니….

20. 잠수복과 나비

① 저　자 : 장 도미니크 보비, 양영란 옮김
② 분　류 : 자서전적 에세이
③ 출판사 : 동문선
④ 쪽　수 : 176

줄거리 및 감상

나는 점점 멀어진다. / 아주 천천히 / 그러나 확실히 멀어지고 있다.
항해 중인 선원이 / 자신이 방금 떠나온 해안선이 / 시야에서 사라져가는
광경을 바라보듯이 / 나는 나의 과거가 점점 / 희미해져감을 느낀다.
예전의 삶은 아직도 / 나의 내부에서 불타오르고 있지만 / 점차
추억의 재가 되어 버린다.

촛불이 서서히 커져가는 것처럼 안타까운 마음이 물밀듯이 밀려온다. 점점 사라지는 불빛의 여운까지도 강하게 붙잡고 싶지만, 아무것도 할 수 없는 상태에서 마지막까지 포기할 수 없음이 눈물겹게 한다. 이제는 생의 끈을 놓을 시간, 남겨진 추억을 안을 준비를 한다. 아득한 날은 이제 잠긴다. 보이지 않는 것을 그래도 끌어안고 있음은 체온이 식지 않은 까닭이다. 위의 시를 가슴으로 읽고 난 나의 느낌을 적어본 것이다.

프랑스의 여성 잡지 『엘르』의 편집장인 장 도미니크 보비는 1995년 겨울 갑자기 뇌졸중으로 쓰러진다. 그로부터 3주일 후에 깨어난 그는 '몸은 머리끝부터 발끝까지 마비된 상태에서 의식은 정상적으로 유지됨으로써 마치

환자가 내부로부터 감금당한 상태, 즉 영미 계통의 의사들이 로크드 인 신드롬(Locked-in syndrome)이라고 표현한 상태' 가 지속된다.

그 후로 유일한 의사소통 수단은 왼쪽 눈을 깜박이는 것으로 보비는 '잠수복' 안에 갇힌다. 그래서 6개월이 지난 후부터 대필자 클로드 망디빌에게 눈꺼풀을 20만 번도 넘게 깜박여 15개월 만에 이 『잠수복과 나비』란 책이 완성되었다 한다.

밀턴의 대서사시 「실낙원」 또한 그가 시력을 잃어 음성을 통하여 대필되어 써진 것처럼 인간에게 있어 불가능한 것은 없는 것 같다. 포기하지 않는 피나는 노력이 있다면 말이다. 그래서 이 책은 더욱 심금을 울린다. 또한 좌절하여 포기해버린 사람에게는 꿈과 희망을 주는 아주 소중한 책이 되어준다.

육체를 움직일 수 없다 하여 누가 보비를 식물인간이라고 말하는가?

보비의 사고는 정상인에 비하여 더욱 깊었으며, 그의 의식은 사랑하는 아들과 딸, 가족에게 소중한 끈으로 이어져 있었다. 그리하여 희망의 끈을 놓지 않고 살아 있는 날을 아름답게 펼쳐갈 수 있었던 것이다.

레몬에 탄 몇 방울의 물과 요구르트 반 숟가락이 아픈 그가 먹은 음식물이었지만, 그것도 시도에 불과했을 뿐이란다. "머릿속에 아직도 선명하게 남아있는 맛과 냄새에 대한 기억에 의존하는 수밖에 없다. 기억이야말로 감각의 무궁무진한 보고이다." 라며 어린 시절 사탕보다 햄과 소시지를 좋아했다는 기억을 더듬는다는 부분을 읽으면서 나도 모르게 눈물이 흐르고 있음을 알았다.

이 얼마나 혹독한 시험이랴!

감히 상상이 가지 않는 심정을 헤아리긴 어렵지만, 기억 속의 맛을 느낌으로 찾아가는 것을 생각하니 나는 머릿속이 하얗게 비어버린 느낌이었다.

가족들과 함께한 지난날들을 회상하면서는 비틀스의 '내 삶 속의 어느 하루' 란 노래처럼 보비는 살아있는 순간이 가장 소중한 삶 속의 하루였던 것이다. 그래서 "열쇠로 가득 찬 이 세상에 내 잠수복을 열어 줄 열쇠는 없는 것일까? 종점 없는 지하철 노선은 없을까? 나의 자유를 되찾아 줄 만큼 막강한 화폐는 없을까? 다른 곳에서 구해 보아야겠다. 나는 그곳으로 간다."

이 책의 마지막 부분에 쓰여 있는 내용으로 그의 생에 대한 강한 열망을 엿볼 수 있다. 또한 세상과 단절된 잠수 상태에서 얼마나 힘겨웠으며, 호흡을 멈추지 않으려 어떻게 자신을 지켜냈을지 더욱 숙연해질 뿐이다. 하지만 더 이상은 살 수 없는 이 세상이 아닌 다른 곳에서 찾아야 할 영혼의 맑은 눈동자에 비친 새로운 세상은 분명히 아름다울 것이다. 이승의 짐을 내려놓고 한 마리의 나비가 되어 훨훨 날아가는 그 곳은 말이다. 이처럼 삶의 소중한 시간들을 아낌없이 사랑하며 따스한 가슴을 채운 언어들의 감동은 눈물을 더욱 아름답게 정화시켜 주었다.

보비는 이 책을 출간한 지 8일 만에 심장마비로 사망을 했다는 사실로도 생명에 대한 애착과 의지가 얼마나 강했는지 미루어 짐작이 가고도 남음이 있다. 그래서 마지막까지 이 세상에서 희망을 버리지 않았던 삶의 의욕이 생명의 끈을 강하게 붙들었던 것이라 생각한다. 이렇게 감동적으로 정신적인 한계를 극복한 노력의 결실을 담은 그의 삶은 다큐멘터리로 방영되어 많은 이들의 심금을 울렸다 한다.

정상인으로 생활을 하다 만일 어느 순간 장애를 입었다면 과연 우리는 보비처럼 극복해낼 수 있을까? 극복한다면 그 의지가 무엇일까?

사람은 어떠한 상황이 불어 닥친다 해도 견뎌내지 못할 일은 없다. 불가능하다고 하는 일도 극복해내는 기적이 있지 않은가? 언젠가 방송에서 암환자들을 인터뷰한 내용을 보았다. 하나같이 건강의 소중함을 강조하였다. 그러면서 기적은 바라는 것이 없으면 이루어지지 않고, 기적은 내 자신이 만드는 것이며, 진실로 원하는 사람이 마침내 차지하는 것이 '기적' 이라고 말했다. 그래서 기적奇跡이란 상식으로 생각할 수 없는 기이한 일이며, 종교에서는 신에 의해 행해졌다고 믿어지는 불가사의한 현상이라는데 그런 기적이 남에게만 일어나는 것으로 알고, 생각조차 하지 않는다면 소중한 삶은 어찌될까? 제대로 도전해보지도 않고 쉬이 포기해버린다거나, 힘든 일은 기피하는 사람들이 있다면 오늘도 병마와 싸우는 환자들의 눈물겨운 광경을 한 번쯤 생각해볼 일이다.

21. 누가 잠자는 숲속의 공주를 깨웠는가

① 저　자 : 이링 페처, 이진우 옮김
② 분　류 : 청소년 철학 동화 · 동화의 사회철학
③ 출판사 : 철학과 현실사
④ 쪽　수 : 228

줄거리 및 감상

요즈음 패러디화한 다양한 동화의 재구성 작품들이 인기를 끌고 있다. 동화 속의 주인공들을 모두 여성으로 하면서 남 · 녀 평등을 다룬 페미니즘 동화 바바라 G · 워커의 작품 『흑설 공주 이야기』와 비슷한 맥락에서 볼 때, 현실의 냉철한 눈으로 비판적이며 철학적인 부분에까지 다양한 해석은 또 다른 시각의 변화를 불러일으킨다.

그래서 전래 동화에서 비춰진 삶의 다양성과 동일성, 이야기의 민중성과 작자의 익명성, 인간의 역설적인 성격을 토대로 하므로 근원적인 의미에서 사회 철학이라 하였다. 아울러 이 책에서 다루어진 동화는 그림형제가 제2판의 서문에서(1819. 7. 2) "어린이들에게 적당하지 않은 표현은 이 판에서 신중하게 삭제하였다."라 말했듯 원본과 어린아이들이 읽는 내용은 많은 차이가 있는 것이 사실화되었다. 그런데 신화 · 전설 · 전래동화 등의 특수성을 깊이 있게 알고 있다는 사실만으로 어린 시절에 상상의 나래를 펼치며, 꿈을 키웠던 시절을 성인이 되어버린 시각에 비추어볼 때, 허무맹랑한 그저 동화일 뿐이라 말할 수 있을까?

「재단사와 세 아들」은 철학으로 비추어 중국 공산주의적 사회의 시각에서 비판적인 재해석을 하였는데, 정통 마르크스주의의 관점에서 '상 차려라 식탁'은 봉건 사회의 표어로 봉건 군주를 위해 맹목적으로 일하는 백성을 나타낸단다. 그리고 '뱉어라 금나귀'에서 나귀는 부르주아에 있어 착취당하는 노동 계급의 이상으로, '자루야 몽둥이'는 가난한 농부들의 민중 전쟁을 상징으로 나타낸 것이며, "모든 권력은 총칼로부터 나온다."는 마오쩌뚱의 정권을 서술한 것이라고 한다.

「신데렐라」의 원본에서는 두 언니의 맞지 않는 발을 발가락과 뒤꿈치를 칼로 잘라 결국엔 맞는 제 주인을 찾는다는 내용을 동화로 낸다는 것은 있을 수 없는 것이었다 한다. 그래서 새로이 재구성한 내용은 하녀와 다름없는 신데렐라가 하녀들의 처지에 관한 자료를 수집, 요구사항을 내걸고 파업하며, 하인 · 하녀 노동조합까지 만들어 처지를 개선하고자 한다. 황태자는 타협점을 찾아 파업을 해결하기 위해 신데렐라를 만나면서 청혼을 하지만, 신분과 정치 이념의 차이를 들어 거절한다.

결국 하인 법 철폐 법안이 통과되지 않고, 붙잡혀간 신데렐라는 '자유'를 외치며 노동자들의 연합을 강조해 형을 살게 된다. 형을 마치면 미국으로 이민 갈 것이라 결심하고, 왕자는 이 임무를 수행치 못함에 목숨을 끊는다는 내용이다.

이처럼 현재의 시각에 맞게 재구성하여 사회의 부정과 부패, 불이익을 당하는 힘없는 노동자들의 편에 서서 미래 사회의 개혁을 추구하는 것은 진실로 현실적인 변화인 것 같다.

「백설공주」는 원본은 이와 같을 것이라고 추정한 내용으로 벽거울은 염탐꾼과 스파이일 것이라 했다. 그래서 독 사과를 먹은 백설 공주를 유리관에 넣었는데 우연히 그곳을 지나던 왕자가 보고 난쟁이들에게 "내가 가장 사랑하는 사람으로 받들고, 존중할 것을 약속하마."라고 말하니, 관을 내어주어 관을 메고 가다 흔들려 목에 걸린 사과가 뱉어져 살아난 공주와 결혼을 한다는 것이다. 그리고 잘못을 저지른 왕비의 음모가 탄로나 달구어진

쇠 신발을 신고 죽을 때까지 춤을 추게 한다는 것이다.

이렇듯 재구성한 동화의 내용은 전제정치와 착취로부터 민중을 해방시키려는 반란군의 청년을 숲에서 우연히 만나게 된 공주는 그들의 정당함을 믿고, 유용한 무기를 가지고 반란군에 가세하여 왕정을 무너뜨린다. 그래서 혁명 정부를 수립하여 왕비는 처형되고 폐위된 왕은 민중에 봉사하며 백설공주는 여성해방을 위해 일을 한다는 내용이다.

「**잠자는 공주**」는 오랫동안 아이를 갖지 못한 왕비의 불임증이 개구리와 즉, 서민의 청년과 만남을 통해 극복되었다며 지키지 못한 성의 불륜을 드러낸다. 또한 열다섯에 물레 바늘에 찔려 죽는다 했는데, 그로 인해 물레를 모두 없앤 것은 그 당시 정책적인 처방의 한 방편으로 방적기계가 나오는 계기가 되었다 한다. 그리고 100년 동안의 잠은 딸이 열다섯 처녀로 항상 예쁘게 보이길 바라는 부모의 희망에 대한 과장이라 했다.

이와 같이 그 시절의 시점을 통하여 사회상을 올바르게 바라볼 수 있는 시각을 넓힌다면, 우리가 몰랐던 동화의 원본은 당시의 문제점을 해결하는 방향을 설정한 것이라 할 수 있다. 그래서 아이의 순수한 눈빛으로 다시금 읽혀지는 '동화'의 특수성은 많이 개작될 수밖에 없는 것이었다. 하지만 작가의 덧붙인 말에서 "옛 동화의 '파괴'가 아니라 옛 동화의 날카로운 해석과 동화의 다의성(다양한 혼란의 가능성)은 동화의 힘."이라고 했듯 우리의 비판과 해석에도 신중을 기하지 않으면 안 되겠다.

그것은 모든 책 속에 담겨진 알찬 구성의 내용을 통한 감동을 놓칠 수는 없기 때문이기도 하다. 그래서 결론에 근접하여 다가서는 그 과정의(갈등, 선택) 길은 독자의 새로운 해석의 몫이 될 수도 있다는 것을 이 책을 읽으며 다시 생각하게 되었다.

삶의 다양성과 사회 조직의 세분화, 차고 넘치는 정보의 세상 안에서 벌어지는 순간순간들의 사건들을 모두 흡수하여 받아들인다는 것은 버거운 일이 아닐 수 없다. 특히나 이렇게 복잡한 현대를 살아가는 까닭에 비판적 사고와 논리의 중요성은 결국엔 나 자신을 올곧게 서게 하기 위한 아주 중요한 것이다.

그래서 이 책의 내용과 해석을 단순히 읽고 느끼는 것에서 끝낼 것이 아니라, 또 다른 시각의 출발점으로 삼아 새로운 창작의 시대가 열리길 바랄 뿐이다. 마지막으로 청소년 철학 동화이기에 누구나가 필독함으로 무한한 가능성에 우리 청소년들도 도전해 보는 계기를 만든다면, 이보다 더 훌륭한 작품이 나올 것으로 기대해 본다.

22. 주홍글씨(The Scarlet Letter)

① 저　자 : 너대니얼 호손, 정진한 옮김
② 분　류 : 소설
③ 출판사 : 삼성출판사
④ 쪽　수 : 303

줄거리 및 감상

사소한 일에서 자신이 원인이 되어 벌어진 실수와 잘못에 비하여 당하는 억울함이 더 클 때, 오히려 역반응을 일으키는 경우가 살면서 간간이 일어난다. 그래서 결국엔 감정만 앞서 잘못을 시인한 것조차 불쾌한 것으로 느끼며 자존심까지 다쳤다 생각해버리는 상황에 처하기도 한다. 이처럼 사소한 것의 시비 속에 잘못을 인정하는 정도에 의하여 사과하는 것과 괜찮다 받아들이는 차이는 당사자가 아니기에 다를 수 있다.

그러나 분명한 것은 완전한 인간이 아니기에 실수하지 않을 수 없음인데, 그럴 때마다 잘잘못만을 따지려 든다면 이해와 배려마저 없는 세상은 삭막해질 것이다. 그런데 한 번의 잘못을 멍에처럼 매고 간다면 어느 누가 그 고통을 이해하고, 함께하며 위로해 줄 수 있으리. 막연한 생각보다 『주홍글씨』를 읽으며 그 해답을 찾아본다면 살면서 겪는 사소한 일들이 그리 힘겹지는 않을 것 같다.

옛 일을 거슬러 오르며 주홍빛 천에 금실로 수놓은 '대문자 A' 안에 쌓여 있는 종이 뭉치에 헤스터 프린이란 이름이 쓰여 있는 것을 보고, 매사추세츠 개척 초기와 17C 말엽에 살았던 인물을 토대로 소설은 시작된다.

200여 년 전 프린스 레인 감옥에서 금실로 주홍빛 천에 'A대문자 A'를 수놓은 헤스터는 여인으로 순결을 잃고 딸을 낳은 타락한 죄를 지어 처형대 위에 3시간 동안 서있도록 하는 판결이 내려진다. 또한 평생 주홍색 글자 'A'를 가슴에 달고 살라고 하는데 'A'는 간통을 의미하는 'Adultery'의 첫 글자를 나타낸다고 한다.

헤스터는 영국 출신인 아버지의 강요로 돈 많은 늙은 의사와 결혼하여 미국으로 먼저 건너오지만, 뒤이어 오리라던 남편은 2년이 지나도 오지 않는다. 그러다 헤스터는 목사인 아서 딤스테일을 사랑하게 되며 딸 펄을 낳는다. 그러자 남편 없는 여자가 아이를 낳은 것에 청교도주의 도덕률에 따라 재판을 받으나, 그녀는 끝내 남자의 이름을 밝히지 않는다.

그러한 가운데 딸과 함께 마을 사람들의 따가운 시선과 수모 속에서 바느질을 하며 생계를 유지한다. 하지만 기독교와도 접할 수 없고, 아이의 장래를 부정한 헤스터에 맡길 수 없다며 그녀에게서 딸을 떼어 놓으려하자, 다행히 딤스테일 목사의 도움으로 위기를 모면하게 된다.

한편 딤스테일 목사는 죄의식에 시달리며 쇠약해져 가는데 헤스터를 찾아온 전 남편 칠링워스는 딤스테일 목사에게 치료를 목적으로 접근하여 함께 생활한다. 급기야 목사의 가슴에서 주홍글씨를 발견하며 딸의 아버지임을 알게 된 칠링워스는 복수심에 불타 목사를 괴롭힌다. 그러자 헤스터는 딤스테일이 무거운 짐을 벗도록 타지로 나가자 하지만, 칠링워스도 동행하게 되리란 말에 헤스터는 또 다시 곤경에 처한다.

마침내 속죄하는 마음으로 딤스테일 목사는 처형대에 서서 마을 사람들에게 자신의 가슴에 새겨진 'A'자를 보여주고, 자신의 죄를 짊어진 채 헤스터의 품에 안겨 죽는다. 이 광경을 목격하고, 사랑이 엇나간 사실을 깨달으며 살아갈 의미를 잃어버린 칠링워스도 죽음을 맞으며, 헤스터의 딸 펄에게 유산을 남긴다.

헤스터는 딸의 미래를 위해 유럽으로 떠나 훗날 펄은 미국에서 결혼하고,

그녀는 딤스테일 목사의 무덤에 나란히 묻힌다.

평생 치욕스런 주홍글씨를 가슴에 달도록 판결한 청교도의 독선적인 행위지만, 오히려 헤스터를 성녀로 묘사하기도 한단다. 미국에서 건너온 첫 선조인 호손은 행정장관으로 재직 중 퀘이커 교도의 여성을 태형했을 만큼 열렬한 청교도였다 한다. 그래서 17C 청교도가 지배한 미국 사회의 암울함을 묘사하고 있으며, 호손은 조상의 잘못으로 자신에게도 비극이 시작되었던 것이라 생각했다는데, 오랜 시간을 거슬러 조상으로 비롯된 사건을 토대로 그 죗값이 얼마나 부당하고 가혹했는가를 말하여 준다.

앞에서도 말했듯이 잘못을 저지르지 않는 완벽한 존재는 없다. 하지만 너무나도 가혹한 처벌로 인해 한 여인의 멍에는 평생을 씻지 못하는 수치심 속에 살면서도, 끝내 발설하지 않는 사랑은 우리에게 귀감이 되어 준다. 또한 모성으로 진주를 연상케 하는 '유일한 보물'이란 뜻의 딸 펄을 세상의 천대 속에서도 훌륭히 키워내며 사랑을 완성한 헤스터.

그리고 죄의식에 시달리다 쇠약해져 죽음의 순간에 진실을 말하는 딤스테일 목사. 그 둘 사이에는 여인의 숭고한 희생적인 사랑이 있었다.

뒤늦게 진실을 밝힌 것을 원망할 수도 있는 요즈음 사람들이겠지만, 사랑은 때론 말하지 않음으로 승화시켜 더욱 값지게 되돌아온다는 것을 헤스터를 통해서도 알 수 있다. 결코 사랑이 아니라면 견딜 수 없는 상황을 훌륭한 어머니로 책임과 의무를 다하고, 죽어서는 사랑하는 사람의 곁으로 간 것은 아름답고 숭고한 사랑의 결실인 듯하다.

어느 누구도 죄를 대신할 수는 없으나, 그 죄의 부당성이 청교도들의 독선적인 행위로 본다는 것에서도 알 수 있듯, 잘못된 생각이 한 여성의 삶에 어떠한 영향을 미쳤는지도 깊이 생각해볼 일이다. 당사자가 아니면 모르는 고통을 참아낸 나약한 여성에게 그토록 가혹한 형벌을 내린 것에 더욱 개탄을 금할 길 없다.

그리고 피해자가 여성이어야 하는 것도 그렇다. 남자들이 세상을 지배하던 까닭에 여성의 부정이 가장 큰 죄가 되도록 한 것은 남자들이 만들어낸 잘못된 우월감이다. 여성을 한 인격체로 존중해주지 않고, 지배하려고만 했던 시기였다고 말하기에 너무 무책임하지 않을까?

23. 손님

① 저　자 : 황석영
② 분　류 : 소설
③ 출판사 : 창작과 비평사
④ 쪽　수 : 262

줄거리 및 감상

대인관계 속에서 어느 누구에게는 손님일 수 있으나, 그렇지 않은 사람들이 있다. 가족 안에서 만약에 손님이라면 그 위상은 이미 잃어버린 것이듯, 혈연처럼 관계를 유지하기 위한 방편이 아닌 손님은 아주 중요한 사람일 것이다.

집으로 찾아오는 손님은 이미 약속이 되어 있는 경우인데 그렇지 않은 상태에서 맞는 경우도 있다. 그럴 때면 대부분의 사람들은 놀라기도 황당해 하기도 하는데, 나에게 있어 황당해하는 사람이 가장 소중한 손님이라면 그것은 모순이란 생각이다. 그래서 내 안에서 손님으로 정의를 내리는 사람이 많다면 그만큼 대인 관계에 문제가 있었음을 시사한다. 왜냐하면 손님은 가끔 만나며 관계를 맺는 것뿐 깊은 유대관계가 아니기에 가까운 사람을 손님이라 칭하는 것은 거리감이 느껴져 나는 싫다.

그런데 이 작품에서 '손님'을 정의하는 작가의 말을 빌자면 천연두를 두려워하며 모면하기 위해 '마마', '손님'이라 선조들은 말했으나, '손님굿'이란 무속의 형식을 만들어낸 것에 착안하여 기독교와 맑스주의를 손님으로 규정했다 한다.

2000년 10월 ~ 2001년 3월 한국일보에 연재된 소설을 단행으로 엮어 한국 전쟁 속에 얼룩져 있고, 민족의 한과 아픔이 깊이 새겨진 것을 황해도 진지노귀굿 12마당을 구성하듯 하였다 한다. 진지노귀굿은 사람이 죽은 지 3년 안에 하는 진노귀굿으로 망자亡者를 저승으로 천도하는 전국적인 형식의 '넋굿'이라 하니, 여기에서는 저자 자신이 '손님' 이라 규정한 것에 의해 작가의 의도를 토대로 한다면 작품 이해에 도움이 되리란 생각이다.

미국에 사는 류요섭 목사는 고향 방문단 일행이 되어 평양으로 향하기 사흘 전에 형님 류요한 장로의 갑작스런 죽음을 맞는다. 형님의 수첩에서 박명선이란 이름을 발견한 요섭은 그녀를 찾아가지만, 형님에게 원한이 남아있는 듯 냉대시 한다.

그 원인을 알 수 없는 요섭은 형님을 화장하고, 뼛조각 하나를 지닌 채 평양행 비행기에서 알 수 없는 망자의 유령이듯 형의 헛것이 자신과 겹치는 꿈을 꾸고 깨어난다. 평양에 도착하여 '신천박물관'을 돌아보며 미군의 인간 살육과 대중 학살로 인하여 35,000여 명이 살해된 것을 보고, 요섭은 형의 아들 단열을 만나 형수님 댁으로 간다. 그러면서 진실 속에 가려졌던 전쟁 속의 아픈 과거가 밝혀진다.

1950년 인천상륙작전 이후 미군에 의한 만행으로 알고 있던 신천의 학살은 사실은 우익 기독 세력에 의해 자행된 것이란다. 황해도 일대의 기독청년들이 남쪽 반공 청년단과 연계되어 무기를 입수하여 황해도 일원의 당주요 기관을 점령하여 만행을 저지른 통일단 사건 이후, 류요한은 구월산에 숨어 지내다 인천상륙이 시작되자 기독 청년들과 합세한다.

그리하여 당원들(빨갱이)을 잡아들여 살육하며, 정규군은 반동이라 군 병력을 이용하여 기독 청년단들을 죽이는 와중에서 일랑이 네와 순남이 네 가족이 몰살당한다.

그러다 중공군의 참전으로 남쪽으로 밀리기 시작하자, 류요한은 해산한 아내를 누나 댁에 부탁하러 갔다 함께 기독 청년단에 있던 상호가 누나를 죽인 것을 알고, 류요한 또한 상호의 가족을 몰살시킨다.

이렇듯 동족상잔의 비극을 빚은 진상을 가슴에 담고 아슴한 기억들을 뒤로한 채 류요섭 목사는 찬샘골에 형님의 뼛조각을 땅에 묻으며, 진지노귀굿 12마당 마지막인 뒤풀이 굿으로 소설은 끝을 맺는다.

이처럼 전쟁의 상흔은 고스란히 자국민의 몫일 수밖에 없다. 그 속에서 이념을 내세워 새로운(근대화) 세상을 우리의 힘으로 이루지 못하고, 서로를 죽고 죽이는 만행은 좌익·우익으로 나뉘어 모두 자행하였다. 새로운 이념을 받아들여 근대화를 이룩하고자 하여 '기독교'를 받아들인 각성한 우익 청년들이 자행했던 통일단 사건을 미군이 저지른 것이라 잘못 알고 있는 것은 믿을 수 없는 일이었다. 그래서 더욱 충격적으로 다가와 나의 정신은 잠시 혼미해졌다. 마땅히 진실은 밝혀져야 하는 것이지만, 당시를 경험한 세대가 아니기에 지탄할 수밖에는 없음이 가슴을 아프게 하였다.

"전통시대의 계급적 유산이 남도에 비해 희박했던 북선 지방은 이 두 가지 관념을 '개화'로 열렬하게 받아들였던 셈이다. 이를테면 하나의 뿌리를 가진 두 개의 가지였다."라고 말한 작가를 통해 이 책을 가장 깊이 있게 잘 이해할 수 있으리라 생각한다. 그런데 한 가지를 자른다하여 나무가 죽는 것은 아니다. 그래서 전지剪枝를 하는 것은 양질의 열매를 수확하기 위해 또한, 나무를 더욱 튼튼하게 자라게 함이다. 하지만 전쟁이란 그 속에서 정신을 지배하는 종교를 잘못 해석함으로 빚어진 참상이 아니었을까?

이북 사투리여서 읽어가기에 다소 힘들긴 했지만, 언어에서도 정감이 느껴지는 것은 동족이란 틀 안에 우리 민족이 하나일 수밖에 없기 때문일까?

남·북을 막론하고 전쟁의 기억은 유구한 역사를 물려받을 후손에게도 아픔으로 고스란히 남아 기억되어질 것이다.

좌익과 우익의 체제, 사회주의와 부르주아 등 역동기를 거치며 진지노귀굿에서처럼 보이는 망자들이 이제는 편히 잠들어 서로를 상처낸 자국에 투영되어져 있는 그 흔적들이 고이 아물기를….

24. 추락(Disgrace)

① 저 자 : 존 쿠시, 왕은철 옮김
② 분 류 : 소설
③ 출판사 : 동아일보사
④ 쪽 수 : 296

줄거리 및 감상

2003년 노벨 문학상을 받은 작품으로 우선 책을 대하는 느낌부터가 달랐다. 책의 내용을 통해 드러난 시사성을 먼저 찾아야 하고, 무엇이 우리의 마음을 흔들어 감동받아야 하는지(?)를…. 거기에다 이 책은 열여덟 명 위원들의 만장일치로 노벨 문학상 수상작이 되었다는 것에서도 괜스레 심적 부담감이 생겼다.

영국 '인디펜던트'지에서 '얼음을 깨는 도끼(ice-axe)'로 얻어맞은 느낌을 받았다고 소감을 밝혔는데 이 책을 읽는 내내 무슨 말인지 도대체 이해할 수 없었으며, 민족성과 의식의 차이인지? 답답하면서 무엇인지 모를 나의 평범한 생각들은 이질감을 수없이 불러일으켰다. 하지만 책을 읽은 후, 역자의 해설을 통해 남아프리카에서 사회적으로 변화되는 현상을 접하며, 고정관념을 배제하니 훨씬 가뿐하게 이해할 수 있었다.

52세의 이혼남 데이비드 루리는 문학 강의를 하는 교수로 어느 날, 자신의 강의를 수강하는 멜라니 아이삭스란 학생에 매료되어 정사를 몇 차례 나눈다. 하지만 그 후로 멜라니는 보이지 않고, 그녀의 남자친구와 가족으로부터 고발을 당한다. 그래서 학교측의 심문을 받으나, 타협하지 않은 채로 동부 케이프타운의 농장에서 생활하는 딸 루시 루리를 찾아 함께 생활한다.

루시는 아버지의 비도덕적인 면이 있음에도 부녀 간은 많은 대화를 통해 이해의 폭은 좁아져 안정된 생활도 잠시, 3인조 강도가 들면서 아버지 데이비드가 감금된 사이 루시는 강간을 당한다. 그러자 아버지로서 아무것도 할 수 없었던 상황들에 분개하지만, 루시는 의연하게도 "아버지한테 무슨 일이 있었는지만 말씀하세요. 저는 저한테 무슨 일이 일어났는지만 얘기할 테니까요."라면서 경찰에게는 단순한 도난 사건이라고 거짓말을 한다.

그 후로 아무 일 없었던듯 태연하게 지내던 중, 이웃에 살면서 서로 상부상조하는 늙은 페트루스가 토지 이양과 관련 파티를 여는데, 그 파티에서 3인조 강도 중 한 명을 루시는 보게 된다. 그러나 루시는 경찰에 신고하지 않고, 강간당하여 임신을 하게 된 아이를 낳을 것이라 아버지께 말한다.

그리고 자신의 농장과 집을 흑인 페트루스에게 이양하고, 그의 도움을 받으며 세 번째 아내로 들어가려 한다. 결국 피해자인 루시는 자신의 권리를 정당하게 찾지 않으며, 오히려 사건의 전말을 드러내지 않는 안전한 삶을 선택한다. 그래서 루시가 부당한 선택을 하여 내린 결정이 아니었다면, 흑·백 간의 갈등으로 이어져 백인인 까닭에 페트루스와 흑인 3인조 강도로부터 위기의식이 될 수도 있다니….

여기에서 짚고 넘어가지 않을 수 없는 것은 제자를 범한 아버지가 당한 고발과 3인조 강도에 의해 강간을 당했지만 방치한 것에는 차이가 있다. 피해자가 여자여야만 된다는 것이 애석한 일이지만, 데이비드 루리는 제자가 아닌 가족에 고발당하고, 루시는 강간을 당한 것을 스스로 무마시키는 것이 피해자인 당사자가 나서지 않는 두 여성의 공통점이 있다. 왜 그래야만 했을까?

멜라니는 교수와 함께 저지른 행위는 성희롱이 아닌 것이기에 무책임하게 대처한 것에 대하여 가족과 남자 친구는 교수의 위치에서 학생과 정사를 가진 것은 비도덕적인 행위에 인정할 수 없는 사회적인 물의를 일으킨 책임에 적극적으로 대처한 것이다. 그러나 당사자인 멜라니가 사라져버린 까닭에 데이비드는 당사자가 아닌 가족과는 타협하지 않았음을 알 수 있다.

그런데 루시는 어느 누가 보아도 자명한 피해자인데 안전을 위해 타협하는 것이 자신의 모든 재산을 이양하고 늙은 흑인과의 결혼이라니, 그것도 세 번째의 아내가 되는 것임에도 불구하고….

이처럼 백인인 루시가 자신이 억울하게 당한 것을 포기하고서라도 안전한 삶을 택할 수밖에 없을 만큼 남아프리카 흑인들은 백인을 능가할 정도로 세상이 바뀌어가고 있다는 것을 알 수 있다. 그래서 '얼음을 깨는 도끼로 얻어맞은 느낌을 받았다.'라고 말한 의도를 알겠다. 그런데 그 저변에 예전에는 흑인들이 백인들의 탄압과 학대 속에서도 도망쳐 살아남은 그들의 핏속에 흐르는 우성優性유전자에 의해 이제는 오히려 백인들 우위에 있음을 드러낸 것은 아닌지….(?) 그것은 어디까지나 나의 짧은 견해지만 결코 흘려버릴 수만은 없는 것이라고 본다.

왜냐하면 백인으로부터 살아남을 수밖에 없었던 우성의 유전자를 안고 있기에 그 불굴의 의지와 생명력은 어떠한 인종도 따를 수 없는 우성의 법칙에 의해 베이징올림픽에서 우사인 볼트가 육상 100미터 9초 69란 세계신기록을 수립하며, 3관왕이 될 수밖에 없었던 신체적 특징에 의한 결과인지도 모를 일이다.

그러나 흑·백의 인종 간에 빚어진 인종 간의 우월성은 첨단의 세계를 향하는 곳에서 무슨 의미가 있겠는가? 미국이란 나라에 제 44대 최초의 흑인 대통령인 오바마가 당선되지 않았는가? 이젠 인종을, 국적을 벗어던진 하나인 지구촌 시대에 인류가 함께 공존하며 인간이 추구하는 최대의 행복한 삶을 영위해 나가는 것이 가장 뜻 깊은 내일이 되리란 생각이다. 따라서 남아프리카에서 흑인과 백인에 따른 우성과 열성을 가린다는 것은 인류의 발전에 악영향이 되리라 생각하며, 하나 된 지구의 주역으로 손을 맞잡고 미래를 열어갔으면….

25. 수난이대(외)

① 저　자 : 하근찬
② 분　류 : 단편소설집
③ 출판사 : 범우사
④ 쪽　수 : 252

줄거리 및 감상

서정시인이 되고자 했으나, 6·25를 겪으며 전쟁으로 빚어진 암울한 시대를 증언하는 소설가로 진로를 바꾸었다는 저자의 말처럼 5편의 단편 소설은 모두 전쟁의 상흔들이 묻어나 있다. 이렇듯 진정 씻을 수 없는 가슴 아픈 전쟁의 상처지만, 순수한 마음의 정서를 온전히 자극함으로 잔잔한 감동과 여운을 준다. 그리하여 수난을 극복해냈기에 절망 속에서도 오히려 희망을 더욱 아름답게 승화시킨 듯싶다.

「수난이대受難二代」는 1957년 『한국일보』 신춘문예 당선작품으로 전쟁으로 인해 부상을 당한 부자父子의 이야기다.

태평양전쟁 때 징용으로 끌려가 왼쪽 팔을 잃은 아버지 박만도는 3대 독자인 아들 진수가 6·25 전쟁에서 돌아오는 기차역에서 설레는 마음으로 기다린다. 그런데 다리 하나를 잃은 아들의 모습에 주체할 수 없는 아픔을 뒤로한 채 가버린 아버지는 주막에서 술을 마시고, 앞장서서 걸어가는 아들의 뒷모습을 바라본다. "어찌 살까?" 하는 아들에게 손이 제대로 있으면 된다며 위로하나, 부자가 건너야할 외나무다리. 아들을 위해 산 고등어는 아들 손에 들리고, 아버지는 아들을 업어 무사히 외나무다리를 건넌다.

이 얼마나 가슴 뭉클한 광경인가? 왼쪽 팔이 없는 아버지가 아들만은 부상당하지 않고 전쟁터에서 무사히 돌아오길 간절히 기원했건만, 다리 하나를 잃은 아들을 바라보는 부모는 더 억장이 무너지는 것이다. 부모는 어떤 상황이든 자식 앞에 태연할 수 있으나, 자식의 그런 모습을 인정해야하는 기막힌 모습을 보며 쓸어내린 가슴이 까맣게 타버려 술이라도 마시지 않으면 그 괴로움을 달랠 길 없었으리라. 그러나 아들을 위해 준비한 고등어는 아버지로서의 애틋한 사랑이 담겨 있고, 결정적으로 부자간의 서로를 지탱해주는 의지의 힘을 외나무다리를 통하여 연결시켜 감동적이었다.

「**여제자**女弟子」는 30년 전 시골 山里초등학교 재직 당시의 일로 저자 자신이 겪은 당시의 일을 소설화했다고 하는데, 학창 시절 누구나 한 번쯤은 느꼈던 아름다운 추억이 전쟁이 일어나기 전과 그 후로 전개되어 있다.

이야기 선생이란 별명이 붙은 18세의 1948년, 부임받은 초등학교에 홍연이란 세 살 아래인 여 제자가 있었다. 그런데 홍연의 일기에는 사춘기를 겪으며 선생님을 짝사랑하는 내용이 적힌 것이다.

그 후 학교는 6 · 25 전쟁으로 폐교되고, 전근을 간 선생님은 홍연의 편지를 받는데 몹시도 그리워하는 내용을 혈서로 쓴 것이다. 세월이 흘러 30년 전의 제자 셋이 방문했는데, 홍연이 소중히 간직한 사진과 짓뭉개진 새끼손가락을 보면서 혹시 혈서를 쓰며 다친 손일까?….

총각 선생님을 향한 첫사랑의 풋풋하고 아름다운 추억으로 전쟁이란 수난을 겪는 과정에서도 마음 포근한 감성이 예쁘게 피어나 있다. 또한 시골 처녀의 순박한 마음이 봄꽃이 피어나는 언덕에 걸려 흘러가는 뭉게구름처럼 온화하게 다가온다. 비록 전쟁을 거치면서 떠나갔으나, 사랑하는 마음을 혈서로라도 전하고 싶었던 애틋함이 가슴에 오롯이 전해져 온다.

「**전차 구경**」은 30년간 전차의 운전사였던 조 주사가 지하철 개통과 함께 손자와 구경을 갔다 예전의 전차가 있는 남산으로 간다. 전차를 운전할 당시에는 선도 안보고 딸을 준다는 옛날을 이야기하다 직접 방송을 하며, 승객들과 친분을 맺고 운치 있었던 기적소리와 인정이 많았던 그 시절을 자작자음自酌自飮하면서 흘러간 옛날을 회상한다. 전차가 사라지고 지하철이 생겨난 시대가 되어버린 세월 속에서….(1967년)

「노은사老恩師」에서는 지하도를 지나다 복권을 신중히 고르는 그 분이 30년 전의 은사임을 알게 되는 제자 한준모. 아버지와 친분도 있어 더욱 친근감이 느껴졌던 은사님은 농촌의 사설 학당에서 조선어 선생이었다. 마지막 조선어 수업을 마치고 우시던 그런 은사님이셨고, 학생들에게 민족의식을 고취시켜주던 그런 선생님께서 학원에서 일본어를 가르친다는 것을 알게 된 준모는 배신감을 느끼기까지 한다. 그러나 복권을 고르시던 모습을 상기하며, 싸늘한 기분과 죄송스러움을 금할 길 없다. 무념무상無念無想, 세월은 그렇게 흘러간 것이다. (1977년)

「어린 넋」은 1951년 전근한 초등학교에서 소사 김씨와 술잔을 나누며 6·25에 관한 이야기를 하게 된다. 공비들의 주민 학살 속에 정씨네 일가도 인민재판을 받는데, 정씨는 외아들 현영만 살려달라하고, 현영은 병든 아버지를 살려달라하나 모두 죽인다. 그 후로 학교에는 현영이의 죽은 넋이 귀신이 되어 나타난 것을 보았다는 소사 김씨 부부. 그렇게 6·25가 아이 귀신까지 만들어낸 것이라며…. (1978년)

이처럼 5편의 작품 속에는 인간 본연의 따뜻한 마음과 전쟁의 상흔 속에서도 희망과 애수, 그리고 시간의 흐름을 타고 변화하는 그리움과 아픔이 공존함을 볼 수 있다.

부자 간의 서로를 지탱해주는 의지의 힘을 외나무다리를 통하여 따스한 마음이 애잔하게 전해오는 「수난이대」, 그리고 총각 선생님을 향한 첫사랑의 아름다운 추억이 짙게 묻어나는 「여제자」, 사라져버린 옛 전차를 통하여 그 시절의 풍경을 따뜻하게 그려낸 「전차구경」, 일제 치하 모국어를 가르치며 어린제자의 가슴에 민족의식을 고취시켜 주었으나, 시대가 변해버린 상황에서 일본어를 가르치는 선생님의 쓸쓸한 뒷모습이 처연하게 묻어난 「노은사」, 공산당의 만행으로 죽어간 「어린 넋」 모두가 우리 선조들이 겪어낸 상처이다.

전쟁이 아닌 시대의 이야기라면 잔잔한 가슴에 추억을 일렁이게 할 아름다운 사연이 될 텐데…. 시대적인 배경 속에 녹아있는 아픔이 애잔하여 숙연해진다. 여성의 작품이듯 풍부한 감성을 자극하여 우리의 정서에 깊이 숨어 있는 은은한 사람의 향기를 뿜어내어 각박한 현대를 살아가는 우리의 마음을 온화하게 만드는 것 같았다. 그래서 지나간 날의 삶도 굴곡을 거슬러 가다보면 떠올리기 싫은 시절도 있을 테고, 때론 영원히 간직하고픈 순간도 있을 것이다. 그렇게 굴곡을 지나서 연륜이 쌓이면 어제의 짧은 순간도 소중한 기억의 일부가 되어 지난날은 모두 소중한 기억의 저편에 남는 것이 아닐까…. (?)

26. 늘 푸른 소나무(上 · 中 · 下)

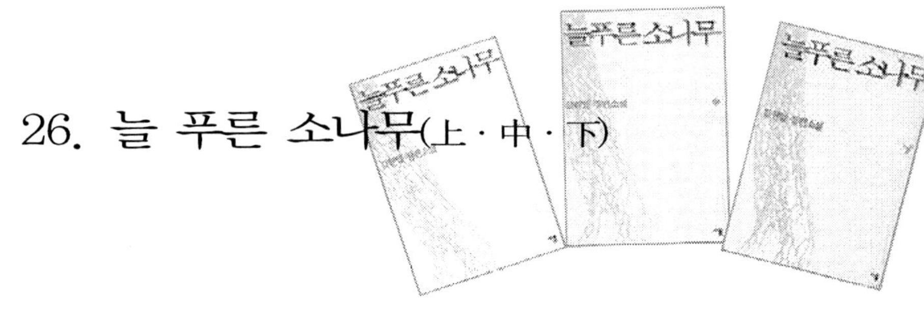

① 저　자 : 김원일
② 분　류 : 소설
③ 출판사 : 이룸
④ 쪽　수 : 상(615), 중(647), 하(647)

줄거리 및 감상

사군자四君子인 매화, 난초, 국화, 대나무 중에서 선비의 곧은 마음을 상징하는 대나무에 비하여, 십장생十長生의 하나인 소나무는 우리 민족의 기개와 일념의 변하지 아니하는 마음을 대변한다. 그래서 우리나라 사람들이 가장 좋아하는 소나무의 푸르름을 나 또한 사랑하기에 오래 전부터 발걸음 붙잡는 이 책을 언젠가는 꼭 읽으리라 했다. 그러다 드디어 마음을 다잡고 정신을 집중하여 두툼한 3권을 집어들면서 소설 속에 살아 숨쉬는 우리 민족의 정기를 마음껏 느껴보고 싶었다.

이 작품은 1993년에 총 9권으로 발표되었던 것을(초간본) 9년 만에 다시금 개정판을 1년에 걸쳐 추렴하여 3권으로 완성하였다 한다.

그리고 '3부작 『늘 푸른 소나무』는 1978년 발표했던 단편 「절명絕命」이 모태로 이 장편소설의 서두 부분에 해당' 된다고 하며, 또한 일본의 강제점령 전반기에 해당되는 1910~1920년대로 제국주의 압제에서 민족해방과 피압박 민족의 참담한 정황이 시대적인 배경이라 서문에 밝혔다.

이처럼 워낙 대작大作이기에 하나라도 놓치지 않으려는 노력을 하였으나, 막상 정리를 하려고보니 아쉬움이 앞섰다. 하지만 영웅 일대기 형식의 확장된 장편소설이며, 성장소설, 발전소설, 교양소설로 불리는『늘 푸른 소나무』를 따라가며 우리 민족의 기상을 찾아보는 것은 아주 뜻 깊은 것이 될 것이라 자부했다.

1905년 을사보호 조약이 체결되자 백하명은 벼슬을 내놓고 은거하여 곡기를 끊다시피 하여 죽는다. 그에게 두 아들 중 장남은 가산을 탕진해가나, 백상충은 의병활동 중 총상을 입은 절름발이로 아버지 백하명의 충정과 기개를 이어받은 삶을 산다. 그런 그가 일본인이 조선인에게 행하는 부당한 처사를 일깨워 주기 위해 그 현장을 부리 아범의 아들 어진이에게 보여준다. 그리고 일본에 항거하기 위한 교육의 중요성을 강조하며, 어진이를 제자로 삼아 글과 학문을 깨치게 한다.

그 후 광복과 국권회복을 위한 항일 비밀 결사단체인 '영남유림단'에 들어가 비밀을 지킬 것을 피로써 맹세한 어진이는 학교 설립 모금운동의 연락책을 맡으나, 일본의 앞잡이로 조선인인 강오무라 형사에 붙잡혀 모진 고문에도 영남유림단을 발설하지 않는다. 그러다 풀려난 어진이는 백상충에게 출가할 뜻을 전하고, 입적하여 명의 방장승이 지어준 석주율石朱律 이란 이름으로 다시 태어난다.

이로써 주인공 석주율은 임진왜란 때 활약한 사명대사의 충정을 가슴에 새기며 일본의 현실을 이해하고, 서양문물을 통한 개화, 중국의 신해혁명 등과 원효의 대승사상 및 호국불교를 통하여 변화하는 세계상을 배운다. 또한 정신세계의 새로운 각성과 고행을 병행하며 호국의 충정을 키워간다. 그러다 곽돌과 북간도에 가서 총포를 구해오는 임무를 수행함으로 그 총포로 영남유림단은 매국노를 제거하고, 악덕지주를 협박하여 군자금을 모아 그 돈을 스님에게 건네준다. 그러나 돈을 건네받은 스님이 강 형사에 끌려가 실토하는 바람에 영남유림단은 해체되고 단원들은 모두 수감된다.

한편 주율의 누나와 결혼한 곽돌은 만주로 피신하여 화를 면하고, 붙잡혀 형을 살고 만신창이가 되어 출감한 주율은 번뇌에 쌓인다. 그러다 중생구제를 위해 절을 떠나 부산의 토막촌土幕村에서 생활하나 철거로 인해 울산으로 이주하여 빈민구휼과 야학에 힘쓴다. 하지만 백상충과 장경부가 3·1만세 운동에 참여했다가 그 여세를 울산에도 몰아 '언양장 만세 시위'를 일으키자 주율 역시 동참하여 헌병의 총에 맞고 피신한다.

그 후에 주율은 자수하여 형을 살고 농막촌 사람들을 돌보아야 할지 고심하다, 만주로 간 주율은 곽돌을 만나 독립군에 가담하여 김좌진 장군의 청산리 전투의 피비린내 속에서 살생을 저지른 것에 번뇌하나, 결국 고국으로 돌아와 자수한다.

그리하여 외역에 뽑혀 벌목현장에서 일하던 중 폭동이 일어나자, 주율에게 중계인 역할을 하여 협상되면 농성을 무마시킨다 약속을 했으나, 이를 어기고 일본은 폭동자들을 수감해 버린다. 그러자 친일파로 오해를 받게 된 주율은 단독농성에 들어가 오명을 씻고, 형을 마친 후 다시 농막촌으로 향한다. 농막촌은 석송농장石松農場이라 새로이 이름을 짓고 많은 사람들이 공동체 생활을 하는데 '도요오카 농장'에서 소작하는 농민들이 불이익을 당하는 계약조건의 부당성에 반발하자, 농민들을 선동한 죄를 씌워 주율은 구타당한다. 아울러 불이익을 당하는 소작 농민들은 더 이상 생계를 유지하기 힘들게 되자, 고향을 떠나 북지로 향하는 서러운 백성들을 보면서 주율은 안타까움을 금치 못한다. 시간이 흘러 백상충은 출소하지만, 강직한 그는 일본의 앞잡이 노릇은 할 수 없다며 의병활동을 위해 만주로 떠난다.

한편 백상충의 장인인 조익겸은 부산에서 무역업을 하는데, 한때 주율을 좋아했던 삼월이와 조익겸이 불륜을 맺는 것을 본 김기조는 삼월이를 협박하여 돈을 뜯어낸다. 비열한 그를 최학규 수하들이 붙잡아 남근을 잘라버리자 갈 곳 없는 김기조는 주율을 찾는다.

그리하여 주율과 함께 생활하던 김기조는 도요오카 농장의 소작계약서 무효를 철폐하도록 주율에게 적극 권유한다. 그 일로 인하여 강 형사의 총탄에 맞아 사경을 헤매는 주율을 사지로 몰아넣은 것에 책임감을 느낀 김기조는 강 형사를 죽이고 도망친다.

결국 주율의 생명은 꺼져가고 있으나, 그의 생명을 구하기 위해 방장스님의 처방전을 받으러간 정심네의 순수한 사랑과 농민들의 간절한 기도 속에 소생하리라 믿으며….

주권을 상실한 나라에서 살아가는 백성의 설움과 자주독립을 위하여 목숨을 아끼지 않았던 선인들의 삶을 울산과 부산을 주요 배경으로 하여 만주에까지 이르는 대장정이 산 교육의 현장이 되어 가슴에 깊이 아로 새겨졌다. 거기에 주인공 석주율이 살아온 삶의 일대기를 뒤따르는 엄숙함이 자리했다.

종의 아들로 태어나 학문을 배우고 출가를 하였으나, 일제치하란 시대적인 배경은 그로 하여금 독립의 의지를 굳히게 하였다. 스승인 백상충의 영향을 받은 애국충정의 길이었으나, 번뇌 속에서 도를 닦는 것보다 가난한 중생 구제를 위한 길을 먼저 생각했다. 그리하여 주율은 임진왜란 때 승병을 모집하여 왜군을 격파했던 사명대사와 불교의 대중화를 위해 힘썼던 원효대사의 업적에 대응할 만한 삶을 살았다고 할 수 있다.

아울러 파계하여 토막촌 사람들의 힘겨운 생활 속으로 들어선 것은 종교적인 차원을 벗어나, 현실의 깨달음을 반영한 실천적인 삶이 아닐 수 없다. 또한 기독교와 불교를 병행하며 대종교의 단군사상까지 우리 민족의 근본 뿌리를 이끌어내어 종교상 서로 상통한 정신세계의 승화도 엿볼 수 있다. 그리하여 인류가 지향하는 비폭력을 실천했으며, 타협과 단식투쟁을 통하여 평화적으로 이끈 진정한 독립운동가요, 농민 운동가였던 것이다. 거기에다 어떠한 위험한 상황에서도 임무를 완수해내는 책임감과 모진 고문에도 발설하지 않는 신의信義와 사명감이 투철한 면은 가히 본받을 만하다.

특히 3 · 1운동의 파장으로 문화정치로 바뀐 것에 의의가 있으나, 이로 인하여 만주로 갔다가 돌아와 자수한 주율의 진정한 의도를 처음엔 몰랐다. 어쩔 수 없는 적과의 피비린내 속에서 살인을 하게 된 번민 때문에 그럴 수도 있었겠지만, 형을 살고서라도 자신이 보살펴야할 빈민들과 몸소 부대끼며 고통을 나누려는 따뜻한 마음이 그가 선택한 삶의 방식이었던 것이다. 이 모든 것은 종의 신분으로 태어나 빈민들의 삶을 가장 뼈저리게 알고 있기에 그들을 위해 헌신하고, 석송농장을 운영하는 공동체 생활에 앞장설 수 있었던 것 같다.

그러나 백상충의 삶은 독립투사로 대의명분을 지닌 선구자로서 자질은 손색이 없었으나, 대쪽같이 강직한 개신 유학자로 불의와 타협하지 않는 인물이었다. 그래서 백상충이 부러질지언정 꺾이지 않는 대나무라면, 석주율은 우리나라 사람들이 사시장철 변하지 않는 늘 푸른 모습을 가장 좋아하는 소나무에 비할 수 있다. 이처럼 백상충과 석주율이 걸어온 길을 비교하여 읽는 즐거움도 놓칠 수 없는 부분이었다.

한편 많은 등장인물 중에 비천한 신분이지만, 만주에서 대종교 교주가 된 곽돌의 삶과 눈은 멀었으나 스승 백운을 통해 배운 역술로 돈을 모아 주율에게 큰 힘이 되어준 동생 선화의 삶도 보람되고 값진 것이었다. 또한 주율에게 '프라냐의 일화'를 통해 부처님의 가르침을 실천하고, "인욕의 마음을 가지면 원수조차 어질게 보인다."라며 깨달음을 주었던 조실스님 등 많은 사람들의 진정 가치 있는 삶을 엿볼 수 있었다.

하지만 한 마음으로 뭉쳐 구국을 위해 힘쓰는 사람이 있는가 하면 조선인임에도 불구하고 혈안이 되어 독립 운동가를 붙잡아 고문한 강오무라 형사의 삶은 민족의 배반자로 그와 같은 삶을 살아가는 사람은 악의 뿌리로 일찍이 뽑혀야 당연할 것이다.

가장 기억에 남는 부분으로 조선인의 운명과도 같은 소나무가 외역에 있을 당시 잘려나가는 것을 보면서 주율이 탄식한 부분이다.

그런데 방송을 통해 알게 된 것으로 일본인들이 소나무를 잘라간 것도 모자라 송진을 채취하여 비행기의 연료로 사용하기 위해 튼실한 소나무 껍질을 벗겨 상처를 냈다니 이는 사람뿐 아니라, 우리 산하의 아름다운 자연까지 모두 난도질당했다는 사실에 대해 다시 한 번 분개할 따름이다. 거기에다 3 · 1운동이 일어난지 90년이 다 되어 가는데도 그 때 당시를 증언하듯 상처난 소나무는 그대로 방치되어 우리의 무관심도 모자라 기구했던 역사를 오늘날까지 소나무 혼자서 묵묵히 안고 있었다니….

소나무의 입장에서는 이 얼마나 탄식할 일이랴!! 이제라도 국민 모두가 각성하여 하루라도 빨리 치유해주는 것이 모진 역사와 함께 하면서 변하지 않는 기개를 민족의 가슴에 깊이 심어 주었던 소나무에 대한 예우가 아닐까 한다. 그리하여 일제치하를 견뎌내며 강산의 소나무가 꿈꾸었던 푸르른 날들이 어린 새싹들에게도 전해져 선인들의 훌륭한 삶을 본받고, 나라 사랑하는 마음의 중요성을 고취시켜주는 계기로 삼았으면 좋겠다. 아울러 민족의 자주독립을 위하여 살다 간 선조들의 숭고한 정신을 이어받은 자긍심을 가지고 지금의 경제위기를 슬기롭게 헤쳐나갔으면 하는 바람이다.

27. 테스

① 저　자 : 도미스 하디, 장진한 옮김
② 분　류 : 소설
③ 출판사 : 삼성출판사
④ 쪽　수 : 319

줄거리 및 감상

여중생 여럿이서 길을 걸으며 무슨 얘기를 하기에 그렇게도 재미난 것인지 연신 키득거리며 내 곁으로 지나간다. 뒤를 따라서 걷는 남학생이 그 사이를 뚫고 지나갈 용기가 없는지 주저주저하다 기회를 틈타 휙! 하고 쏜살같이 뛰어가 버린다.

오동통한 얼굴에 퍼지는 환한 미소가 한 떨기 꽃보다 아름답고, 여리디 여린 것들. 이토록 청순한 소녀들의 모습을 보니 내 입가에도 미소가 절로 묻어났다.

나의 그런 시절에도 부끄러운 마음이 앞서 말도 제대로 건네지 못했던 남자친구를 떠올리며 정작 하고픈 말이 무엇이었을까? 지금 생각해보니 기억은 나지 않지만 무척이나 궁금하기도 하다. 그러나 아무 말도 못했기에 가슴에 오랫동안 남겨진 추억이 되어 지금처럼 이렇게 생각나게 하는지도 모르겠다.

이처럼 감수성이 예민하고 순수했던 시절 『테스』를 읽고 울면서 잠 못 들던 밤이 생각나는데, 또다시 읽기 위하여 도서관을 갔다 돌아오는 길은 이제 막 단풍이 물들어갈 가을의 초입이다. 지금은 커가는 아이들의 모습을 통해 추억을 되새기며 살고 있지만, 이 책을 다시 읽으면서 그 시절의 나를 찾아보고 싶은 생각이 강하게 일었다.

목사를 통하여 더어버필드의 명문가였다는 사실을 알게 된 테스의 아버지는 비록 몰락하여 힘들고 가난하게 살고 있지만, 자랑삼아 뽐내고 다닌다. 그러던 어느 날, 마을에서 무도회가 열리는데 여행 중인 삼형제 중 막내인 엔젤과 테스는 그곳에서 우연히 눈이 마주치게 되고, 그 때의 첫 만남이 아쉬움 되어 두 사람의 기억 속에 깊이 자리한다.

그후 테스의 집은 생활이 궁핍해져 그녀는 일자리를 찾아 친척인 더어버빌 가의 성을 찾아간다. 그러나 단지 더어버빌 가의 몰락을 알고 거짓 행세를 하는 성의 아들 알렉이 계획적으로 테스에게 접근하여 숲속에서 범하고 만다. 그 일로 임신을 하게 된 테스는 아이를 낳지만 죽는다. 테스는 아픔을 뒤로 한 채 새로운 삶을 위하여 농장으로 간다. 그런데 그 곳에서 파티에서 만났던 목사의 아들 엔젤 클리어를 만나게 되며 둘의 사랑은 깊어만 간다.

그러나 '한 번 잃으면 영원히 찾지 못한다는 말은 처녀성에 대해서도 합당한 말일까?' 라고 생각한 테스는 엔젤의 사랑을 받아들이려 하지 않는다. 그러던 어느 날, 교회에 가는 길에 테스와 함께 생활하는 여인들에게 물을 건네준 엔젤은 테스에게 "당신은 내가 세 사람을 위해 한 수고가 네 번째인 당신 때문이었다는 걸 알겠소." 라고 말한다.

이처럼 진실로 테스를 사랑하는 엔젤이 드디어 청혼을 하자, 테스는 자신의 과거를 고민하다가 진실을 밝히려 편지를 써서 엔젤의 방에 몰래 넣었으나, 그가 읽지 않았음을 결혼을 승낙한 후에야 알게 된다.

마침내 결혼은 했지만 고민에 빠진 테스는 진실을 말하자, 엔젤은 브라질로 떠나버린다. 그 후 테스는 어려움에 처하여 시댁의 도움을 받으려 찾았다가 목사가 된 알렉을 만나는데 그는 여전히 테스를 괴롭히며 유혹한다. 이런 상황에서 테스의 아버지가 돌아가시자, 풍기문란을 이유로 마을사람들이 가족을 쫓아내 갈 곳 없는 가족을 보면서 테스는 알렉의 도움을 받으며 결혼을 한다.

한편 브라질에서 돌아온 엔젤은 그녀를 찾지만, 이미 남의 부인이 되어버린 그녀를 보고 돌아선다. 그 사이 테스는 알렉의 거짓된 사랑에 속은 것을 분개하며 그를 죽이고, 엔젤과 도피하여 아름다운 시간을 보낸다. 그러다 붙잡힌 테스는 엔젤에게 자신의 여동생과 결혼할 것을 부탁하며 형장의 이슬로 사라진다.

고결한 테스를 자신의 이기적인 욕망으로 소유하려했던 파렴치한 알렉으로 인하여 한 여인의 운명이 나락으로 치달은 비극이 아닐 수 없다.

테스는 과거의 상흔에 대한 죄책감으로 엔젤의 구애를 외면하려 했으며, 그 사랑에 대한 믿음에 배신하지 않는 마음으로 진실을 얘기한 것이다. 그러나 전혀 예기치 못했던 엔젤로서는 분명코 시간이 필요했을 것이다. 그래서 브라질에서 혹독한 생활을 하면서 정신을 가다듬은 것만 보아도 엔젤은 진정으로 테스를 사랑하는 마음을 다시금 굳건히 다지고 그녀와 새로운 삶을 살고자 했으나, 너무 늦어버린 현실은 냉혹했을 뿐이다.

그렇다면 만약 엔젤이 테스의 편지를 읽었다면 과연 그녀와 결혼을 했을까?

아마도 충격에서 헤어나지 못하는 비통한 심정은 들었겠지만, 점차 시간을 두고 우연히 스치듯 지나친 파티에서의 신선한 만남에서 물을 건네주었던 그 간절했던 순간들까지 아름다운 추억들을 간직하고 있기에 분명 결혼했을 것이라고 본다. 브라질로 떠나며 테스에게 어려움이 생기면 자신의 부모님으로부터 도움을 받도록 한 것으로 보아 엔젤은 비록 떠나지만, 테스를 염려하는 마음만 보아도 진정 테스를 사랑했다는 사실을 역으로 추정하여 본다면 말이다.

또한 만약에 테스가 결혼한 상태기에 자신의 과거를 말하지 않았다면 어찌 되었을까? 사랑 안에 모든 것이 용서가 된다고는 하지만, 거짓된 가운데서 들통날까 테스는 전전긍긍했을 것이며, 과거를 숨기기 위해 위선적으로 살았을지도 모른다. 그리고 못된 알렉이 아마도 테스의 과거를 악용했으리라고 본다. 인간으로서 자질을 갖추지 못한 사람이 목사가 되어서도 테스에게 저지른 성폭행마저 용서를 구하지 않고, 비열하게 테스의 가족을 도와주며 결혼을 강요받은 것이기 때문이다.

이처럼 들통날 수밖에 없는 테스의 과거기에 남을 통하여 비밀을 알게 되는 엔젤에게는 오히려 더 큰 상처를 주었을 것이라 생각한다. 그로 인하여 엔젤이 느끼는 배신감은 소설 속에서보다 더하여 마음이 치유되는데 더 많은 아픔과 시간이 필요했으리라고 본다.

결국 테스는 자신의 과거로 인해 엔젤이 느낄 아픔을 자신이 감내하려는 진정한 사랑의 마음으로 진실을 얘기한 것이라 할 수 있다. 비록 비극적인 운명을 맞으나, 테스의 사랑이야말로 자신의 이기적인 행복을 추구하기보다는 엔젤의 마음을 먼저 생각한 것이기 때문에 진정 아름다웠다 할 수 있겠다.

그런데 만약 테스와 같은 경우에 처한 내 딸이 있다면, 엄마로서 어떻게 말해줄 것인지? 그것은 말하지 않아도 될 것 같다. 테스의 어머니는 과거의 일이니 비밀을 말하지 말라고 했지만, 그러나 분명한 것은 진정한 순결의 의미는 사랑하는 사람을 향한 가장 기본적인 도리라 생각한다. 잘못된 순간의 판단으로 저지른 실수라 할지라도 영원히 찾을 수 없는 여인의 순결이며, 남자의 동정이란 사실을 잊지 않고 내 앞에 진정 아름다운 여인, 믿음직한 사내가 나타날 때까지…. 고귀하게 지켜나가는 것은 당연하다고 생각한다.

28. 적과 흑(Le rouge et Le noir)

① 지 자 : 스탈당, 김병욱 옮김
② 분 류 : 소설
③ 출판사 : 하서
④ 쪽 수 : 548

줄거리 및 감상

스탈당(1783~1842)은 필명으로 원명은 앙리 베일로이며, 프랑스 산악지대 그르노블에서 태어났다. 고등법원 변호사인 아버지로 유복한 생활을 했으나, 보수적인 가톨릭 왕당파인 아버지를 비난했다 한다. 스탈당 자신은 공당파에 기운 무신론자로 특히 예수회 타도에 앞장섰으며, 못생긴 얼굴에 소심증으로 연애는 불행의 원인이라 했다는데, 이러한 스탈당의 삶을 인지하지 않는다면 어려운 양서를 이해하기에 힘들 것 같아 책을 읽기 전에 미리 알아보았다. 그 이유는 작가의 사상과 삶의 환경이 작품 속에 드러나는 것은 삶을 떠나서는 훌륭한 작품이 되기엔 많은 어려움이 따르기 때문이기도 하다.

그러나 인간의 감정이 배제된 교양, 역사, 상식에 관한 책들은 지식을 전달하는 까닭에 이에 해당되지 않으나, 특히 시, 소설, 수필 등 문학작품에서 자신의 정서를 완전히 배제시킨다는 것은 어렵기에 그것이 작가의 색깔이 아닐까 한다. 따라서 작가의 프로필을 꼼꼼히 살펴 읽음으로 작가를 아는 사전지식을 통하여 드러내려는 주제를 유추하여 본다면, 훨씬 흥미롭게 작품을 읽을 수 있을 것이다. 만약 어렵다고만 생각하여 읽기를 꺼리는 사람들이 있을 때, 나와 같은 방법으로 접근하도록 일러준다면 읽어내지 못할 책은 없다고 본다.

1830년대 프랑스의 작은 마을에서 제재소를 운영하는 비정한 소렐 영감의 아들 쥘리앵 소렐은 어느 날, 레날 시장 댁 아이들의 라틴어 가정교사로 들어간다. 그런데 아름다운 레날 부인의 모습에 반한 쥘리앵처럼 레날 부인 또한 쥘리앵에게서 야릇한 감정을 느끼게 된다. 그 후로 잦은 밀회를 갖다 감당하기 힘든 레날 부인은 자신이 쓴 익명의 편지에 '서민의 아이와 손을 끊을 것' 이란 정숙지 못한 부인의 행동에 관한 모함의 내용을 담아 남편에게 보내자 레날은 고민에 빠진다.

이처럼 레날 부인이 쥘리앵과의 사랑에 변화를 일으키자, 레날 댁을 나온 쥘리앵은 셀랑 사제의 추천으로 신학교에 들어간다. 그런데 너무나 똑똑하여 따돌림을 당하나, 쥘리앵의 영특함을 알게 된 라 몰 후작은 익명의 돈을 송금하여 도움을 준다.

그러던 어느 날, 후작이 쥘리앵을 초대하자 파리로 떠나기 전에 그는 레날 부인을 몰래 찾아간다. 그리하여 사랑과 이별의 아픔을 가슴에 안고, 천주님께 회개한 것조차 물리칠 수 없는 사랑을 확인하는 사이 레날은 도둑이 든 것으로 오인하여 총을 쏘자 쥘리앵은 도망친다.

한편 라 몰 후작의 집에 도착한 쥘리앵은 후작의 직속 심부름을 하면서 화려한 귀족의 생활과 파티를 통해 명예와 부를 만끽하는 그들의 삶 속에 젖어들어간다. 그러나 "명성이건 재산이건 젊은이건 아아, 정말로 무엇이나 다 갖추어져 있어! 단지 행복만이 없어!"라고 개탄하는 후작의 딸 마틸드와 사랑하게 된다.

결국 마틸드는 임신을 하고, 이 사실을 알게 된 후작은 둘의 사랑을 엮어주려 노력하는데, 갑자기 날아든 레날 부인이 보낸 편지에는 쥘리앵이 여인을 유혹하여 출세를 꾀하려는 위선일 뿐, 신앙심도 없이 재물을 탐내는 파렴치한이라는 것이다.

그 편지를 읽은 후작은 둘의 관계를 인정하지 않는다. 그러자 분노한 쥘리앵은 미사를 보는 레날 부인을 찾아가 총을 쏘고, 감옥에 갇혀 간수로부터 레날 부인이 살아 있음을 안다. 쥘리앵은 '살아서 나를 용서하고 나를 사랑해 주겠지….' 라며 레날 부인을 향한 사랑을 간직한다. 그리고 쥘리앵에게 사형이 선고되자 마틸드와 레날 부인의 설득에도 그는 공소하지 않고, 살인이 계획적이었다고 말하며 단두대에 몸을 맡긴다. 마틸드는 쥘리앵의 머리를 안고 원하던 동굴에서 장례를 치르는데 레날 부인은 쥘리앵과의 약속이었는지 그녀도 죽음을 맞는다.

가난한 제재소의 아들 쥘리앵의 삶을 돌아보면 어렸을 때 아버지에게는 아무 쓸모없는 남보다 못한 존재로 사랑을 받지 못했다. 그러나 레날 부인과 마틸드와의 사랑을 토대로 자신의 사랑을 이루려 했으나, 계급 사회에서 뛰어넘지 못하는 벽이 있음을 시사한다. 또한 쥘리앵은 신분 상승이 목적이 아닌 진실한 사랑의 출발이라면 계급은 무관한 것임을 통하여 일반 서민에게 꿈과 희망을 이끌어 시도조차 주저하는 이들에게 용기마저 주고 있다.

알베르 까뮈의 『이방인』의 일부를 느끼게 하는 죽음을 겸허히 받아들인 쥘리앵을 통하여 진실한 사랑이 있었을지라도 계급의 한계를 극복할 수 없었던 사랑은 '적'이며, 계급을 뛰어넘을 수 없는 한계성에 꿈과 희망을 갖는 것은 '흑'이 될 수밖에는 없었던 것이다.

그러나 마틸드는 신분을 초월한 그 사랑의 죽음을 무릎에 안고 장례를 마친 뒤, 수천 장의 5프랑 지폐를 뿌린 것을 볼 때, 자신의 모든 부를 버리고 사랑한 쥘리앵의 진정한 모습(서민)으로 살아가겠다는 의지로 보여진다. 또한 영원한 사랑의 시작이 죽음도 갈라놓지 않는다는 것을 보여주었던 마틸드라는 여인의 지고지순한 사랑을 통해, 스탈당 자신의 이상형이었던 사교계의 스타 마틸드 뎀보우스카 부인을 연모하여 소설 속에서나마 자신의 사랑을 완성해 놓은 것으로도 볼 수 있다.

한편 당시의 권위 있는 사람들을 비판한 것 중에서 "판사는 보좌신부의 비위를 거스릴까 두려워 불명예스런 판결을 하니 신부가 되어야겠다."라고 쥘리앵이 말한 것에서도 느낄 수 있듯 그 당시에 신부는 가장 권위 있는 자였음을 알 수 있다.

아울러 "인간이 잘나면 지위 또한 높다."며 산간의 교구 중 부수입이 도시의 사제보다 나은 곳도 알고 있으며, 신부는 잔치 시 반드시 초대받아 칙사의 대우를 받을 정도였다니, 종교에서조차 부와 명예만을 쫓아가는 것에서도 종교적인 지배가 사회적으로도 얼마나 큰 영향을 미쳤는지 알 수 있다.

이와 같이 판사보다 우위에 있는 신부의 위선적인 모습이 작품에 잘 드러난 것처럼 스탈당은 가톨릭 왕당파인 아버지를 비난한 무신론자로 특히 예수회 타도에 앞장선 것이 아니었을까?

당시의 모든 경황을 종합해 레날 부인이 말하는 회개에 대한 의미를 종교적으로 볼 때, 얼마나 큰 심지였는지 짐작이 간다. 그래서 쉼 없이 자신을 회개하면서도 쥘리앵으로 하여금 더 이상 뛰어넘지 못하도록 만든 벽이란 것도 가톨릭에서는 모든 권력의 제압이었음을 알 수 있다. 이러한 권력을 갖춘 쥘리앵의 주변의 인물들 속에서 그에게 미치는 영향은 있었지만, 운명은 계급을 더 이상 뛰어넘지 못하고, 쥘리앵의 길에 아무런 힘이 되지 못하는 젊은 날의 사랑이 있었을 뿐이다. 그래서 쥘리앵이 도전적인 현실의 사랑에 눈을 뜬 끝은 슬픔에 물들었어도 마틸드라는 여인의 아름다운 마음이 있음으로 세상은 새로운 반전의 예고를 시사하고 있는 것이다.

29. 보바리 부인(Madame Bovary)

① 저　자 : 플로베르, 박지향 옮김
② 분　류 : 소설
③ 출판사 : 삼성출판사
④ 쪽　수 : 319

줄거리 및 감상

정숙하지 못한 방탕의 길에서 자신의 욕정에 빠져 무의미한 죽음을 선택하며 급기야 가정을 파탄의 경지에 이르게 하였던 '보바리 부인'의 일생을 읽어갔다. 그러다 문득 행복의 조건이 황금만능주의를 부축이며, 물질의 풍요와 부의 정도에 따라서 인격을 판단하고, 환상의 신데렐라를 꿈꾸는 수없는 여성들의 텅 빈 가슴에 무엇을 담아내어 이 세상을 보다 따뜻하게 이끌어 갈지? 생각해보지 않을 수 없어 씁쓸함을 떨쳐버릴 수 없었다.

남자들 또한 사랑보다 여성의 부를 감안한 선택을 하여 경제위기에 보다 안정된 생활을 하기 위해 진정한 사랑을 배신하지는 않았는지 뒤돌아볼 일이다. 그리고 남편으로서 한 가정의 기둥인 가장의 진정한 모습은 어떠해야 하는지 이 책을 통하여 모색해 보았다.

의사가 된 샤를 보바리는 어머니의 뜻대로 돈 많은 미망인과 결혼을 한다. 그러나 아내의 볼품없는 용모와 지배적인 성격, 질투심으로 순탄하지 못한 결혼 생활 중에 갑자기 아내가 죽는다. 그 후 에마란 여인을 치료해주면서 좋아하게 되어 결혼을 한다. 그러나 결혼의 신성함과 정절의 소중함을 교육받은 에마지만, 그녀는 낭만적인 연애에 대한 환상에 빠져 결혼 생활에서 찾으려 기대한다. 하지만 샤를에게 권태를 느끼던 중, 후작의 무도회에 초대되어 화려한 사교계의 생활을 보면서 에마는 더욱 시골 생활에 무료감을 느낀다. 그 속에서 급기야 우울증과 권태로 에마가 쓰러지자, 샤를은 임신한 그녀를 데리고 용빌로 이사를 한다. 하지만 딸을 낳고도 에마는 양육은 뒷전이며 여전히 환상에서 헤어나질 못한다.

그러다 레옹이란 남자를 만난 에마는 사치와 방탕의 시간을 보내며 그의 열정적인 사랑의 고백을 기대하지만, 레옹은 에마로부터 매력은 느끼나 체념하고 파리로 떠난다. 그 후 레옹이 떠난 외로움 속에 파리의 생활을 동경하는 에마를 위해 샤를은 파리로 이사한다.

여전히 샤를의 배려에도 무료감을 떨칠 수 없는 어느 날, 독신인 농장주 로돌프를 만나 또다시 낭만적인 사랑을 꿈꾸며, 적극적으로 다가서 함께 도망치자 에마는 말한다. 어쩔 수 없이 로돌프는 승낙하나 에마의 사랑에 부담감을 느낀 그는 거짓된 자신의 마음을 편지로 남기며 떠나버린다.

그 충격으로 쓰러진 에마를 보살피던 샤를은 그녀를 위해 오페라를 보러 가는데, 그곳에서 우연히 레옹을 다시 만난 에마는 피아노를 배운다는 핑계로 레옹과 밀회를 반복한다. 그 열정적인 애정 행각으로 급기야 재산이 압류되는데 눈더미처럼 커진 빚은 에마의 불륜을 알고 있는 뢰뢰의 계산적인 꼬임이었던 것이다.

결국 빚을 감당할 수 없게 되자 자존심과 수치심마저도 버린 채 밀애를 나누었던 레옹, 로돌프는 물론이고 모든 사람에게 돈을 빌려달라지만 거절당하자 비소砒素를 먹고 자살한다. 샤를은 죽은 아내를 그리워하며 아내의 남겨진 편지를 읽는다. 그러다 아내의 불륜 사실을 알게 된 슬픔과 고통 속에 에마의 머리카락을 움켜쥔 채 급사한다. 부모를 잃은 딸 베르트는 친척집을 전전하다 방직 공장으로 보내진다는 것이다.

책을 읽으면서도 머릿속에서 떠나지 않았던 한 집안의 기둥인 가장의 역할이었다. 병적인 에마는 결코 용서받지 못할 행동들이나, 남편 샤를의 처사는 분명히 에마의 환상을 더 부추긴 결과로밖에 볼 수 없다. 근본적인 원인을 찾아 해결하기보다는 아내가 원하는 것이면 무엇이든 다 해주었다. 그리하여 시골에서 용빌, 파리로 이사를 하게 되었고, 만족이란 없는 그녀의 끝없는 욕망을 채워주기에만 급급하였다. 그래서 아내의 건강을 위한다는 승마를 권유하여 로돌프와 에마가 불륜의 애정을 갖도록 동기를 부여했으며, 레옹과 끝없는 교제에도 질투심마저 느끼지 않고, 오직 자기 자신에게 주어진 일만을 했을 뿐이다.

에마의 성격마저 제대로 파악하지 못했음은 물론이고, 그녀를 위한다는 모든 일들이 오히려 악의 불씨를 키워내도록 부추긴 것이며, 진실한 사랑의 교감이 부부 사이에서 존재하지도 않았음을 알 수 있다. 집안에서 일이 생기면 무조건 눈앞에 벌어진 상황만을 해결하려 했으며, 문제점에 따른 적절한 조치를 제대로 하지 못하여 에마를 더욱 기고만장하게 하였다. 그래서 결국 샤를은 수수방관한 탓에 에마로 하여금 멈출 수 없는 환영에 사로잡히게 하여 파국에 이르게 된 것이다. 근본적인 잘못은 모두 에마로 시작된 것은 사실이지만, 한 가정을 튼실하게 가꾸어 가야할 책임을 다하지 아니하며, 과연 가장으로서 무엇을 했는가? 질문을 던지지 않을 수 없다.

또한 바람둥이 레옹은 애인이 있음에도 계획적으로 다가가 에마를 만나며, 로돌프는 거짓으로 눈물의 편지를 남기고 떠난 것만 보아도 에마의 사랑은 그 자체가 욕망을 채우기 위한 몸부림이었을 뿐이다. 거기에 무슨 낭만을 쫓는 아름답고 진실된 사랑이 있었으랴! 사람을 질리도록 만드는 에마의 푼수 기질에 레옹과 로돌프는 그래서 그녀를 기만하고 이용한 것인지 모르나, 그들 역시도 에마와 같은 부류의 사람들이었기에 오십 보 백 보라 할 수 있다.

그리고 가장 분개할 수밖에 없는 것은 딸 베르트에게 어머니로서 사랑을 주기는커녕 방치하고 보살피지 않은 것이다. 자신의 향락적인 사랑의 행각을 쫓아가는 것도 모자라, 허영에 휩싸여 후작 부인이 어떤 젊은 부인을 베르트라 부르는 것이 부러워서 딸의 이름조차 의미 없이 지어버리는 식이었으니, 에마에게 있어서 자식에 대한 무슨 책임과 애정을 바랄 수 있으리….

결혼은 현실이라서 낭만浪漫 같은 것은 배제된 삶이라면 얼마나 삭막한가?

그러나 내 삶의 주인인 내가 원하는 삶을 살기 위해 가정 내에서 노력한다면 낭만보다 더 행복한 삶이 펼쳐질 것이라 생각한다. 근본적으로 현실성이 떨어지는 이상理想의 세계에 빠져 허영과 사치로 물들이는 것이 낭만이라면, 그것은 자신을 합당화시키려는 궁색한 변명일 뿐이다. 아내라는 위치와 엄마라는 것조차도 의식하지 못한 '보바리 부인'.

그래서 서로를 사랑하여 출발한 부부에게 있어 신뢰란 생명과도 같은 것이다. 부부간에 사랑의 방정식이란 있을 수 없는 것인데, 그 방정식이 성립되지 않는 것은 서로가 서로를 더욱 사랑하려 노력하고 있기 때문이다. 따라서 한 가정을 끌어가는 사랑이 진실되고 서로를 따뜻이 안아내고 있다면, 낭만만을 쫓는 에마처럼 불륜과 천륜을 저버리는 일은 결코 없을 것이다.

30. 츠지 히토나리의 편지

① 저　자 : 츠지 히토나리, 김훈아 옮김
② 분　류 : 수필
③ 출판사 : 소담출판사
④ 쪽　수 : 210

줄거리 및 감상

E-Mail과 문자시대를 연 컴퓨터 통신의 발달로 우편함에 편지는 사라지고, 각종 고지서 납부 용지와 광고지로 가득 채워지고 있는 것이 현실이다. 새로운 소식이나 반가운 기다림의 설렘이 문명사회의 이기로 인하여 맛보지 못하는 요즈음 세대와 비교해 볼 때, 불과 내가 사춘기 시절의 낭만이 서린 편지를 주고받던 일이 삼십 년이 채 되지도 않았는데 세월이 유수와 같음을 실감한다.

그런데 빠르고 편리함으로 인하여 사람들의 성격조차도 급해진 것은 아닐까? 라는 생각을 해보니, 그로 인하여 깊이 생각할 마음의 여유조차 갖지 않음으로 빚어지는 많은 문제점들도 없지 않을 듯싶다. 그것은 사고의 깊이를 더해주는 편지에 비하여 그때그때 빠르게 전달하는 통신으로 인하여 빚어진 예로 쉬이 오해하고, 실망하며, 상처를 주고, 해결할 수 있는 문제점의 실마리조차도 주지 않음으로 안타까운 일이 빚어지는 경우도 발생하기 때문이다.

하지만 편리한 속도로 전달되기에 다급한 상황을 훨씬 신속하게 대처하여 좋은 결과를 얻었을 수도 있다. 이렇게 보면 상황에 따라 장 · 단점이 있는 것이지만, 나는 요즈음 시대를 살아가는 사람들이 마음의 여유가 없이 감성의 폭넓은 아름다운 순간들을 느껴보지 못하게 될까 염려가 된다.

이 책을 읽으면서 나는 이렇게 '편지'의 낭만과 소중한 기억들을 간직하고 있어 추억할 것이 많음에 참으로 감사할 따름이다. 말로 표현은 잘 하면서, 메일과 문자의 짧은 메시지 전달에는 익숙하나, 한 번도 누군가에게 진실한 마음을 표현해보지 아니한 사람이라면 편지를 쓴다는 자체가 힘겨워 포기할 수도 있겠다.

그래서 편지를 대필해주기 위하여 만난 사람들의 전 · 후의 상황에서 벌어진 일들을 토대로 하여 펴낸 이 책은 내가 사춘기였을 때, 얼굴조차 모르는 친구들과 펜팔이 유행하였던 아주 소중한 옛 추억을 떠올리게 하였다. 그리고 친구들과 답장을 보내기 위해 서로가 좋은 문장을 빌려 쓰기도 하고, 대필 역시 왕왕 벌어졌는데 그것과는 분명 다른 점은 무엇인지 비교해 보는 것도 좋을 것 같다.

첫눈에 반한 여인에게 말조차 건네지 못하고 고민하는 이에게 대필 편지를 써줌으로 원만한 사이가 되게 한다. 또한 진실로 사랑하는 사람에게 고백을 하였으나, 결혼하며 떠나가는 이에게 행복하라는 축복의 편지를 보내주어 감동을 불러일으킴으로 마음의 부담을 덜어 더욱 행복한 출발이 되도록 해준다. 이것은 모두 의뢰인과 대필가 사이에서 많은 대화를 통해 유대관계가 깊어진 까닭이 될 수도 있지만, 상황을 정확히 판단하여 가장 소중한 마음을 의뢰인의 심정으로 고스란히 담아내는 것은 대필가의 역량에 있음을 또한 알 수 있다.

큰 회사의 회장인 고독한 노인의 마음을 듣고서 유서를 대필함으로 가족들의 관심을 얻고자 하는 그 마음이 온전하게 가족에게 전해져 내 마음 또한 뿌듯했다.

그리고 우유부단한 성격으로 고민하는 여성의 문제점이 원만해질 수 있도록 도와주는 편지, 두 어린 아이를 두고 사랑을 찾아 재혼한 여인이 버림

받았다 생각하는 자식의 결혼을 축하한다는 편지, 여든여덟의 할머니가 아흔 살의 남편과 65년의 인생 여정을 이야기해주며, 마음이 치유되어 다시금 행복한 결혼 생활을 맞이하는 내용 등은 인간이 살면서 겪을 수 있는 모든 과정의 삶이 대필을 바라는 사람을 동하여 잘 드러나 있다고 볼 수 있다. 그래서 우리가 살아가는 한 단면을 담아놓은 편지의 소중한 가치는 말하지 않아도 알 수 있을 것 같다.

이 책을 읽으면서 내가 가장 인상 깊었고 아름다운 감동을 받은 사연은 78세의 할머니의 병세가 심하여 얼마 남지 않은 상황에서 손자가 사고로 죽는데, 그 사실을 알리면 충격과 희망을 잃어 삶의 의욕을 상실할까 죽은 손자의 대필자가 되어서 할머니와 편지를 주고받으며 행복한 죽음을 맞도록 한 것이다.

그리고 각기 다른 종류의 마음을 담아 쓰는 편지 중에서 '연애편지'에 대한 정의를 내린 것이라고 해야 할까? 다음과 같이 말한다. "연애편지는 올바른 쓰기기법이라든지 매뉴얼 같은 것이 존재하지 않는다. 사람은 마음속에 몇 개나 되는 열쇠 구멍을 가지고 있어 그 모든 문을 열고 들어갈 수 있는 필살의 문구 같은 건 존재하지 않는다. 더군다나 스페어 키 같은 건 있을 수 없다. 한 사람 한 사람에게 맞는 단 하나의 열쇠가 필요하다. 이것이 연애편지의 철칙이다."

이처럼 편지가 우리의 정서에 어떠한 영향을 끼치며 얼마나 소중한 것인지 많은 사람들이 한 번쯤 읽어보길 권유하고 싶다. 특히 요즘처럼 낙엽이 곱게 물들고, 파란 하늘이 너무 멀리 있을 때는 말이다. 그리하여 편지를 쓰는 이의 아름다운 마음과 정성이 듬뿍 담긴 내용의 편지를 받는다면 형용할 수 없는 감동을 받을 텐데, 더 무엇을 주저하고 편지 쓰는 두려움을 갖는가?

나도 아이들과 남편에게 가끔 편지를 쓰지만 답장은 없을 때가 많다. 그러나 내가 편지에 담은 마음만큼은 누구보다 진실하게 알아주니 다행이다.

따라서 편지에는 진실한 마음의 가장 성의 있는 표현이 담겨있다는 사실을 알고 있는 가족이기에 마음이 향하는 것으로 행복이 넘친다.

이와 같이 많은 사람들이 마음의 감동을 받을 수 있는 것들 중에서 편지의 중요성을 다시 한 번 상기하여 잊고 사는 소중한 친구, 인생에 가장 큰 용기와 힘을 주었던 사람들, 아니면 미래를 열어갈 수 있도록 지침을 주셨던 은사님께 낙엽이 지기 전에 편지를 써보는 것도 의미 있으리라.

31. 대지

① 저　자 : 펄 S. 벅, 조인희 옮김
② 분　류 : 소설
③ 출판사 : 혜원출판사
④ 쪽　수 : 293

줄거리 및 감상

'흙은 거짓말을 하지 않는다.' 이 말은 성실하게 일하는 노력의 대가는 거짓없이 돌아온다는 말로 허황된 삶만을 쫓아가는 사람들에게 땀방울의 깊은 의미를 다시 한 번 상기시키는 말 같다. 그래서 이 작품을 대하는 마음이 경건하지 않을 수 없었다.

우선 작가 펄 S.벅은 미국인인 부모님께서 선교사 생활을 하게 되는 중국에서 격동기를 거치며 자랐기에 제2의 조국이라고 할 수 있는 중국에 대한 애착이 강했다고 한다. 그래서 청 · 일 전쟁, 의화단의 봉기, 서태후의 죽음, 신해혁명 등 역사적인 사건들을 체험하며 80여 편이란 많은 작품을 펴내는 계기가 된다. 하여 이 작품은 마치 중국인에 의해 써진 것처럼 착각을 일으킬 정도로 당시 중국의 실정을 정교하게 묘사하였음을 알 수 있다.

또한 1960년 우리나라에 방문하여 경주를 비롯한 여러 곳을 둘러보며 한국을 소재로 한 『살아있는 갈대(The Living Reed)』는 1963년에 발표한 장편소설로 작품의 초판본 표지의 배경에 아리랑 가사가 짙게 깔려있다고 한다. 이 소설의 배경은 구한말 ~ 1945년 해방되기까지 4대의 이야기를 쓴 대작으로 『대지』이후 최고의 걸작이란 찬사를 받았다 한다. 그래서 더욱 친근감이 느껴지는 이 작품을 토대로 삶의 근간이 되었던 농토의 소중함을 간직한 우리 조상의 마음도 가슴으로 느껴보는 뜻 깊은 시간이 될 것 같다.

작품 『대지』는 가난한 농부의 아들로 태어나 지주가 되기까지 '왕룽'이란 주인공의 일대기를 통해 녹아나는 삶의 애환을 노동의 보람과 더불어 땅밖에는 믿을 것이 없도록 세태가 이끈 그 현장을 광활한 중국의 '대지'를 따라 전개하였다.

중국 북부의 가난한 농부의 아들 왕룽은 황 대인의 집에서 종노릇하는 오란을 신부로 맞는다. 과묵한 성격의 오란은 성실하여 지아비를 잘 따르고 생활력 또한 아주 강했다. 그런데 첫 아들을 낳았으나, 아버지 낡은 바지에 쌀 정도로 가난했기에 왕룽 부부는 온 종일 들판에서 성실히 일하여 모은 돈으로 황 대인의 땅을 산다. 그러나 가뭄으로 흉년이 들면서 굶주림에 시달린 동네 사람들은 혹여 왕룽의 집에 먹을 곡식이 있을까 집을 뒤지는 사태까지 벌어진다. 하지만 모은 돈으로 모두 땅을 샀기에 왕룽의 가족도 굶주림을 견디지 못하게 되자, 왕룽은 가족을 이끌고 남쪽으로 향한다.

그곳 사람들이 풍족한 생활로 생기가 넘치는 것과 대조적으로 왕룽의 가족은 움막에서 생활하며 구걸을 하고, 왕룽은 인력거를 끌면서 세상 돌아가는 이야기를 듣는다. 허나 열심히 살아도 가난을 벗어날 길 없었던 왕룽은 전쟁과 빈부차로 인하여 가난한 사람들이 모여 부잣집을 쳐들어가는 것을 보고 합류하여 돈을 챙겨 고향으로 돌아온다.

이처럼 세상이 시끄러운 속에서 부잣집 사람들은 재물을 숨기기에 급급했는데, 오란이 어느 부잣집 첩의 보석을 우연히 발견하여 가지고 온 것을 알게 된 왕룽은 그 보석으로 황 대인의 땅을 모두 산다. 그 후 연이은 풍작에 재산은 날로 늘어가자, 왕룽은 찻집을 찾으며 만난 롄화라는 여인을 첩으로 들인다.

그리하여 첩과 함께 호화로운 시간을 보내는 동안 오직 일밖에 모르며 성실했던 아내는 급기야 병이 들고 만다. 그러자 왕룽은 방탕한 생활을 했던 자신을 반성하며, 아내에게 지극 정성을 다하지만 결국 아내는 죽는다. 그 후로 제방 둑이 무너져 홍수가 나자 굶주린 사람들과 도적 떼들이 또다시 극성을 피우나, 왕룽의 집만은 침범하지 못하는 까닭은 삼촌이 화적단의 부두목이기 때문이었다. 이와 같은 사실을 빌미로 눈엣가시처럼 행하는 삼촌 부부를 왕룽은 아편에 맛들이게 하여 결국은 아편으로 죽게 만든다.

오직 자신의 땅을 온전히 지키기 위해 왕룽은 세 아들을 학자, 상인, 농부로 키우고자 했지만 큰아들은 체면 유지에 급급하고, 둘째아들은 현명하며 현실을 바로 보는 직관이 있으나, 막내는 전쟁이 일어나자 군인으로 자원하여 떠나버린다.

그리고 첫째 딸은 백치인 까닭에 언제나 왕룽의 근심이요, 둘째 딸은 시집에서 도망쳐 생사를 모른다. 이처럼 자식들은 왕룽의 기대에는 아랑곳없이 각자의 삶의 방식대로 살아갈 뿐이다. 결국 쇠약해진 왕룽은 첩 렌화의 몸종인 리화의 순수한 마음을 보고 그녀에게 큰 딸을 부탁한다. 그리고 자식에 대한 자신의 기대와 엇나간 첫째와 둘째아들이 밭을 팔아 둘로 나누어 이자 놀이를 하자던 이야기를 몰래 듣고서 통곡하지만, 두 아들은 서로 눈을 맞추며 야릇한 미소를 머금을 뿐….

가난한 농부의 아들로 태어나 성실한 아내를 맞아 열심히 땀 흘린 보람으로 자신의 땅을 소유했던 왕룽. 그러나 굶주린 사람들은 도적이 되어 지주의 집을 습격하여 곡식을 빼앗는 광경들을 본 그에게 있어 땅은 더 이상 빼앗길 것이 없는 완벽한 것이었다. 더구나 흉년이 들면 부잣집은 도적들의 표적이 되었기에 귀중품보다 땅을 산 것이며, 곡식을 암암리에 비축해두는 그의 노련함은 어지러운 시국을 극복해내려 했던 중국의 당시 사회상을 잘 말해주고 있음이다.

그러니 왕룽이 끝까지 땅을 지켜내기 위해 가장 심하게 겪은 갈등 중, 굶어서 둘째 딸 아이를 낳자마자 잃은 것과 삼촌이 성안의 사람을 데리고 와서 땅을 팔라는 것에 응하지 않고 남쪽으로 떠난 일이다. 끝끝내 땅을 지켜내기 위하여 굶주림도 불사했던 안타까움과 딸자식을 종으로 팔아서 그리운 고향으로 돌아가고자 몹시도 갈등했다. 허나 결국에는 백치인 큰딸을 팔지 않았는데, 펄 S.벅의 자서전에서 큰 딸이 정신박약아로 그 딸이 자신을 작가로 만든 동기를 유발시켰다 한다. 그로 미루어 알 수 있듯이『대지』란 이 작품에서 왕룽이 리화에게 부탁한 백치의 큰딸이 작가 자신의 딸임을 알 수 있다.

또한 왕룽은 첩 롄화를 들이면서 아내 오란이 그토록 간직하고 싶어하던 진주 두 개를 빼앗은 것을 후회하며, 간간이 죽은 아내를 생각하면서 불쌍하고 측은스럽게 생각하는 부분이 많이 나오는데 이를 통해서도 알 수 있듯 비록 부자인 대지주가 되었으나, 조강지처인 아내가 그토록 고생을 하면서 호강 한 번 해보지 못한 것에 대한 죄책감일 수도 있다. 그렇기에 더욱 애착을 가질 수밖에 없는 땅을 지켜내기 위하여 노력했건만….

자식들은 농토의 소중함보다 쉬이 이문을 남길 수 있는 이자놀이를 하려고 하는 모습을 보면서 왕룽은 얼마나 비통한 심정이었을까.

땅에서 시작하여 모든 삶을 일구어내고, 한 가정의 가장으로서 자식을 향한 부모의 그칠 줄 모르는 근심과 걱정의 세심한 노력의 결과 앞에 힘없는 왕룽은 더 이상 말을 잇지 못하는 가슴만 아플 것이다.

이처럼 부모께서 걸어온 그 길은 시대가 변화하는 그 속에서 퇴색해 버리고 말았으나, 변하지 말아야 할 것들은 분명히 있다. 진리라 생각하며 지키고자하는 불변. 그것은 '땅을 팔아 성공한 사람은 보지 못했다.'는 우리의 옛말에서도 찾을 수 있기에 자식들의 야릇한 눈빛으로 나눈 미소 속에 지켜내고 가꾸기 위하여 일생을 바친 왕룽의 쓰러져가는 모습이 더욱 서글프게 다가왔다.

이 광경을 보면서 지금은 부모님의 보살핌 속에서 성장하고 있지만, 정작 성인이 되면 부모님의 부와 권력 앞에서 마치 자신의 것인 양 행세하는 사람들이 아니라, 내 인생의 주인이 나이듯 내 인생의 모든 산물들은 스스로가 만들어내어야 진정한 가치를 더할 수 있으리란 생각이다.

그리고 『대지』에서 왕룽이 죽은 후, 세 아들이 지주 · 상인 · 공산주의자로 각자의 삶을 개척해 나가는 모습을 그린 『아들들』과 『분열한 집』을 3부작으로 엮은 『대지의 집』의 란 책으로 1938년 노벨문학상을 수상하는 영광을 안는다. 차후에 나머지 작품을 읽음으로 '대지'를 향한 선조들의 삶의 자세가 어떠한 것이었으며, 대지에 대한 버릴 수 없는 애착을 통해 현재의 삶을 살아가며 우리가 올바르게 가져야할 마음가짐은 어떠해야 하는지 더 깊이 탐색해보려 한다.

32. 여자의 일생

① 저 자 : 모파상, 장민희 옮김
② 분 류 : 소설
③ 출판사 : 삼성출판사
④ 쪽 수 : 295

줄거리 및 감상

『예기』의 『의례儀禮』에 나오는 삼종지도三從之道는 여자가 따라야할 세 가지의 도리다. 어려서는 아버지, 결혼하면 남편, 남편이 죽은 후에는 자식을 따라야 한다고 하였다. 그래서 예전의 우리 어머님 세대에는 당연한 것으로 받아들여 '삼종지도'를 지켜가며 사는 것이 여자의 일생이라 믿고 따랐다.

그러나 현대의 여성들은 교육 수준이 향상된 남녀평등 속에서 생의 주체를 자신이라 생각한다. 그래서 누구에게 의지하기보다는 당당히 사회생활을 하고, 무엇보다 사회로부터 능력을 인정받기 위해 남자들과 공평한 조건 속에서 경쟁을 한다. 또한 어디에서건 두각을 나타내어 남자들만이 할 수 있다는 일에도 파격적으로 도전하여 자신의 능력을 발휘하고 있다. 이처럼 어느 한편에서 세상이 많이 변했다고 하나, 그래도 전혀 의식하지 않을 수 없는 '삼종지도'와 '여자의 일생'의 상관관계는 어떠한 것인지 생각해 보았다.

남작인 아버지 교육의 방침에 따라 수도원 생활을 마치고, 17세가 된 잔은 부모님 곁으로 돌아와 여름 휴가를 보내려 레퓌플의 저택으로 향한다. 그곳에서 부모님과 멋진 휴가를 보내며 미래의 사랑을 꿈꾸던 잔은 라마르

자작인 쥘리앵과 사랑하게 되어 결혼을 한다. 그리하여 신혼여행을 떠났다 부푼 꿈을 안고 레푀플 저택으로 돌아온 잔은 비록 하녀지만, 어머니 젖을 먹고 자라 여동생처럼 대하는 로잘리와도 함께 살게 된다.

그러나 결혼의 환상과 낭만은 조금씩 사라져가고, 쥘리앵은 점점 잔에게 무관심해져가던 어느 날, 로잘리가 아이를 낳는 충격적인 일이 벌어져 다그치듯 생부를 묻지만 말하지 않자 잔은 깊은 고민에 빠진다. 그런데 여동생이라고 생각한 로잘리가 쥘리앵과 함께 있는 장면을 목격한 잔은 감당할 수 없는 슬픔에 빠져 결국, 쥘리앵이 레푀플에 처음 왔을 때부터 로잘리를 겁탈했다는 사실을 알게 된다. 그러자 잔의 부모님은 그녀를 새로운 사람과 결혼시켜 멀리 떠나보낸다.

그 후로 잔의 분노는 시간이 흐르며 사라져가고 아들 폴을 낳으며 안정을 찾아갔으나, 이웃과 친하게 지내던 백작부인 질베르트와 쥘리앵의 불륜을 목격하고 또다시 절망과 회의에 빠진다. 그런데 엎친 데 덮친 격으로 위독한 어머니께서 "나이가 들어 젊었을 때의 추억을 되새기는 일처럼 무서운 건 없단다."라 말씀하시고 돌아가신 어머니의 유품에서 불륜의 편지를 읽은 잔은 비탄에 빠진다.

그리하여 마음 둘 곳 없이 상처를 입은 잔은 오직 아들 폴에게로 향하고, 아들이 아픈 뒤로 딸을 갖고 싶어하는 강한 열망에 임신을 해도 쥘리앵과 백작부인의 밀회는 계속된다. 그러다 쥘리앵과 밀회 사실을 알게 된 백작은 교묘히 그들을 죽인다. 그 충격 속에서 잔은 딸을 사산하고, 아들 폴을 향한 집착은 더 강해진 과잉보호 속에서 키운다. 마침내 성인이 된 폴은 방탕 생활로 빚을 지고, 창녀와 도망쳐 번번이 잔에게 돈을 요구하여 가세는 기울어가고 만다.

한편 잔의 이러한 상황을 알게 된 로잘리는 그녀를 찾아와 고심 끝에 대책을 세운다. 폴에게 돈을 보내지 못하게 한 명분은 아들이 잔의 곁으로 돌아오게 하기 위함이었는데, 드디어 폴은 자신의 딸을 데리고 잔의 곁으로 돌아온다.

그 동안 살아온 날들의 불운을 떠올리며 손녀를 안고 새로운 희망으로 편안해진 잔에게 로잘리는 "따지고 보면 인생이란 사람들이 생각하는 것처럼 그렇게 즐겁기만 한 것도, 그렇다고 그렇게 불행하기만 한 것도 아닌가 봐요."라고 말한다.

부유한 귀족 출신의 외동딸로 태어나 부모의 사랑을 듬뿍 받았으나, 결혼하여 불륜을 일삼는 남편, 노름빚을 지고 창녀와 방탕한 생활을 하는 아들로 잔의 일생은 불운하기 그지없었다. 하지만 진정으로 잔을 위해 헌신한 로잘리의 애정과 현명한 대처로 치마폭에서 헤어나지 못하는 마마보이 폴이 다시금 잔의 곁으로 돌아오도록 이끄는 것을 볼 때, 소중하고 사랑스러울수록 더욱 강하게 자식을 키워야 한다는 것을 새삼 느낀다. 또한 아들 폴의 문제점을 인식하지 못한 채 삶의 의미를 잃고 헤매는 잔을 보면서는 부모로서 올바른 판단이라면, 입에 쓴 약이 몸에는 좋다는 말이 생각났다. 행복해야할 여자의 일생이 남편과 아들로 인하여 불행으로 치달았으나, 적극적으로 나서서 어려움에 처한 잔을 도와준 로잘리와 서로를 의지하며 남은 잔의 일생은 행복할 것이라 믿는다.

그리고 결혼보다 창녀에 매혹을 느낀 방탕 생활의 내면에 깃들어 있는 모파상의 고독과 아버지에 대한 반감, 매독으로 인한 신경질환을 일으켰다는 것을 보면 쥘리앵이란 인물을 통해 자신이 살아온 내면의 진실 또한 보여주는 것 같다.

아울러 요즈음 여성들은 로잘리처럼 명석하기도 하지만, 정작 자식의 일에 관한 한은 객관적이지 못해 집착과 과잉보호로 아이들 스스로가 혼자서는 아무 일도 할 수 없는 상황으로 이끌어가는 경우를 많이 본다. 어른을 공경하는 마음은커녕 충고에도 아랑곳없이 남의 일에 무슨 참견이냐는 식으로 비아냥거리고, 남을 배려할 줄 모르는 이기주의로 왕따를 만들고, 인내심이라곤 없이 공격적이며, 힘든 노동의 대가의 중요성도 모른 채 그저 쉽고 편안한 일만 선호한다.

그리하여 자식을 키워 출가를 시키고, 그 자식이 자식을 낳아 새로이 원만한 가정을 이끌게 하는 가정교육의 모태가 바로 부모로부터 시작되는 것이라고 볼 때, 가장의 역할도 중요하지만 내조하는 여성의 올바른 가치관의 형성이 이 사회를 바로 서게 하는 것 같다. 그래서 사명감을 갖고 자식을 훈육하는 것이 가장 기본이 되어야 된다는 생각이다.

하지만 어머니인 여성들이 경제활동을 하면서 시간에 쫓기기에 자식에게 정성을 다하지 못했다는 미안한 마음이 앞서 돈이면 무엇이든 되리란 보상심리로 인하여 물질만능주의를 낳고, 고소득과 명예를 소중하게 생각하는 사람들은 자녀를 너무나 사랑한 나머지 대학입학과 군대 면제 등에 관련된 비리의 소식들이 자주 보도되는 것을 보면서, 과연 그렇게 자란 자녀가 성인이 되어 할 수 있는 일이 무엇일까? 생각해보지 않을 수 없었다.

부모의 애정을 듬뿍 받으며 성장하여 어엿한 숙녀가 되면 결혼하여 동반자인 남편을 의지하며 믿음으로 따르고, 자식을 정성과 사랑으로 키워 다 큰 자식을 의지하며 사는 일생의 고리는 끊을 수 없는 관계로 순환하여 왔다. 어쩌면 여자의 일생에서 강하게 거부하고 있을지 모르는 '삼종지도'일지라도 여자에게 있어서 그것을 따른다는 의미는 그 안에 행복의 열쇠가 숨어 있기 때문인지도 모르겠다. 하지만 아무도 대신해줄 수 없기에 더욱 소중하고 행복해야할 여자의 일생이 남편에게, 자식에게 붙잡히는 것에는 스스로에게도 문제가 있을 듯하다.

소중한 가정이 우선시 되듯이 여자의 삶 또한 보람과 긍지를 느낄 수 있도록 가족이 함께 지켜가는 노력이야말로 가장 이상적인 여자의 행복이라 생각하며, 자신만의 시간을 살찌울 소중한 목표를 세워 실천하는 오늘이 의미 있는 삶이길….

33. 버스정류장

① 저　자 : 가오싱젠, 오수경 옮김
② 분　류 : 희곡
③ 출판사 : 민음사
④ 쪽　수 : 240

줄거리 및 감상

1940년 중국에서 출생하여 1988년에 프랑스로 망명, 파리에 정착하여 희곡과 소설을 창작하며 화가로도 활동하고 있는 가오싱젠은 1989년 천안문天安門 사건을 소재로 희곡 『도망』을 발표 후, 중국에서는 반체제 인사로 규정하여 모든 작품이 금서로 묶여 있다고 한다. 그러나 그의 창작 활동은 끊임없이 이어져 2000년 소설 『영혼의 산』이 '문학적 보편성과 날카로운 통찰, 언어적 독창성'을 인정받아 노벨문학상을 수상한다.

이처럼 가오싱젠의 약력과 걸맞게 희곡의 새로운 형태를 추구한 '다성부多聲部'(즉 수시로 두세 개의 성부가 많게는 일곱 개의 성부가 동시에 이야기하는 형태)를 취하는 특색을 지니고 있다.

여기에 가오싱젠의 희곡을 향한 열정과 부록으로 실린 '동 · 서양 연극이 예술 개념으로부터 다른 점 세 가지'를 토대로 하여 소개된 3편의 희곡작품을 감상했다.

첫 번째 「**버스정류장**」(1982년作)－은 러시아워를 피해 각기 다른 부류의 사람들이 모여들어 시내로 들어가려 버스를 기다린다. 장기에 최고인 사람에게 도전장을 던지고 시내에 들어가려는 노인, 시골에서 직장을 다니다 남편과 아이를 만나려는 여인, 데이트하려는 아가씨, 입시생인 학생 등….

그러나 버스는 정류장을 지나쳐 버리며 시간은 흘러 해를 넘어가고 만다. 그래서 버스가 정류장를 지나치는 것에 분개한 사람들은 자신들이 살아온 날들을 돌아본다는 내용이다.

이렇게 '버스정류장'에서는 정류장에 버스가 서지 않자 처음엔 분개한 사람들이 점차 자신의 삶을 돌아보는데, 중국은 문화혁명으로 발전이 10년이나 늦어졌다고 하듯, 그 멈춰버린 시간을 시내로 들어가려는 다양한 사람들의 등장을 통하여 10년이란 시간이 정지되어버린 중국 역사를 상징하는 것 같다. 그리하여 국민들이 그 시간을 돌아보고 각성하게 하는 숨은 뜻이 있을 것이라고 나는 생각했다.

이어서 「독백」(1984년作)— 이란 작품은 모노드라마로 쉰 남짓 되어 보이는 남자 배우 혼자서 노끈으로 관객과 자신의 벽을 쌓아 갈라놓은 그 속에서 배우로서 인정받기까지의 긴 세월과 공연이 시작되기 전 돌아가신 어머니임에도 불구하고, 무대에 서야하는 사명감이 잘 드러나 있다. 또한 문화혁명 속에서 배우로 살아가는 운명을 스스로 받아들이면서 관객의 박수와 사랑을 받는 예술가적 창조를 위해 무대에서 목숨을 마치고 싶다는 간절함 등을 독백으로 한다.

그리하여 자신과 관객의 벽을 쌓은 남자 배우가 "너희 배우들하고 관객을 갈라놓는다는 그 제 4의 벽인가 하는 거 말이야!", "투명하다면 뭐 하러 담을 쌓는다는 거야? 부숴버리지. 네가 쌓은 것이니 네가 부수렴." 하면서 끈을 치우고 극을 맺는다.

이 모든 것은 관객의 사랑을 받으며 배우와의 어떠한 거리가 벽이 아닌 공감대를 형성하여 하나가 되어가는 것이 진정한 예술의 가치임을 강조하여 주는 듯하다.

또한 모노드라마 '독백'을 통해서는 배우로서의 사명감도 중요하지만, 돌아가신 부모도 찾아갈 수 없었던 당시의 사상을 혁명이란 명분으로 차단시킨 문화혁명의 잘못된 단면을 짚어낸 것이 아닌가 한다. 아울러 관객과의 벽을 '제4의 벽인가'라고 했는데, 배우 자신이 관객과 하나 되기 위하여 벽을 부숴버린 것처럼 낙후된 중국의 벽을 높게 쌓은 정신마저 지배하려 했던 마오쩌둥의 문화혁명을 비판하며 부숴내버리기 위한 암시인 듯하다.

세 번째의 「야인」(1984년作)－ 에서는 온몸이 털북숭이인 원시인(야인)이 나타났다는 산림지구에 기자, 과학자 등이 몰려와 순박한 그 지역의 사람들에게 야인에 대한 이야기를 들으며 그 믿음을 무너뜨린다. 하지만 원시인과 세모의 만남을 통하여 한 명씩 춤추며 온 배우들이 축제를 벌인다. 야인의 목소리를 흉내내며 그것이 인간과 자연의 대화소리란다. 그래서 생태학자가 산림을 살리자는 노력에 자연보호 구역으로 지정을 받은 것처럼 동 · 식물의 낙원인 산림을 보전하는 터전이 야인의 존재를 믿는 마을 사람들의 순수한 마음속에 깊이 살아 있음을 강조하여 준다.

'야인'은 3장으로 이루어져 제1장은 「김매기 농악」으로 농경문화 속의 농악, 북소리, 징을 통해 홍수와 가뭄의 난관을 헤쳐가고, 제2장은 「흑암전」에 전승되는 야인의 존재가, 제3장은 혼례 때 불리는 「열자매 시집보내기」인데, 전승되는 노래는 결혼과 생산을 의미한다고 한다.

이처럼 각 장章의 민간에 전해지는 유산들을 적절히 구성함으로 전통적이면서도 현대적인 감각을 잘 살려냈다는 작품해설이다.

그리고 가오싱젠의 연극무대의 공연에 대한 제안을 읽으면서 자신의 작품을 향한 열정과 극작가로서의 굳은 자긍심을 엿볼 수 있었다.

특히 공간과 시간의 제약을 많이 받는 무대에서 고정관념을 버리고, 새로움을 추구하는 '다성부와 동 · 서양 연극예술의 다른 점' 등을 읽으면서 자신이 추구하고 애착을 가진 것에 끊임없는 노력을 하면서 시도하는 열정이 있었기에 문학사에 길이 남는 인물이 될 수 있었다고 생각한다.

세 작품을 통해서 내용을 이해할 수 없는 한계에 부딪혀 답답함은 있었지만, 작품을 무대에 올리는 시작부터 마무리까지 의욕을 갖고, 자신이 하는 일에 최선을 다하는 가오싱젠의 작품을 무대에서 감상할 수 있는 기회가 온다면 훨씬 수월하게 이해할 수 있을 것 같다. 그래서 오늘은 이 작품들을 통해 새로운 방향을 모색하며, 항시 시도와 도전을 멈추지 않는 점은 꼭 본받아야 하리란 생각이다.

34. 백 년 동안의 고독
(cien anõs de soledad)

① 저　자 : 가브리엘 가르시아 마르케스, 이가형 옮김
② 분　류 : 소설
③ 출판사 : 하서
④ 쪽　수 : 403

줄거리 및 감상

봄기운이 완연한 오후, 햇살의 따스함이 창가에 머물러 바라보는 것만으로도 겨우내 움츠린 마음이 포근해지는 듯하였다. 아이들은 문방구 후문에 있는 게임기에 빠졌는지 한참을 쪼그리고 앉았다 일어서기를 반복하고, 산뜻한 옷차림을 한 아주머니의 발걸음은 가뿐한데 깨알 같은 글씨, 집중과 인내가 없으면 읽어내기 어려운 이 책을 붙잡고 3일간 씨름을 하였다. 그래서 머리가 무겁거나 눈이 침침할 때, 잠시 독서를 멈추고 자주 창밖을 응시할 수밖에 없었다. 다행히도 따스한 봄기운과 더불어 독서를 하는 고독한 순간을 극복할 수 있어 내겐 오히려 소중한 순간이 되었던 것 같다.

콜롬비아 소설가로 1982년 노벨문학상을 안겨준 마르케스의 『백 년 동안의 고독』은 우리에게 진정한 고독孤獨이 무엇이며, 인간은 왜 고독한 것을 힘겨워하고 극복해내려 애쓰는지?에 대한 깊은 성찰보다, 나의 가치관의 어디까지를 고독으로 규정지어 전개되는 내용을 받아들일지? 그것이 더 큰 문제점으로 다가왔다.

이 소설은 부엔디아라는 집안의 5대에 걸친 근친상간의 부도덕적 패륜과 환락, 사치 등의 타락 속에서 진정한 행복을 모르는 고독한 개개인으로 인하여 결국엔 심판을 받아 가계家系가 몰락하는 과정을 그리고 있다.

호세 아르카디오 부엔디아와 우르술라 이구아랑 부부로 시작되는 일족一族의 역사는 그들 부부에 의해 세워진 마콘도라는 마을에서 시작된다.

집시이며 트럼프로 점을 치는 여자 피라르와 호세 아르카디오 브엔디아와의 불륜으로 낳은 호세 아르카디오, 그리고 그의 아들 아우렐리아노 부엔디아 대령과 피라르가 또다시 불륜으로 낳은 아우렐리아노 호세 등 패륜의 행각은 근친상간 사이에 끝없이 이어진다.(아버지가 저지른 불륜의 여자 피라르와 아들이 또다시 불륜을 저지른 것.)

그런데 그들이 사는 마콘도 마을은 외부와 단절되어 정부의 간섭을 받으려하지 않지만, 시장이 파견되며 전쟁이 일어나자 명예욕에 불타는 아우렐리아노 부엔디아 대령은 혁명지도자로서 죽음의 고비를 넘기며 전설처럼 살아나기도 한다. 하지만 정부의 항복문서에 서명을 하면서 네르란디아 협정이 체결되자, 아우렐리아노 부엔디아 대령은 아버지처럼 금세공을 하며 부패 정권에 대항, 반란의 계획을 세우나 실현하지 못하고 은신처에서 그저 고독하게 살 뿐이다.

그리고 고모인 아마란 타와 조카인 아우렐리아노 호세의 정사도 아무런 의식 없이 이루어지고, 아우렐리아노 세군도는 향락을 위한 타락의 길로 들어서 재산의 낭비는 계속된다. 또한 미모로 인하여 남성들의 구애는 이어지나 그것은 죽음의 화근이 되며 오욕과 마음의 평정을 잃게 하는 레미디오스, 그녀는 남성들을 유혹하는 알 수 없는 향기의 마력을 지녔으나, 어린아이와 같은 말을 주고받을 줄밖에 모른다는 사실처럼 정상적인 사람은 찾아볼 수 없다.

따라서 원만한 가족 간의 유대관계는 찾을 길 없이 오욕에 빠지는 삶의 연속일 뿐이다. 그런데 어느 날부터 마콘도에 창부들이 들어와 마을 사람들을 타락과 향락에 물들인다. 그리고 점차적으로 외부 사람들이 들어오며 철도가 개통되고, 미국인의 바나나 회사의 진출이 시작되며, 지워지지 않는

재의 십자 표시로 인하여 아우렐리아노 부엔디아 대령의 16명의 아이들이 총살을 당하는 어처구니없는 일까지 벌어진다. 또한 새로운 변화의 물결 속에 시작된 바나나 회사의 파업에 군이 개입되어 유혈이 낭자한 가운데, 호세 아르카디오 세군도는 3천 명의 이상이 죽은 것으로 알고 있으나, 세상 사람들은 부인하며 그는 죽음을 맞는다.

이렇게 각자의 삶에 관여하지 않는 무관심으로 눈이 먼 것을 가족 중에 아는 사람이라곤 아무도 없고, 대령 아들(손자)의 죽음에 눈물 한 방울 흘리지 않는 우르술라의 노년의 고독. 여기에 '수의를 짜는 것은 고독을 이겨내기 위해서가 아니라, 고독을 지키기 위해서 낮 동안은 짜고, 밤에는 그것을 풀고 있는 것이 아닌가 생각될 정도였다.'는 아마란타의 삶.

모두가 자신만의 세계에서 벗어나지 못하는 고독 속에 점차적으로 부엔디아 집안은 백 년 전에 집시의 장로인 멜키아데스의 양피지에 '최초의 인간은 나무에 묶이게 될 것이요, 최후의 인간은 개미의 밥이 될 것이다.' 라고 쓰여 있던 것처럼 부엔디아 집안은 결국엔 최후를 맞는다.

그것은 죽음의 눈앞에서 돼지꼬리가 달린 아이가 태어나면 안 된다며, 혈족끼리의 결혼을 금지하라는 우르술라의 충고에서도 알 수 있는데, 아마란타 우르술라(이모)와 아우렐리아노(조카) 사이에 돼지꼬리를 달고 태어난 아우렐리아노를 개미 떼들이 운반해감으로 양피지의 내용처럼 되어버린다. 그리하여 마침내 강풍에 신기루의 도시 마콘도와 함께 백 년의 고독을 타고난 가계家系는 이 지상에 없을 것임을 시사하며 사라진다.

명예욕이 강한 아우렐리아노 부엔디아 대령이 부패정권에 대항하지 않고 은신처에서 사는 고독, 우르술라의 노년의 고독, 고독을 이겨내기 위해 수의를 풀었다 다시 짜는 아마란타의 삶 등…. 이 모든 것은 100년 전에 집시였던 멜키아데스의 양피지에 쓰여 있다는 사실이 명확하게 밝혀져 있는 것과 같이, 이미 이 집안의 고독한 운명은 예견되어 있었던 것이다.

그래서 근친상간의 결혼과 패륜의 정사로 태어난 후손들이 저지르는 사치와 향락은 가계의 윤리와 도덕을 무너뜨렸다. 거기에 더 부추긴 창부들과 외지의 사람들이 들어와 전쟁이 벌어지며 마을은 더욱 아수라장이 되어간다.

이처럼 뒤죽박죽 얽키고 설킨 타래는 더 이상 풀 수 없는 상태가 되어 각자로만 존재할 뿐, 가족이란 관계는 유명무실한 가운데 감당할 수 없는 고독은 파멸에 이르게 하는 결과를 낳는다.

또한 전쟁과 향락, 사치, 창부 등 그 속에서 "피를 더럽게 하는 거리의 여자들, 돼지 꼬리가 달린 아이를 낳은 집안 여자들, 죽음을 가져오며 평생 마음을 괴롭힌 투계, 만지기만 해도 20년의 전쟁 소동을 불러일으키는 총포, 환멸과 광기를 낳을 만한 엉뚱한 모험, 요컨대 그 모든 것은 하나님의 끝이 없는 선의에 따라 창조되면서 마귀가 그것을 타락시켰던 것이다." 라는 글에서처럼 도덕과 윤리가 사회적 관념 속에서 배제된 반복에 반복을 더함으로 더 이상은 지켜볼 수 없는 마귀에 의한 타락의 길에서 돌려받은 고독의 수렁이 아니었을까 라는 생각이다.

비현실적이며, 공상적인 요소가 짙은 죽은 멜키아데스 방에서의 대화, 72개의 요강의 방, 손대지 않은 집안 물건의 이동, 마우리시오가 나타나는 곳이면 어김없이 나오는 노란 나방, 쌍둥이 형제의 동시의 죽음 등 기이한 일들 또한 정상적인 것은 하나도 없이 자행되는 패륜의 현장에서처럼 혼란은 읽는 내내 떨칠 수가 없었다.

그리고 길고 비슷한 이름들과 또 다른 자손의 똑같은 이름의 반복이 앞뒤 없이 불쑥 튀어나오는 과거를 회상하는 전개들도 혼란을 더 가중시켰던 것 같다.

그래서 정상적인 사람들의 가치관과 반대되는 사람들의 삶을 보았다고 생각하면 이해한 것이라 볼 수 있으며, 백 년 동안 5대에 걸친 고독의 어느 일부라도 이해하는 척도가 있다면, 고독이란 것의 진정한 의미를 깨닫게 하는 것 같았다.

흔히들 두문불출杜門不出하고 있는 사람들에게 고독을 씹고 있느냐고 말한다. 철저한 혼자만의 세계에서 타인을 거부하는 일, 그것이 고독이 될 수도 있겠다. 그래서 때론 어지럽고 복잡한 세상을 잠시 벗어나 있고픈 생각이 간절하여 떠났다가 하루도 제대로 견디지 못하고 돌아오는 것을 보면 아무나 고독 속에 있는 것은 아닌가 보다.

이처럼 '세상에 홀로 떨어져 있는 듯이 매우 외롭고 쓸쓸하다.' 는 고독孤獨을 왜 인간은 견디기 힘들어 하는지? 그런 고독으로 인해 인간이 전락한 최후의 모습은 어떠한 것인지? 이 책에서처럼 각자가 안고 있는 문제점들을 가족들이 작은 관심을 갖는 따스한 감정의 어느 일부라도 있었다면 결코 몰락하지는 않았을 텐데….

"망각은 탐욕스러워 추억을 조금씩 용서 없이 파먹고 있다."란 표현이 가장 인상적으로 남으며, 망각하였기에 벌어진 엄청난 소용돌이 속을 어떻게 헤쳐 나올지? 그것은 사랑이 결여되지 않은 봄날의 따스함을 나눌 수 있는 가슴이 있다면 가능할 듯 싶다. 고독은 그래서 스스로가 만들어 놓은 함정이 아니라, 손 내밀어도 아무것도 잡을 수 없는 곳에 고독이란 것이 있는 것 같다. 하여 한 사람만의 문제가 아니라 서로가 다가서려 노력하는 손을 내밀면 잡을 수 있는 그런 곳에 작은 고독이 조금만 있었으면 한다.

35. 죄와 벌(상 · 하)

① 저　자 : 도스도에프스키, 홍대화 옮김
② 분　류 : 소설
③ 출판사 : 열린책들
④ 쪽　수 : 상(1~533), 하(534~1145)

줄거리 및 감상

인간이 죄를 지어 가장 절박한 순간에 처했을 때를 생각해 본다. 가장 소중한 가족이 떠오를 것이지만, 그 가족으로 인하여 짐을 벗어버리지 못하는 괴로움도 상황에 따른 이중성의 마음을 갖게 하는 근본적인 원인이 될 수도 있다.

그리하여 이중성의 심리를 전재로 하여 '죄와 벌'의 어느 한계를 긋는다는 것은 무척이나 어려운 것임을 이 책을 읽으면서 매번 자신에게 묻곤 하였다.

누구나 죄는 알면서도 짓고, 모르기에 저지르는 때도 있다. 하지만 법에 의한 판결을 받는 것만이 죄를 지은 것에 대한 범주라 한다면 이 또한 얼마나 모순일까? 또한 법의 판결이 죄를 짓지 않았다 할지라도 양심에 거리낌이 있다면 그것은 죄를 지은 사람의 마음속에 지워지지 않는 양심의 자책이 될 수도 있으리라.

그래서 벌을 받지 않아도 도덕이 있고, 양심이 있어 자신의 마음에 비추어 반성하는 계기로 삼는다면 '죄와 벌'이란 것은 이처럼 사고의 능력이 있기에 수긍되어지는 것이라 생각한다.

이와 같이 죄와 벌이란 상관관계를 결코 떼어버리고는 생각할 수 없는 것이듯, 죄를 지음으로 당연한 벌을 받는다면 그것처럼 합리적인 방법은 없을 것이다.

그러나 죄는 크게 짓고 벌을 약하게 받으려 하는 것과 죄를 지었음에도 그 죄를 묻기 위해 제2의 범행을 저지르는 행위를 어떻게 해야 될지? 지금 이 사회가 더욱 어지러운 가운데 공포로 물들였던 강호순 연쇄살인사건의 진상이 드러나며 사람들은 큰 충격에 빠졌다. 잔악한 살인과 사체의 암매장 등 인간이 어디까지 죄를 짓는 것에 대하여 의식을 하지 못하는지 여실히 보여준 강호순 연쇄살인사건, 이것은 분명 사리사욕에 의한 것인데 왜 단정지어 이렇게 말하는 것인지 '죄와 벌'을 통해 비교해볼 일이다.

1866년 「러시아 통보」 1~12월에 거쳐 연재되며 빛을 보게 되었다는 이 책은 1867년 단행본으로 된 것을 수정을 거쳐 출간하게 된다. 그리고 「주정뱅이」란 단편소설이 완성되지 못하지만, 죄와 벌에 삽입하여 죄와 벌의 기초가 되었고, 「참회」라는 제목의 소설에서 대학생이 고리대금업자 노파를 살해한 후, 죄를 참회하여 자수하고 감옥 가는 과정을 재구성하여 「주정뱅이」의 플롯인 마르멜라도프 가족 이야기를 보태어 이 소설 『죄와 벌』의 작품이 완성되었다고 한다.

또한 1860년대 러시아 수도 뻬쩨르부르그를 시 · 공간적 배경으로 하는데 저자 역시 뒷골목에서 살아본 경험이 세밀한 사실적 묘사를 가능케 했다 한다. 여기에 1861년 농노 해방과 더불어 농민들이 새로운 직업을 얻고자 도시로 몰려들며, 갑작스런 인구 증가로 실업 문제와 보건 위생, 주택 문제 등 심각한 사회 문제를 야기시켰다고 한다. 그래서 뒷골목의 범죄, 매춘, 알코올 중독, 고리대금의 온상을 만들어 놓은 사회적 배경을 라스꼴리니꼬프란 대학생의 범죄를 다룬 이 소설은 철학적, 심리적인 소설이라 옮긴이는 말한다.

이렇듯 죄와 벌이란 대작은 하루 아침에 완성된 것이 아니며, 시대적인 배경 속에 사회의 부조리와 인간의 내면세계에서 움돋는 심리에도 근접하여 읽는 내내 나 또한 깊은 사고를 통해 논리적인 흐름을 따라갔다. 그러면서 냉철한 의식을 확고히 다지지 않으면 안 된다는 것을 느꼈다.

가난한 대학생 라스꼴리니꼬프는 7월의 무더위와 골방에 갇힌 폐쇄, 또한 무기력으로 인한 혼란 속에서 고리대금업자인 알료나 이바노브나를 도끼로 살해하고, 그 광경을 목격한 그녀의 이복동생인 리자베따 또한 죽인다.

이렇게 살인자가 된 주인공 라스꼴리니꼬프의 가족은 어머니와 여동생 두냐가 있으나, 모녀의 생활은 몹시 궁핍하여 여동생 두냐는 지주인 스비드리가일로프 댁에 가정교사로 들어간다. 그런데 지주는 아내인 마르파를 살해한 것으로 추정되며, 하인 필리까는 학대로 자살하게 만들었고, 레슬리히라는 14세 소녀 역시 능욕하여 자살하게 한 혐의를 받는 인물이다. 그런 지주로부터 두냐 역시 모욕을 당하고, 3년 만에 모녀는 라스꼴리니꼬프를 찾아온다. 그리고 궁핍한 생활에서 나이 많은 변호사와 결혼하려는 두냐를 라스꼴리니꼬프는 설득하지만, 무능력한 그는 괴로워하다 거리로 나간다. 그런데 '거룩한 창부'로 불리는 불쌍한 소냐의 아버지가 마차에 치여 죽는 것을 보고 장례비에 보태 쓰라 돈을 주며 잠시 원죄부라도 얻은 양 한다.

그러나 살인 후 악몽에 시달려 점차 쇠약해져가는 라스꼴리니꼬프는 건강을 염려하며 돌봐주는 친구 라마주힌의 도움을 받게 되고, 살인 혐의를 받는 가운데 예심판사(수사관)는 라스꼴리니꼬프가 쓴 논문에 관한 내용을 토대로 인류를 위한 살인과 도둑질의 정당성의 예를 들면서 자백을 유도한다.

그러한 가운데 삶의 어떠한 의욕조차 상실한 라스꼴리니꼬프는 죄책감에 시달리면서도 살인은 돈을 얻기 위해, 사회에 분풀이를 하기 위한 것도 아니기에 논리적인 사고를 한다. 그것은 역사상 공적을 이루며 무수한 인명을 살상해도 되었던 특권의 나폴레옹, 마호메트, 리쿠르고스를 내세운다. 그리하여 자신의 살인은 인간 존재에 대한 회의와 세계 질서의 부조리에 대항하여 자행한 것으로 정당화시키려는 창조주의 대한 도전장이란 것을 내포한다.

한편 온갖 나쁜 짓을 자행한 지주 스비드리가일로프는 두냐를 만나 감언이설甘言利說로 유혹하며, 그녀의 오빠 라스꼴리니꼬프를 찾아가 살인자로 지목한다.

그러던 어느 날, 라스꼴리니꼬프가 소냐를 찾아가 자신이 범인이라 자백하는 이야기를 생쥐처럼 엿듣는다. 이를 계기로 자신이 저지른 비행과 도시의 타락 속에서 삶의 의미를 잃은 스비드리가일로프는 스스로 권총 자살을 한다.

그러자 라스꼴리니꼬프는 공동의 행복 '이蠡'(쪼개다. 두 쪽으로 가르다.)를 시험하기 위해 노파를 죽였지만, 노파를 죽인 것이 아닌 자신을 죽인 것이라 한다.

그런 가운데 '거룩한 창녀' 소냐는 충실히 자신의 길을 걸으며 순종과 믿음을 라스꼴리니꼬프에게 심어준다. 또한 그녀는 살인죄를 저지른 라스꼴리니꼬프에게 "네거리에 서서 사람들에게 절을 하고 대지에 키스하세요. 당신은 대지 앞에 죄를 지었으니까요. 그리고 세상 모든 사람들에게 소리 내어 말하세요. 〈내가 죽였습니다.〉" 라고 말하라면서 라스꼴리니꼬프에게 십자가를 건네준다. 그리하여 자수하러 가는 라스꼴리니꼬프는 선뜻 들어서지 못하고, 발걸음을 옮기다 스비드리가일로프의 자살을 알게 되며, 또 하나의 경계를 뛰어넘지 못한 무기력함과 자신의 비열함을 깨닫고 범행 일체를 자백한다.

결국 시베리아 유형에서 1년을 보낸 라스꼴리니꼬프는 자신의 곁에서 사랑으로 희생 봉사를 하는 소냐를 통해 죄의식을 느끼며 부활의 길로 들어서게 되는데….

가난한 대학생의 범죄를 통하여 죄와 인간의 상관관계, 선과 악 등은 사회적 환경으로 인하여 범죄와 연계성이 있음을 말하고 있다.

도덕과 윤리의 문제까지 사고의 깊이를 더한 심도 있는 장대한 이 작품 속에 등장인물들의 삶의 방식은 사회와 함께 동화되어지고 있다.

이런 사회적인 부조리로 인한 악의 온상은 나날이 깊은 뿌리를 내리는데 가난과 7월의 무더위는 라스꼴리니꼬프의 이성理性을 완전히 무너뜨렸다.

그래서 가난한 사람들의 피를 빨아먹는 고리대금업자기에 자신이 저지른 행위가 정당한 '공동의 행복'을 위한 것이었을 뿐이라 죄의식마저 느끼지 못한다.

여기에서 스비드리가일로프와 라스꼴리니꼬프, 또한 역사상 무수한 인명을 살상한 특권의 나폴레옹과 마호메트 등 세 부류의 잔악한 살인을 놓고 살인에 따른 독자의 심도 있는 재해석을 시사한다. 그것은 스비드리가일로프는 오직 자신만을 위한 행위였기에 도시의 타락 속에서 라스꼴리니꼬프의 의로운 살인과 비교하여 무의미한 삶을 스스로 종지부를 찍은 것이라 생각한다. 반면에 라스꼴리니꼬프는 저지른 범죄의 행위가 공동의 행복을 위한 것일지라도 정당화될 수 없음을 스비드리가일로프의 자살을 보면서 시인했기에 갈등하다 자수하는 계기가 되었던 것 같다.

그러나 무수한 인명을 살상한 특권의 사람들과는 분명히 다름으로 정당화시키려 하였던 것은 분명 인간의 생명 앞에 존엄성을 깊이 재인식하는 계기를 만들어 준다.

그래서 그 갈등의 고리를 맑고 정숙한 소냐를 통해 자신의 잘못을 깨닫는 과정이 참으로 눈물겹다. 오직 굳건한 신앙의 믿음 안에서 갱생의 길로 이끄는 소냐의 극진한 사랑이야말로 구원과 부활의 상징이다. 왜냐하면 술주정뱅이 아버지와 폐결핵에 걸린 어머니의 죽음, 동생들을 보살펴야 하는 거룩한 창녀지만, 어둠 속에서 빛을 발하는 희망의 등불이 되어 주기 때문이다.

거기에 한 인간만을 위한 것이 아니라, 모든 불행의 십자가를 지려는 소냐는 감옥소 주변에서 생활하며, 죄수들의 존경 대상이 되어 모두의 어머니로서 구원자가 되어주는 그녀의 거룩한 희생정신이 죄의식마저 느끼지 못하는 사람들에게 깨달음을 줌으로 부활할 수 있는 계기를 준다.

이처럼 마음속에 내재된 선과 악을 통하여 죄와 벌이란 정당한 법 앞에서 언제나 떳떳할 수 있는 용기가 필요한 것은 자명하다. 설령 다수를 위한 것이라 하여도 살인죄는 합당화 될 수 없다. 또한 죄를 짓고서도 의식마저 하지 못한다면 이 사회의 질서는 혼란에 빠지고, 아름다운 사람들이 살아가는 자리는 그만큼 삭막해질 수밖에 없다. 죗값을 치르는 당연한 벌 앞에서 누구에게나 공평한 판결도 가장 중요한 것 일 테며, 뉘우치고 깨닫는 과정에서 인간 본연의 깨끗한 마음의 변화와 감동을 주는 사랑과 용서, 그리고 따뜻한 이 사회의 모습이 좀더 투명하다면 범죄는 줄어들지 않을까 한다.

36. 파리 대왕(Lord of the Flies)

① 저　사 : 윌리엄 골딩, 조영진 옮김
② 분　류 : 소설
③ 출판사 : 두풍
④ 쪽　수 : 332

줄거리 및 감상

공포恐怖란 무엇일까?

그것은 어떠한 상황에 부딪쳤을 때 두려움과 무서움을 느끼는 것이다. 그래서 인간이 직감적으로 위험하다는 것을 느끼면 그 위험으로부터 자신을 보호하기 위한 한 방편으로 마음이 위축되는 것이 공포의 시작일 것이다. 특히나 낯선 곳에서 자신을 보호하려는 본능을 가장 포괄적으로 일으키기에 사람은 긴장할 수밖에 없고 경계하는 것은 당연하다. 그래서 성인은 이미 학습을 통해 자신을 보호하려는 본능으로 더 공포를 느낄지 모른다. 하지만 순수한 어린아이들은 공포 자체를 인지認知하지 못해 대처할 수 있는 능력이 떨어지는 것은 당연한데, 보호자가 없는 곳에서 어린아이들만 있다면 과연 어떻게 대처를 해나갈까?

1983년 노벨문학상 수상작품인 이 책을 통하여 어떻게 공포를 느끼고 대처를 하는지 들여다보았다.

비행기의 추락 사고로 산호섬에 갇힌 6~12세에 이르는 어린 소년들이 구출될 때까지 무인도에서 나름대로의 규칙과 질서를 정하여 대장을 뽑는다. 그리고 먹이 사냥과 구출되기 위한 방편으로 불을 꺼트리지 않으려 안간힘을 쓴다.

소라껍질의 소리를 통해 회의를 열고, 서로의 의견을 나누는 소년들의 작은 공화국에서 유령과 동물에 대한 공포감을 떨쳐내기 위한 것은 모두의 과제가 된다.

그래서 잭은 "다른 사람들이 무서워하기 때문에 무서워지게 된다." 고, 또한 "어른들이 이러한 상황을 무어라 할까?"라 말한다. 이처럼 누구의 조언도 들을 수 없는 상황에서 스스로가 그 공포를 떨쳐내는 방법을 터득하여 살아남아 구출될 때까지 견디어내야만 하는 무인도에 있는 것이다.

대장인 랠프는 자신의 소임을 다하는 것을 불에 의지하는 다소 소극적인 면이 있으나, 잭은 용감하며 추진력도 강하다. 이처럼 랠프와 상반된 성격인 잭은 어느 날, 짐승의 공포에 놀라 도망친 랠프를 보고 겁쟁이의 부하 노릇을 못 하겠다 한다. 그리고 독자적으로 떠나려하자 잭을 따르는 친구들이 동참하면서 랠프와의 싸움이 시작된다.

잭 일당이 돼지 사냥을 하고 짐승으로부터 공포를 물리치기 위해 암퇘지 머리를 나무에 걸어 놓는데, 파리들이 뒤덮어 사이먼은 '파리 대왕'처럼 느끼며 대화를 나눈다. 그런 환영 속에서 파리 대왕이 자신을 조소嘲笑하는 것을 보며 "그 짐승은 해를 끼칠 수 없으나 끔찍한 존재였다. 이 소식을 가능한 한 빨리 다른 소년들에게 알려야 한다."는 사이먼의 의도와 죽음은 과연 우리에게 무엇을 암시해 주는 것인지 이해가 되지 않았다. 그처럼 공포가 너무나 커서 정신까지 지배를 받은 것이 아닐까란 생각이다.

한편 첫 번째 암퇘지 사냥의 성공으로 불이 필요했던 잭 일당은 랠프의 불을 빼앗아 배불리 먹으며 부족장이 된 양 빙빙 돌면서 "짐승을 죽여라! 목을 따라! 피를 쏟아라." 외치며 축제를 연다. 이는 잭이 새로운 대장이 되어 자신을 따르는 아이들에게 과시하는 힘의 근원이며, 충성을 바라는 주술적인 면이 농후하다.

그렇게 축제는 끝나고, 또다시 잭 일당이 불을 훔쳐가자 랠프와 피기가 불을 되찾아오려는 과정에 잭 일당이 바위를 굴려 피기를 살해한다.

결국 랠프는 혼자 돌아와 피기의 죽음과 어둠의 공포 속에서 혼자란 외로움을 처절하게 느낀다. 그런 속에서도 랠프를 찾아 추격하는 야만인 잭의 일당들을 피해 생존을 위한 사투를 벌이는데, 연기로 먹이를 사냥하는 사냥꾼이 되어 랠프를 잡으려다 섬 전체가 불길에 싸인다. 그 불빛으로 인해 지나가던 영국 순양함이 아이들을 발견하여 산호섬에 갇힌 소년들 모두는 구출된다는 것이다.

어린아이들의 모험심을 불러일으키는 면도 있으나, 어른들이 없는 작은 공화국에서의 소년들, 그들은 과연 이 소설 속에서 살아남기 위하여 무슨 짓을 했는가?

랠프와 잭의 상반된 일면에서 사이먼을 죽음으로 몰아넣었다는 부분과 피기를 살해한 이 끔찍함을 어찌 해석해야 하는가?

다수 속에 외톨이가 되어 쫓겨야 하는 랠프의 목숨도 해군 장교가 오지 않았다면 장담할 수 없었을 텐데….

나는 이 책을 읽고 나서도 오랫동안 고민하였다.

자신들이 정한 대장이 나약하니 떠난 것은 반란이며, 약탈마저 쉬이 하고, 협상과 대화 없는 강자가 약자를 지배하는 모습은 결코 아이들의 모습이 아니다. 공포를 견뎌내지 못한 랠프는 현실에서 도태된 사람같이 느껴져 씁쓸하였고, 잭과 같은 강한 자가 세상을 이끌어간다면 어떤 세상이 될지 말하지 않아도 알 수 있다.

그래서 어린아이들이 자신들만의 세계에서 살아남기 위하여 어른들과 흡사한 계략을 세우고, 모함을 하며, 어른의 흉내를 내는 작은 공화국의 모습을 본 것 같다.

순수한 아이들이 내몰린 환경에서 자행한 일들이 내내 씁쓸한 기억이 되어 오랫동안 마음이 편치 않을 것 같다.

이와 같은 모든 정황을 미루어 보건대 우리가 생각하는 것보다 아이들은 환경에 빠른 적응을 하여 문제점들을 마음이 향하는 대로 직선적인 행동을 한다는 것도 생각해볼 일이다. 거기에 살아 있다는 것만으로 잭 일당이 저지른 행위가 무마되는 것이라면, 고통을 당하며 쫓기는 상황에서 자신의 생명을 지키려 고군분투하였던 랠프의 긴박했던 순간들은 어떻게 해석해야 하는가? 랠프가 쫓기는 상황이 상세히 떠올라 잔인하게 머릿속을 헤맨다. 이제 자라나는 어린이들이기에 더욱 내 마음은 상처로 남을 작품이 될 것 같다. 아주 오랫동안 말이다.

그런데 이 『파리 대왕』이 1983년 노벨문학상 수상작이라고 하니 내가 찾지 못한 어떤 시사성이 내포되어 있는지 모르지만, 랠프의 꿈과 희망이 불의 연기를 지켜 언젠가는 구출되리라 갈망하는 것과 피기가 소라의 힘을 통해 랠프에게 전해지길 기원하는 이 둘의 우정에 나는 그나마, 이 책을 읽은 아름다운 의미를 두고 싶다.

37. 이반 데니소비치의 하루

① 저　자 : 솔제니친, 박형규 옮김
② 분　류 : 소설
③ 출판사 : (주)뉴턴코리아
④ 쪽　수 : 183

줄거리 및 감상

오랜 시간을 견뎌낸 기다림이 너무 깊거나, 변하지 않는 일상에 지쳐 행복하다 생각지 않는 하루는 길기만 하다. 그러나 아름답고 따뜻한 마음을 나누며 행복한 추억을 쌓아가는 하루가 있다면 짧게만 느껴지는 것도 사실이다. 이처럼 똑같은 시간 속에서 보내는 하루지만 의미를 부여하고 받아들이는 상황에 따라서 분명 느끼는 하루가 다르다는 것을 알 수 있다. 그리하여 '하루'를 생각하는 마음속에는 시간적인 차원을 넘어서 활기찬 생명력을 불어넣음으로 색다른 깊이와 함축된 삶의 모습들이 조각조각 새겨져 있는 듯싶다.

주인공 슈호프는 콜호스 농부로 독소 전쟁에 소집이 된다. 그래서 입대한 1942년 동부 전선에서 독일군 포로가 되어 간신히 우군 진지로 돌아온다. 그러나 독일군 포로가 되었다는 사실을 솔직하게 말하며, 간첩의 누명을 써 10년의 형을 받고 라게리에 수감된다. 그런데 8년의 형을 살았음에도 스탈린 치하의 법정은 무자비하여 석방될 희망은 보이지 않는다.

104반에 소속되어 새벽 5시 기상하면 몸수색을 거친 후 턱없이 부족한 식량 배급을 받고, 작업시간도 정해지지 아니한 고된 노동을 하는 힘겨운 나날이 계속된다.

반장인 추린은 부농 출신이란 이유로 20년간 죄수 생활을 하고, 부이노프스키는 전직 해군 중령으로 영국 함에 파견되었다 함장이 보낸 선물을 받았다는 이유로 간첩 죄를 뒤집어쓰고 감옥으로 오게 되었던 것이다. 그리고 세자리는 영화감독 출신으로 사상적으로 반동 성향이 짙다는 이유로, 거주 지역에서 예배드렸다며 도저히 납득할 수 없이 잡혀온 침례교도 두 사람 등….

이처럼 부당한 죄목으로 붙잡혀온 사람들은 형량을 모두 채웠어도 별다른 이유 없이 다시금 형량이 늘어나 버린다. 그런 그들이 가장 견디기 힘든 것은 강추위와 굶주림인데 그래도 오직 살아남기 위해 수단과 방법을 가리지 않는 처절한 생활을 한다는 것이다. 아울러 비참한 수감 생활에 불만을 품은 자는 특수 감옥에 갇혀 굶주림에 죽어가기에 생존을 위해 반원들은 단합하여 반장의 지시에 따르지 않으면 안 되는 것이다.

또한 가족들이 보내온 소포는 제대로 전달되지 않고, 수용소 생활에서의 비리와 부당한 처우 역시도 그저 말없이 흘려보내며 수용소에서 적응하여 무사히 하루를 보내면 될 뿐이다. 그래서 슈호프는 "자유를 갈망한 것은 다만 집에 가고 싶다는 희망 때문이었다."라고 말하였듯이 무사히 집으로 돌아가는 것만이 최후의 희망일 뿐이다.

감히 부당한 현실에 맞서 싸운다는 것은 죽음을 자초하는 행위로 특수 감옥에 가두어 굶겨 죽이는 것처럼 가시화시켜 어느 누구도 저항하지 못하게 하였던 독재 권력의 무자비함을 우리에게 여실히 보여준다.

솔제니친 자신이 직접 경험한 수용소의 생활을 써놓은 책이 『이반 데니소비치의 하루』라고 한다. 솔제니친은 1918년 러시아에서 태어나 시골 학교 교사로 부임하는데 독·소 전쟁이 발발하자 자원입대한다.

1942년 이후 포병 중대장으로 활약하다 1945년 동료들에게 반소反蘇 선동과 반소 조직을 했다는 죄목으로 8년간 교정 노동 형을 선고받고, 4년간

수용소 생활을 한다. 그리고 3년간 카자흐 탄광 지대에서 강제 노동 수용소 생활을 하고, 1956년 '반 스탈린 운동'이 확산되며 범죄 사실이 없음이 밝혀져 명예를 회복하게 된다.

이처럼 억울한 누명을 쓰고 혹독한 수용소의 삶을 견디어낸 경험을 토대로 펴낸 이 책은 부당한 처우에도 저항할 아무런 힘조차 없이 하루를 무사히 마쳐가며 가족의 품으로 돌아가기를 갈망하였던 처절한 인간의 뒷모습이 슈호프를 통해 잘 드러나 있음을 알 수 있다.

사람은 진정 가치 있는 일에 대응하고, 맞서 싸울 수 있는 명분이 있는 것에 부딪쳐서 싸운다. 그런데 귀에 걸면 귀걸이요, 코에 걸면 코걸이인 죄목을 덧붙인 곳에 인간적인 대우가 어찌 존재할 수 있었겠으며, 감히 저항할 그 실마리가 죽음이었으니 강제 수용소의 삶을 짐작하고도 남음이 있겠다. 그러나 형량을 채워도 새로운 죄목을 덮어씌워 순응할 수밖에 없었던 체제와 권력의 무법천지에 내몰려 부당한 대우에 과연 맞대응할 수 있는 사람은 몇이나 될까?

그래서 아무런 저항조차 할 수 없는 수용소 생활 속에서도 희망의 끈을 놓지 않았던 그것이 바로 사랑하는 사람이 기다리고 있는 '집으로 무사히 돌아가는 것'이란 사실이 마음을 아리게 할 뿐이다.

그런데 시대의 희생양이 되어 고초를 당한 사람들이 어디 이들뿐이었으랴! 다행히 솔제니친은 살아서 명예를 회복했다 하는데, 자신이 왜 붙잡혀 왔는지 이유조차 모른 채 죽어갔을 사람들을 생각하면 어느 누가 그 억울함을 풀어 줄지?

한 번 흘러간 강물은 다시 돌아오지 않듯이 한 번 흘러간 역사이기에 그저 흘러버린다면 무고한 희생을 치룬 사람들은 얼마나 억울하고, 그 가족들의 고통을 어찌 상상할 수 있으리….

망각의 역사가 아니라 진실이 살아 숨쉬는 흔적을 통해 안타까운 죽음이 헛되지 않도록 잘못된 역사를 이끈 사람들은 이유 없이 희생되어진 사람들

앞에 무릎을 꿇고 사죄할 일이다. 그렇게 한다 하여 죄를 씻을 수 있는 것은 아니지만, 역사 앞에 진실로 사죄하는 길만이 올바른 새 역사를 창조해나갈 수 있는 지름길이기에….

아울러 묻어둔 진실도 밝혀야 하지 않을까?

38. 부활

① 저　자 : 톨스토이, 신재원 옮김
② 분　류 : 소설
③ 출판사 : 삼성출판사
④ 쪽　수 : 287

줄거리 및 감상

막바지 여름날의 더위가 기승을 부리나 조석朝夕으로 가을바람을 느낄 수 있다.

이처럼 존재하는 모든 만물이 계절을 따라 순응하듯 거역할 수 없는 계절의 순환은 기다림과 맞물리기도 하고, 때론 자신도 모르는 어느 순간 문득 자연의 변화를 느낄 때, 왠지 다시 태어난 느낌이 들 때도 있다. 그래서 새로이 태어난다는 것처럼 경이로운 것은 없을 것이다. 무엇인가 확연히 달라진 상태에서 살아온 삶을 뒤돌아보며 예전의 잘못된 자신을 버리고, 새로운 삶을 살려하는 부활復活처럼 자신이 꿈꾸는 가장 이상적인 자신의 상像을 만들 수 있다면 이 또한 축복이리라.

여름이 지나며 살랑살랑 바람에 나부끼는 나뭇잎에게도 가을은 부활을 의미하듯 인간에게 있어 부활은 어떠한 변화된 삶을 의미할지 깊이 생각해 볼 일이다. 그래서 나도 새로운 마음가짐으로 이 책을 펼쳤다.

톨스토이는 러시아의 소설가로 거대한 영토를 가진 귀족의 아들로 태어나, 젊은 시절 방탕생활을 하며 영지 농민의 딸을 범하고, 숙모집의 하녀와도 관계를 맺어 그녀의 일생을 망치게 했다 한다. 톨스토이는 그런 젊은 날의 자신을 돌아보며 갱생의 길을 걸으려 만년에는 농부로서 금욕생활을 하고자 하였다. 또한, 러시아의 극심한 빈부의 격차와 국가 권력의 폭력성, 귀족의 방탕함을 비판하며 속죄하고자 하였던 삶을 살았는데 『부활』이란 작품을 통하여 드러난 톨스토이의 삶을 다시 한 번 들여다보는 계기가 되었던 것 같다.

젊은 날 네흘류도프는 고모의 양녀로 있는 카추샤를 범하고 군에 입대한다. 그가 떠난 후 임신 사실을 알게 된 고모에게 쫓겨난 카추샤는 오갈 곳 없이 헤매다 매춘부로 살던 중, 여관방에 함께 들어간 남자가 독사를 당한다. 이러한 사건의 진상은 카추샤가 수면제로 잘못 알고 마시게 한 것이 독약이었고, 돈과 다이아 반지가 없어지며 그녀는 범죄자가 되었던 것이다.

그러한 가운데 공작 네흘류도프는 상속받은 유산으로 방탕생활을 하다 재판에 배심원으로 참석하여 재판장에서 살인 혐의를 받고 있는 카추샤를 만나게 된다.

그리하여 네흘류도프는 자신의 비열한 행동으로 카추샤가 타락하게 된 것에 양심의 가책을 느껴 방탕 생활과 귀족의 호화스런 생활도 종지부를 찍는다. 그리고 카추샤의 석방을 위해 그녀가 갇힌 감옥을 다니며, 가난한 사람들이 여행증명서 기한이 지났다는 이유만으로 수감되는 등의 부당한 현실을 본다. 또한 영지에 가서는 농민들의 궁핍한 생활을 보며 지주의 토지제 폐지를 절실히 느낀다.

이처럼 사회의 병폐로 겪는 가난한 사람들을 안타까워하며, 카추샤의 혐의를 밝히려던 네흘류도프는 자신의 노력에도 불구하고, 시베리아 중노동형을 선고받고 떠나가는 카추샤를 따라 간다. 그러나 카추샤는 네흘류도프의 친구로부터 시베리아 중노동형이 취소되어 다른 지방으로 이주 형이 내려진 것을 알지만, 네흘류도프를 자유롭게 해주기 위해서 시몬손이란 사람과 결혼을 결심한다.

그 후 네흘류도프는 춥고 황량한 시베리아 벌판에서 힘겹게 형을 언도 받은 무고한 사람들을 만나던 어느 날, 감옥을 방문한 영국인으로부터 받은 신약성서의 복음서를 읽으며 자신의 영혼을 부활시킬 새로운 깨달음을 얻는다.

『부활』은 톨스토이가 개종改宗한 71세에 발표한 것으로도 알 수 있듯이 복음서를 통한 깨달음이 가장 큰 영향을 미치지 않았나 싶다. 그래서 지난날 자신의 잘못으로 일생을 망치게 하였던 여인을 향해서도 속죄하는 마음이 네흘류도프를 통해 잘 드러나 있음을 알 수 있다.

그리하여 한때 자신의 도덕적인 양심을 저버리고 네흘류도프는 카추샤를 범하였지만, 자신으로 인하여 카추샤가 타락한 삶을 살게 되어 결국 범죄자로 전락한 사실에 책임감을 느껴 그녀에게 속죄하는 마음이 강하게 일었던 것이다. 그래서 고뇌 속에서 카추샤를 찾아가던 네흘류도프가 감옥에 갇힌 사람들의 억울함을 알고, 구제의 방법을 모색하며 지주의 토지제 폐지의 절실함을 깨달아 약자의 입장에 서서 그들을 도우려 했던 것은 카추샤 또한, 그들과 같은 입장에 있기 때문이었다.

그런데 카추샤는 네흘류도프로부터 버림을 받았고 방탕한 생활을 하였던 그였기에 카추샤는 그가 속죄하는 마음으로 새로운 삶을 살려는 진심을 처음엔 의심하였다. 하지만 진심을 알게 된 그녀는 진정 사랑하는 까닭에 그를 자유롭게 해줄 수 있는 것이었다.

카추샤의 삶을 슬프게 기억하였던 청소년기에 읽었던 것과는 다르게 지금은 그 여인이 얼마나 행복하며, 아름다운 사랑을 가슴에 간직하게 되었는가를 알 수 있었다.

지금은 감수성의 변화를 일으킬 나이를 탓하려 했는데 쑥스러운 감은 있지만, 아직도 소녀처럼 낭만적인 감정을 불러일으킨 부분은 똑같다는 것이다.

그 부분은 네흘류도프에게 고모 댁에 들러 달라는 카추샤의 부탁에도 바쁘다는 핑계를 대며 오지 않자, 기차역 폭풍 속에서 비를 맞는 카추샤가 네흘류도프를 태우고 떠나는 기차의 창문을 두드리지만, 기적만 울리며 무정하게 기차가 떠나가는 것이다. 또한 연륜 있는 감성보다 지성 탓일까? 카추샤가 네흘류도프를 선택하지 않고 그의 진실된 마음만 간직한 채 새로운 사람을 선택을 한다는 것인데 현명한 결말이 오히려 홀가분하다.

새로운 삶을 산다는 것은 거창한 것일 수도 있으나, 자신의 주변에서 벌어지는 사소한 것부터 관심과 애정을 갖는다면, 무심히 지나친 것들이 마음의 눈에 띄는 것이 아닐까? 그래서 따뜻한 시선으로 세상을 둘러보며 진정 해야할 일을 찾아 실천하는 삶을 통하여 갱생의 길을 걷는 네흘류도프의 삶은 우리들에게 진정 귀감이 된다.

카추샤 이름은 카테리나 마슬로바인데 카추샤는 레흘류도프만이 부르는 이름인가?

책을 덮으려니 별 것이 다 궁금하다. 아직도 이 책에 대한 미련이 나를 붙잡는 것을 보면 오랫동안 내 기억 속의 기차역은 떠나지 않은 채 빗속에 그대로 있을 것 같다.

39. 고리오 영감

① 저　자 : 발자크, 신동진 옮김
② 분　류 : 소설
③ 출판사 : 靑木
④ 쪽　수 : 330

줄거리 및 감상

어제 정오를 기하여 갑자기 먹구름이 몰아온 잠깐의 소낙비는 여름날에 흔히 볼 수 있는 광경이었지만, 이 봄에 내렸다는 것이 새삼스럽게 느껴졌다. 이처럼 예기치 못한 현상이 일어나는 것을 보면서 감히 이 책을 읽으며 상상조차 할 수 없는 내용과 견주어 얘기할 수 있는 것인지? 그것은 분명히 다른 관점의 것임을 명시할 수 있음은 인간은 지각知覺할 수 있는 능력이 있기 때문이리라.

그리하여 『고리오 영감』에서는 인간이 얼마나 이기적이며, 비정한가를 생각하게 한다. 실로 가슴 아픈 부성애의 잘못된 헌신적 희생과 귀족사회의 병폐를 고발함으로 한탕을 노리는 젊은 세대에는 경각심을 일깨워 주기도 하는 작품이다. 또한 발자크는 프랑스 근대 문학의 창시자로 1834년 발표한 이 작품은 사실주의 소설의 대표작으로 손꼽히듯 작품 속에 잘 드러나 있음을 알 수 있다.

파리의 뇌브 생 즈느뷔에브 거리의 음침한 곳에는 과부 보께르 부인의 하숙집이 있다. 보잘 것 없이 초라하고 열악한 환경의 하숙집에는 늙은 처녀 미노, 은행가인 아버지로부터 버림받은 가엾은 뷕토리느, 하숙집 주인께 엄마라 아침 떠는 40세의 뷔트렝, 그리고 국수 · 전분을 만들던 제면업자였으나 사업에 손을 뗀 고리오 영감, 법과대학에 입학하여 귀족처럼 우아한 청년인 주인공 으제느가 살고 있다.

그런데 하숙집 사람들은 초라한 그곳에 화려한 옷차림을 하고 드나드는 고리오 영감의 두 딸을 보면서 궁금함을 떨칠 수 없다. 딸들에 비하여 날이 갈수록 고리오 영감은 궁색해져 가기 때문이다. 그런데 그 이유는 금은 장식품을 팔고 그것도 모자라 고리대금업자를 만나 약속어음을 끊어 딸들에게 보냈기 때문이다. 그 사실을 알게 된 으제느는 영감의 저의가 무엇인지 궁금하여 레스또 부인을 만난다. 그러나 자신의 아버지임을 부인하는 까닭에 으제느는 사촌이며, 파리 사교계 여왕 중 한 사람인 보쎄앙 자작 부인을 만나 레스또 부인이 큰 딸임을, 은행가 뉴씽겐 남작의 부인이 둘째딸 델핀느임을 알게 된다.

한편 상류사회에 진출하여 성공하고픈 으제느는 품위를 갖추려 돈이 필요하다. 그러나 가난한 부모님과 고생하는 누이를 생각하며 갈등은 느끼나, 사교계에 참석해본 으제느로서는 쉬이 야망을 접을 수 없어 부모에게 돈을 요구한다. 그리하여 어렵게 마련된 돈과 함께 염려와 기대를 담은 편지를 받는다.

그런 으제느를 지켜보던 뷔트렝은 현실을 바로 보는 혜안을 가진 사람으로 귀족들의 사치로 인하여 약속어음을 갚아야 하는 딱한 고리오 영감의 현실을 말한다. 또한 거래에 의한 결혼을 하여 파리 연인들의 돈을 쫓아가면 안 된다며, 출세에 급급하여 살기보다는 법관이 되라고 충고한다. 하지만 그 충고에도 아랑곳없이 무도회에 참석하여 델핀느를 만나 그녀의 불행한 결혼 생활의 이야기를 듣는다. 이를 계기로 둘은 가까워져 으제느의 존재는 귀족사회에 알려지나 결국 그는 도박장을 드나들며 빚을 지게 된다. 그러자 뷔트렝은 뷕토리느가 으제느를 사랑하기에 그녀 가정의 부유한 환경을 이야기해주며, 둘의 결혼을 성사시키려 하나 거절해 버리고, 탈옥수로 밝혀진 뷔트렝은 미노의 밀고로 붙잡힌다.

드디어 으제느를 통하여 둘째딸의 불행한 결혼 생활과 어려움에 처한 상황을 고리오 영감은 듣는다. 그래서 딸이 새로이 사랑하게 된 으제느와 행복하게 지낼 수 있도록 연금을 저당잡아 호화로운 아파트를 마련해준다. 자신의 재산을 아낌없이 모두 딸을 위하여 내어놓고 딸의 지참금을 찾고자 하나, 뉴씽겐 남작은 사업상 위기와 파산의 지경에 처해 있던 것이다. 고리오 영감은 분노를 삭이기도 힘든데 큰 딸은 어음과 부채를 들어 또다시 도움을 요청한다.

그러나 아무것도 남지 않은 빈손의 고리오 영감은 초라한 하숙집에서 병이 깊어가고, 죽기 전에 두 딸을 보고 싶은 간절함을 으제느에게 말한다. 그러자 두 딸들에게 아버지의 위독한 상황을 알리나 큰딸은 부부싸움, 둘째딸은 무도회를 다녀와 잠을 자고 있다며 오지 않는다. 고리오 영감은 빈털터리인 자신의 신세를 한탄하며 두 딸을 잘못 가르친 후회 속에 죽어간다. 마지막까지 고리오 영감의 죽음을 지켜주며 언젠가 델핀느가 선물한 시계를 저당잡아 으제느가 장례를 치러준다.

무도회에 참석하는 딸을 위해 마지막까지 금박의상을 준비해준 심정에도 아랑곳없이 고리오 영감은 외롭고 쓸쓸하게 죽은 것이다. 한 번만이라도 보고 싶어 죽는 순간까지 기다렸던 두 딸, 장례식마저 참석하지 않으며 병들어 아버지를 만나러 갔다가 악화되면 오히려 아버지가 더 슬퍼서 돌아가실 것이라는 말도 안 되는 변명과 장인에 대한 관심이 전혀 없는 사위들….

과유불급過猶不及이라 했던가? 정도를 지나침은 미치지 못함과 같이 중용中庸을 지키지 못한 고리오 영감은 자신의 전부를 희생하고 아낌없이 주었던 부성애의 오류를 범하였던 것이다. 아버지의 무조건적인 사랑에서 비롯되어 모든 것을 내어준 희생에 훈련된 두 딸은 스스로가 난관을 헤쳐 나갈 수도 자립할 수조차 없이 오직 현실 속에서 안주할 뿐이었다.

무도회란 귀족사회의 환락 · 사치 · 낭비, 그리고 허영심과 출세욕과 신분

상승을 위해 화려한 무대 복을 준비해야 했고, 탄탄한 경제적 뒷받침을 딛고서 야망을 키우려 지참금을 토대로 한 거래의 정략적인 결혼이 뒤따랐는데, 그러한 결혼에 무슨 사랑이 있고 행복이 있었겠으며, 올바른 인격을 형성하지도 못한 부패 속에 어떻게 탄탄한 가정생활이 유지될 수 있었을까?

이러한 반면에 비록 탈옥수였지만 뷔트렝은 부패한 귀족사회의 현주소를 올바르게 직시할 수 있도록 충고를 아끼지 않는다. 그리고 사회의 3대 현상인 '복종은 귀찮고 반항은 불가능하며 투쟁은 불안정하기 때문이다.' 라는 복종 · 투쟁 · 반항으로 세상과 융화되지 아니하는 속에서도 가족에게로 향하는 사랑의 행복을 강조한 것이다.

으제느 또한 귀족사회가 안고 있는 폐단의 길로 들어서려 했으나, 고리오 영감의 최후의 모습을 지켜보면서 제정신을 차리지 않았을까? 그 결과로 불쌍한 고리오 영감의 죽음을 마무리해준 것이라 생각한다.

발자크는 농민의 아들로 태어났으나, 장남을 잃은 까닭에 유모 손에서 어머니의 사랑을 받지 못한다. 또한 독서와 우울증으로 쇠약해졌던 어린 시절과 문학 공부로 부모의 기대에 부응하지 못하여 경제적 도움을 받지 못해 힘겹게 지냈다고 한다. 이러한 발자크의 삶을 미루어볼 때, 으제느의 삶 또한 어려운 가정 형편에 힘겨운 어머니의 생활과 누이의 희생을 강요하는 것은 결코 바람직하지 못한 것이란 깨우침을 얻은 것과 같이 스스로가 제 길을 열어가기 위한 노력 속에서 보람을 찾고, 진정한 성공의 땀방울이 있어야 그 가치가 생명력을 얻는 것임을 깨닫게 한다.

이 책을 통한 폐단이 자식의 미래를 위해 희생한 부모의 무조건적인 사랑이 낳은 결과이다. 단지 부모는 올바르게 성장할 수 있는 기본과 자립할 수 있는 역량을 키울 수 있도록 지원하며 보살펴주는 것일 뿐, 삶의 전부를 책임져주는 의무를 가진 것은 분명 아니다. 그래서 완전한 성인이 되었다면 제 길은 자신이 펼쳐가는 것이 진정 가치 있는 삶이며, 누가 가져다주는 행복은 분명 오래지 않아 상실하고 말 것이란 사실을 잊지 않았으면 한다.

또한 자신의 행복은 스스로가 지켜내기 위해 노력하는 가운데 하나씩 성취하는 열매의 단맛을 맛보는 순간들이 행복으로 가는 길에 있음을 경험한다면 훨씬 소중하게 간직할 것이다. 거기에 내가 땀 흘린 만큼 얻은 결실은 단단한 땅에서 얻은 것이기에 아무리 비가 내리고, 바람이 불어도 새거나 흔들리는 일은 없다는 이치를 깨달았으면 한다.

40. 1리터의 눈물

① 저　자 : 키토 아야, 한성례 옮김
② 분　류 : 일기문
③ 출판사 : 이덴슬리벨
④ 쪽　수 : 288

줄거리 및 감상

황사 섞인 강풍 속의 봄. 봄바람 맞으며 자전거를 타고 돌아다닌 탓일까? 그로 악화되어 나가지 않는 감기로 몸살과 두통에 시달리다 참으로 오랜만에 도서관에 들렀다. 2007년 신간도서 목록을 넘기다가 우연히 이 책을 발견하고 얼마나 서럽고 아픔이 깊으면 1리터의 눈물을 흘렸다는 것일까? 또한 많은 사람들이 힘겹게 살아가고 있다지만, 지금까지 흘린 나의 눈물이 얼마 만큼 일까도 생각해보면서 집에 오자마자 읽기 시작하였다.

머리가 터질 듯 아픈데도 말이다. 다음날 학교 간 딸아이도 감기 때문인지 전화가 왔다. 밤새 열이 심하게 난 것이 문득 생각은 났지만 대수롭지 않게 생각하며 병원에서 만났다. 그러나 배와 허리까지 아프다하니 맹장이 의심이 간다는 의사의 소견에 따라 정밀 검사를 하면서 나는 아이의 눈물을 생각하여 보았다.

더욱이 우연인지 어제 읽기 시작했는데 오늘이 '장애인의 날'이다. TV에서는 장애인 부모의 가장이 된 스무 살 소녀가 어려움 속에서도 해맑은 모습으로 꿈을 향하여 고군분투하는 생활을 아름답게 엮어 방송하였고, 장애인과 비장애인이 어울려 함께 스포츠를 즐기는 모습도 감동받게 하였다.

그래서 더욱 애잔한 마음으로 1리터란 눈물의 깊은 의미를 마음에 담으며 아야의 눈물이 남긴 감동을 들여다보았다.

15세부터 신체가 휘청거리고, 쉬이 넘어지며 취한 듯 흔들리는 증세로 병원을 찾은 아야는 '척수소뇌변성증'(소뇌가 위축되어 사라지면서 몸을 움직이는 여러 세포들이 변형을 함)이란 불치병임을 알게 된 16세부터 아야의 눈물은 시작된다.

독서와 특히 글쓰기(일기)를 좋아하는 아야는 병마와 싸우는 병상일기를 통하여 자신의 하루하루를 기록한다. "괜찮아 넘어져도 / 다시 일어나면 되니까 / 넘어진 후에 고개를 들고 하늘을 올려다봐 / 파란 하늘이 오늘도 끝없이 펼쳐져 미소짓고 있잖아 / 나는 살아 있구나." 이 글에서도 엿볼 수 있듯 아무리 힘겨워도 희망을 갖는 청순한 소녀로 살아있는 자체에 감사할 줄 알지만, 아픔 속에서 고통의 위안이 눈물이었을까?

휠체어를 처음 타며 자유롭게 움직이는 기쁨에 울고, 그런 자신의 모습에 한탄하며 울고, 넘어져서 울고, 병을 고쳐주기 위해 최선을 다하는 주치의 야마모토 선생님의 격려의 말씀에 울고, 걸을 수 없어 화장실까지 기어가는데 뒤에서 엄마도 기고 있는 모습에 부둥켜안고 울고…. 그것도 모자라 엄마와 기숙사 보모와의 이야기 중에서 "내가 죽을 때는 이 애도 함께 데려가야지요."란 엄마의 말을 몰래 들으며 혼자서 삭여낸 그 눈물들….

이렇듯 생활 속 작은 것에서 시작된 감동과 씻어낼 수 없는 아픔의 눈물이 아야의 곁에서 떠나지 않음을 알 수 있다. 하지만 공립학교에 진학했다 병의 악화로 특수학교로 옮기면서도 자신의 장래를 생각하며 꿈을 버리지 않는데, 수학여행을 다녀와서 쓴 '나와 비둘기와 평화공원'이란 제목의 기행문을 읽으면서 나는 그만 눈물을 흘리고 말았다.

휠체어를 타고 원폭자료관을 관람하며 피폭 당시의 모형에서 주위의 빨간 불을 자신의 찰과상에서 보는 피의 색깔이라고 말한 부분과 자신의 처지처럼 느껴진 다리가 기형인 비둘기에게 먹이를 주려하나 생각처럼 되지 않자, 만약 자신처럼 중증장애라면 살아갈 수 없는 비둘기일 텐데 인간으로 태어난 것에 행복하다고 말하는 18세의 아야.

그러나 누구의 형벌이란 말인가? 좋아하는 일기쓰기 그것마저도 힘들어지며 집에서 생활하는 19세. 간병인에 의지하여 누워 지내며 음식물조차 제대로 먹을 수 없고, 의사전달조차 되지 않는 가운데 배뇨까지….

"현실이 너무 잔혹하고 힘들어서 꿈조차 꾸지 않는다." 하였으나, 미래를 생각하면 눈물이 난다며 21세에 '감사합니다.' 를 마지막으로 쓴 글씨와 "아름답게 피어난 풀꽃의 융단 위에서 좋아하는 음악을 들으며 잠자듯이 죽었으면 좋겠다."면서 25세 10개월의 생을 마감한다.

현실에 적응하고 주어진 환경에 순응하려 아야는 끊임없는 노력 속에서 아름답고 짧은 생애를 마치지만, 아야의 꿈이 서린 미래는 파란 하늘에 예쁘고 고운 마음이 수놓아져 있으리라. 진행성 근육 디스트로피증 환자인 아이가 쓴 시詩, "신은 내게 장애를 주었다. / 왜냐하면 / 나한테 / 그걸 견디는 힘이 있다고 믿었기 때문에…."

아야는 가슴 속에 위의 시詩를 새겼을 것이다. 그리고 극복할 수 있는 만큼 장애를 주었을 신에게도 감사하는 마음을 가지고 떠났을 것이다.

그것은 자신만의 불행을 원망하지 않으며 다섯 형제의 맏이로서 의젓하기까지 하였던 아야였기에 가능했으리라고 생각한다. 그래서 아야가 잠든 푸른 하늘은 사춘기 소녀에게 시련과 고통을 주어 아름다운 눈물로 얼룩졌지만, 결코 굴하지 않은 아야의 삶을 통해 카타르시스의 눈물을 우린 어느 순간에라도 깊이 가슴에 새겼으면 한다.

또한 안타까움과 애틋함이 녹아내린 순결하고 고귀한 죽음 앞에 숭엄해질 수 있음은 내가 불행하다 느끼는 것 때문에 행복을 느끼지 못하는 좌절이 이유여서는 안 된다는 것이다. 이 책을 계기로 장애를 안고 살아가는 사람들과 부딪힐 때, 우선 내가 할 수 있는 일이 무엇일지 생각하여 보았다. 우리 두 아이들에게도 이 책을 권하며….

새벽에 일어나서 물수건으로 딸아이의 열을 식혀주었다. 그리고 서둘러 병원을 향하여 초음파 검사 결과가 나오기까지 나는 혹시라도, 만에 하나라는 불운한 생각이 떠나지 않았다.

다행히 주사와 약을 처방받아서 집에 돌아오는 걸음은 가벼웠다.

하지만 읽은 소감을 정리하려 책상 앞에 앉으니, 우리 딸아이와 같은 나이의 아야를, 그 꿈 많은 문학소녀의 죽음에 더 이상 아무런 말도 잇지 못할 것 같았다. 숙연한 마음으로 곯아떨어진 딸의 모습을 바라다본다.

인간의 욕심은 끝도 없는데 우린 당장 자신이 어려움에 처한 순간에만 모든 욕심을 버린 양 하면서 벗어나면 언제 그랬냐는 듯 망각해 버리고 만다. 인간의 속성이기에 그렇다고 말하기엔 너무나 잔인한 현실의 운명을 짊어지고 가는 많은 사람들을 향해 나는 지금의 마음을 깊이 새겨서 삶 속의 고난들을 슬기롭게 대처할 것을 다짐한다.

소위 속되지 않게….

41. 무소유

① 저　자 : 법정스님
② 분　류 : 수필
③ 출판사 : 범우사
④ 쪽　수 : 159

줄거리 및 감상

"나는 가난한 탁발승이오. 내가 가진 거라고는 물레와 교도소에서 쓰던 밥그릇과 염소젖 한 깡통. 허름한 담요 여섯 장. 수건 그리고 대단치도 않은 평판 이것뿐이오."

위의 명언은 마하트마 간디가 1931년 9월 런던에서 열린 제2차 원탁회의에 참석하기 위해 가던 도중, 마르세유 세관원에게 소지품을 펼쳐 보이며 하신 말씀입니다.

그러나 그것마저도 많다고 생각하는 법정 스님의 말씀에서 우리가 느끼는 소유의 한계가 어디까지일까? 자신의 빈 몸을 감싼 승복이 의衣요, 염소젖 한 깡통이 식食이요, 허름한 담요와 수건이 주住 인 것이다. 거기에 사람들이 존경하는 뜻을 겸손하게 대답한 '대단치도 않은 평판', 그것이 법정스님의 전부라 하였으니….

나는 야심한 밤에 홀로 깨어있는 이유가 무엇인지에 대한 물음을 자신에게 던져본다. '내가 가진 것이 어느 정도인가?'를, 그리고 가장 중요한 것은 가진 것도 모자라 얼마나 더 가지기 위하여 이 밤도 고뇌하고 있는가?를, 뭐라고 자신에게 답해야 할지 모르겠다.

언제부터인지 모르지만 많은 사람들이 나보다 앞서간다는 생각에 한없이 쫓아가다보니 마음은 조급해지고, 채워지지 않는 것들에 대해 욕심 그릇을 키우고, 누리고 싶은 것을 억누르는 것에 대한 불만을 터트리고, 나보다 못하다 생각했던 사람들이 잘 사는 것에 대하여 시기하고, 좀더 많은 것을 소유하려는 것에 대하여 당연하다 생각하며 나는 어느새 젖어 들어가고 있었다.

그런데 법정 스님께서는 그 오랜 시간의 조약돌을 쓰다듬은 것은 '물결'이라 말씀하셨으니, 세월로 담아놓은 인간 본성의 근본은 예나 지금이나 같은 공간 안에 있었음을 알겠다. 어느 날 이랄 것 없이 태어나면서부터 소유하려는 욕망은 인간을 붙잡고 놓아 주질 않았다. 하나를 가진 욕심이 쌓이면 쌓일수록 느끼는 쾌감에 물들어 가버린 것이다.

이처럼 몸에 익어버려 떼어낼 수 없는 욕심이 습관이 되어버린 것들을 어찌 이 순간에 버릴 수 있으며, 무소유無所有의 평화로운 마음을 어떻게 다스려 법정스님의 말씀을 가슴에 새길 수 있을지? 나 자신에게 풀지 못하는 물음에 물음만 더하였다.

그런데 바뀌어버린 환경 속에서 살아가는 모습을 보시며 "인간의 영원한 향수 같은 그 흙이 없었기 때문에 우리는 늘 추상적으로 살았던 것이다. 마치 온실 속의 식물처럼" 이라고 법정스님께서 말씀하셨다. 그렇다. 늘 바쁘기만 한 도시 사람들이기에 각박한 사회는 스스로가 만들어 가는데 가슴에 온화한 흙 기운이 어찌 전해질 수 있었으랴! 더구나 넓은 대자연을 보지 못해 정서는 메말라가고, 사람들은 굴레를 맴돌다 지쳐가는 모습인데….

이러한 현상을 안타까운 심정으로 바라보시며 담아 놓은 구절 같다. 그도 그럴 것이 흙에서 생명이 자라 인간에게 유용한 것을 남겨주나, 흙의 의미를 모르는 온실 속의 화초기에 삶의 질보다 양만을 따르는 결과를 낳는데 오직 소유하기 위해 막연한 것을 쫓아 항시 바쁜 모습들에 대한 경계의 말씀처럼 들리기도 했다.

또한 "도둑이 들었지만 가져간 것보다 남긴 것이 더 많았다."라는 법정 스님은 그야말로 무소유의 개념을 암시하여 주었다. 아울러 "용서란 타인에게 베푸는 자비심이라기보다 흐트러지려는 나를 나 자신이 거두어들이는 일이 아닐까 싶다." 에서도 엿볼 수 있듯 수행과 정진에서 참다운 삶의 길을 여셨음을 알 수 있다.

내 것이란 아무것도 없기 때문에 본질적으로 손해란 있을 수 없다고 하셨는데, 우리는 좀더 많은 것을 가지기 위해서만 달렸을 뿐, 정작 무엇을 잃어버렸는지조차 까마득히 모르기에 눈앞의 이익에만 집착하고, 마음의 풍요를 가져다주는 아름다운 고뇌의 열매는 결코 거두려 하지 않았던 것이다.

너덜너덜한 겉표지. 투명 테이프를 몇 번이나 붙였는지, 그 긴 세월의 손때 묻은 흔적을 보았다. 많은 사람들이 읽었을 것이며 무려 40여 년에 가까운 이전에 쓰인 글이지만, 그 가르침은 밤하늘의 별처럼 반짝이기에 나는 한없이 부끄러운 마음으로 별을 응시하였다. 그리고 각박하게 살아온 시간을 돌아보며 흙을 밟지 않는 무딘 발끝으로 무엇을 가슴에 담아야 하는지 이제는 조금은 알 것 같다. 거기에다 교훈적인 삶의 가르침과 실천하는 삶을 통하여 터득하신 감동적인 부분들까지 정리하다 보니 어느새 마음은 가벼워진다.

자신을 한 번 더 돌아보며, 가슴에 새긴 것들을 토대로 하여 '무소유'의 개념을 다시 생각해본다. 어느 무엇 하나 나의 것이 아닌 까닭에 그것으로 인한 슬픔과 기쁨, 아픔과 환희, 그 모든 것조차도 하나씩 버리는 하루의 삶을 살라 하는데, 나는 어제를 지난 오늘 새벽녘에 과연 무엇을 버려야 하는가?

과거에 가지지 못하고, 누려보지 못한 아쉬운 것들의 번뇌, 아니면 현재를 살며 눈감으면 어둠에 쉬이 잠들지 못하는 상념想念의 끝없음을….

아! 나는 잠들기 위해 버리는 것이 아닌 평화로운 수면을 위해 버려야 하는 것이 무엇인지 알겠다. 참선하듯 가부좌를 하며 읽어낸 무소유의 삶에서 나는 향기로운 감동을 밤새도록 되짚으며 벗어날 수 없지만 그 마음을 멈추고 잠들지어다. 아무도 없는 곳이지만 마음이 숨을 쉬는 곳, 그곳으로 갈 수 있다면 소유는 없으리라.

참고로 본문의 내용 중에서 가장 기억하고 싶은 문장을 정리하는 것은 법정스님의 진정한 가르침을 잊지 않기 위한 한 방편으로 디히거나, 뺄 것이 없는 것이기에 그대로 받아들이고 싶어서이다.

① 구름처럼 떠돌고 물처럼 흐른다는 운수행각雲水行脚

② 인정이 많으면 도심道心이 성글다.

③ 평상심平常心이 도道임을 깨우치게 하셨고,

④ '비가 내리는 자연의 소리마저 도시는 거부한다. 그러나 흙은 그 소리를 받아들인다.'는 자연의 삶과 〈화엄경〉의 일체유심조一切唯心造－어떤 수도나 수양이라 할지라도 이 마음을 떠나서는 있을 수 없다.

⑤ 〈법구경〉 '녹은 쇠에서 생긴 것인데 점점 그 쇠를 먹는다.'는 말의 뜻은 온전한 사람이 되려면 내 마음을 내가 쓸 줄 알아야 한다.

⑥ '종교란 가지가 무성한 한 그루의 나무와 같다.'

⑦ 인간의 말은 침묵에서 나와야 한다. -투명한 사람끼리는 말이 없어도 즐겁다.

⑧ 유치환님의 「심산深山」이란 시詩 심산 산골에는 / 산울림 영감이 / 바위에 앉아 / 나같이 아니 잡고 / 홀로 살더라.

⑨ '죽음이 우리를 슬프게 하는 것은 영원한 이별이기에 앞서, 단 하나뿐인 목숨을 여의는 일이기 때문이다. 생명은 그 자체가 존귀한 목적이다. 따라서 생명을 수단으로 다룰 때 그것은 돌이킬 수 없는 악이다. 그 어떠한 대의명분에서 일지라도 전쟁이 용서 못할 악인 것은 하나뿐인 목숨을 서로가 아무런 가책도 없이 마구 죽이고 있기 때문이다.'

42. 독재자

① 저 자 : 시드니 셸던, 김시내 옮김
② 분 류 : 소설
③ 출판사 : 문학수첩 리틀북스
④ 쪽 수 : 239

줄거리 및 감상

마음이 아름다운 사람은 세상을 바라보는 눈빛이 다르기에 말하지 않아도 따뜻한 봄기운처럼 포근함이 느껴진다. 테레사 수녀님이랄지, 고인이 되신 김수환 추기경님 등을 비롯해 우리의 주변에서는 사랑으로 가난한 이웃을 위해 봉사를 하는 사람들, 또한 질병과 기아로 허덕이는 아프리카 등지에서 헌신적으로 의료 활동을 펼치는 사람들, 불의의 재난 시 제일 먼저 달려가는 각종 구호 단체에서 일하는 많은 사람들, 그들의 표정은 사랑의 실천이 몸에 배어 그야말로 온화함이 자연히 묻어 나온다.

그러나 '독재자獨裁者'라 함은 절대 권력을 가지고 독단적으로 행하는 독재정치가 가장 먼저 떠오를 것이다. 그래서 '2009년 최악의 독재자 순위'를 발표한 것을 보면 1위는 23년간 장기집권을 한 현現 짐바브웨 대통령인 로버트 무가베이며, 2위로는 국민투표로 성립된 사데크 알 마디 정부를 1989년 군사정권으로 정권을 장악한 수단의 오마르 알 바시르이다. 그리고 3위로 조선민주주의인민공화국 국방위원장 김정일인 것으로 되어 있다.

하지만 이러한 독재자란 이미지를 『왕자와 거지』란 동화를 패러디한 것처럼 이 책은 흥미롭고, 누구나가 가벼운 마음으로 읽을 수 있을 것 같다.

배우인 에디는 아내의 출산을 앞두고, 남미 아마도르(콜롬비아와 볼리비아 사이의 작은 나라)란 나라에 단역배우로 공연을 떠난다. 아마도르는 라몬 볼리바 대령인 독재자가 통치하는 나라로 그는 갑자기 심장에 이상이 생겨 수술을 해야 하기에 자신의 빈자리를 염려하지 않을 수 없어 고민한다. 이러한 가운데 토레스 내위는 볼리바와 쌍둥이처럼 닮은 배우 에디를 독재자 볼리바로 위장하여 임무를 맡긴다.

그러자 에디는 고아원에 들러 아이들의 굶주린 상황을 보며 규칙적인 식사를 할 수 있도록 하고, 아이들의 노동을 금지시켜 학교를 설립하라 지시한다. 다음은 농민들에게 무상으로 농토를 지급하고, 생산된 것을 자유로이 할 수 있도록 한다.

신문사에는 언론의 자유를 보장해주고, 통치자를 비판한 사형수를 석방하며 공정한 재판을 강조한다. 그리고 80%의 세금을 10%로 인하시킨다.

이처럼 에디는 나라 안을 돌며 개혁을 실시하는 동안 수술한 볼리바는 혼수상태에서 깨어나질 않자 에디의 대역은 계속된다. 그래서 다음은 볼리바의 호화판 12채의 집을 빈민들을 위한 임시 수용소로 만들고, 교회의 폐쇄를 푸는 등 사회전반에 걸쳐 민주주의의 길로 이끈다. 또한 국군의 날 연설장에서 자유선거를 실시함으로 통치자는 물러나게 되고, 에디는 뉴욕으로 무사히 탈출하여 행복한 가정으로 돌아온다. 그리하여 에디는 자신이 겪은 일을 토대로 대본을 써서 「독재자」란 연극은 성공리에 막을 내린다.

중간 중간 흥미로운 것은 우연과 필연 속에 암살을 계획하여 에디의 생명이 위험한 상황에 있지만 어떻게든 살아남는다는 것이다.

이처럼 독재자 대역으로 고용된 배우 에디가 사회 전반에 걸친 변화를 지시한 것들은 민주주의 국가에서 가장 필연시 되는 사회 · 경제 · 인권 · 복지후생 · 언론의 자유 등으로 이러한 것들을 갖춘 진정한 민주주의 모습을 시사하고 있다.

에디가 독재정권의 탈을 벗겨내는 첫 번째로 헐벗고 굶주리며 소외된 사람들이 안심하고 살 수 있는 터전을 마련하여 주는 것처럼 사회가 앓고 있는 각종 비리와 병폐가 통쾌하게 해결되는 것은 쉬운 일이 아니다. 그러나 독재자의 실체를 벗어던진 민주국가를 이룩하였음에도 불구하고, 국민들을 위하여 진정 필요한 것이 무엇인지? 잘 사는 길로 이끌기 위해 조처를 어떻게 취해야 하는지를 알고 있으면서도 행하지 않는 정치가들로 인해 가난한 서민들은 계속되는 악순환에 시달리고 있다.

이런 반면에 소설 속에서나마 올바른 민주주의의 방향으로 이끌어간 것은 요즘처럼 힘들게 사는 우리 서민들에게 잠시나마 통쾌한 기분이 들게 한다.

2008년 4월 9일 국회의원 18대 총선이 있는 날이었다. 치솟는 물가와 민생대책, 원자재 수입의 급등으로 경제안정과 서민들을 위한 공략을 내세웠던 유권자들.

과연 민생의 시찰과 국가발전의 전반적인 안정을 위해 얼마나 노력을 했으며 경제성장을 얼마 만큼 끌어올린 것인지?

유권자로서 투표를 한다는 자체가 두렵다고들 말한다. 무엇을 믿고 신성한 민주시민의 한 표를 용기 있게 행사할지 난감할 뿐이다 했다. 특히나 젊은 세대들의 저조한 투표 참여율도 문제라 아니할 수 없으니, 이는 비단 어느 개인의 문제가 아니다. 사회적으로 안고 있는 병폐가 사라지길 바라나 항시 제자리걸음인 것에 대한 불신에서 시작되는 것인 만큼 제발 국민을 대표하는 사람들의 각성이 있어야 할 줄 안다.

특히 고위급 공무원, 국회의원, 재벌의 총수 등 유명 인사들의 재산 공개를 통해 비리를 척결한다는 정부는 투명성을 강조하고 있으나, 정권이 바뀔 때마다 드러나는 비리는 국민들의 울분을 터트리게 한다. 기업은 비자금을 조성하여 정치가들에게 청탁하기 바쁜데 그 돈의 출처는 결국 땀 흘리며 일한 근로자와 노동자들의 피기에 그들은 모두의 피를 고스란히 빨아먹는 흡혈귀와 같은 행동을 하고 있는 것이다.

눈을 뜨면 보도되는 내용은 온통 자신의 권력을 남용하여 돈을 먹은 사람들뿐이다. 그런 그들이 번쩍이는 카메라 셔터를 받으며 무슨 유명인사라도 된 양하며, 뭐! 그리 급한 일이 있다고 쏟아지는 기자들의 질문을 무시한 채 쏜살같이 빠져나가기 바쁜지…(?) 빈곤에 허덕이는 사람들은 끼니조차 해결하지 못한 생활고에 비관하다 자살하고, 실업자들은 오늘도 희망의 끈을 붙잡고 거리를 방황하며, 농민들은 수확한 농작물의 값조차 제대로 받을 수 없어 자식처럼 키운 땀의 결실을 갈아엎으며 울분을 터뜨리는데….

사회는 지금 온통 병들어 앓고 있음에도 불구하고, 자신의 배불리기에 여념이 없는 방관자들. 제발 이 책을 읽고 일말의 깨달음이라도 얻기를 빌어본다.

썩어가는 양심이라도 남아 있다면….

43. 달과 6펜스

(The Moon and Six pence)

① 저　자 : 서머싯 몸, 장왕록 옮김
② 분　류 : 소설
③ 출판사 : 삼성출판사
④ 쪽　수 : 327

줄거리 및 감상

나는 오늘도 고집스레 나의 길을 가고 있다. 아이들을 키우고 그나마 안정된 생활 속에서 긴장과 열정으로 무장된 독서를 하고 있어 망상의 시간 속에 헤맬 필요가 없다. 그래서 더욱 내가 선택한 이 길에서 충만한 행복을 느낀다.

무엇인가에 심혈을 기울이며 최선을 다하는 열정은 분명히 내가 좋아서 선택한 것이기에 가능한 것이라 생각한다. 이렇듯 나의 열정을 다하는 과정에서 새로운 길은 찾지 않아도 때론 자연스레 열리는 것을 경험하게 된다. 그것은 그만큼 내가 하는 일에 최선을 다하고 있기에 소중한 미래의 길이 보이는 것이라 생각한다.

문학에 대한 나의 열정이 있기에 하루하루가 즐겁고 보람차듯 우리 가정의 분위기 또한 많이 밝아졌다. 한 가정의 꽃이 아이들이라면 가장은 꽃밭을 만든 사람이고, 아내는 그 꽃밭에 햇빛이 잘 들도록 충분한 영양분을 제공하는 역할을 한다. 그래야만 비로소 한 가정의 꽃밭이 예쁜 꽃을 피워 향기로 가득 찬 세상을 만드는 것이 아닐까? 그런데 이렇게 소중한 가정 내에서 각자가 해야 할 임무를 하지 않는다면 어떻게 될까? 그것도 갑작스런 통보만 하고서 가장이 홀연히 떠나버린다면….

한 인간이 화가로서 걷는 이기적인 삶과 죽음에까지 고독으로 치닫는 과정이 과연 어둠 속에 떠있는 달이고자 하였던 것인지? 아니면 6펜스(영국에서 사용되던 동전)는 우리나라 돈으로 환전한다면 겨우 10원에 해당된다 하는데, '달과 6펜스'란 과연 무엇을 의미할까?

이 책의 화자인 '나'는 작가로서 친분이 있는 소설가의 집에서 스트릭랜드 부인을 소개받게 된다. 스트릭랜드 부인의 남편 찰스 스트릭랜드는 증권거래소 중개인으로 아들과 딸이 있는데 어느 날, 지극히 평범한 아내 에이미를 버리고 쪽지 한 장만을 남긴 채 파리로 떠나버린다. 그러자 여자와 도망친 것이란 소문이 돌면서 에이미는 '나' 에게 남편이 돌아오도록 해 달라 부탁하여 스트릭랜드를 찾아간다.

그런데 소문과는 다르게 스트릭랜드는 혼자서 초라한 생활을 하며, 그림을 그리고 싶어 집을 나왔다 한다. 아내를 버린 상황을 추궁하자 "17년 동안 벌어 먹였으니, 기분 전환을 위해서 제 힘으로 살아보는 것도 괜찮을 걸."이라고 말한다. '나'는 더 이상 말을 잃고, 런던에 있는 부인 에이미에게 모든 경황을 이야기해 준다.

그러자 그의 아내는 남편이 돌아오지 않을 것이라 확신하고 아이들과 함께 웨스트민스터로 이사를 한다.

그 후 5년이 지나 '나'는 파리에서 스트릭랜드와 친분이 있는 화가 더크 스트루브를 만나는데, 스트릭랜드가 화가로서 언젠가는 유명해 질 것이라며 찬사를 아끼지 않는다. 이를 뒷받침하듯 스트릭랜드는 여전히 초라한 행색과 누추한 생활의 궁핍에 시달려도 화가로서의 길에는 변함이 없다.

그러던 어느 날, 스트릭랜드가 병든 사실을 알게 된 더크는 아내 블랜치를 설득하여 집으로 데려온다. 그러나 간호해주던 블랜치와 서로 사랑한다는 사실을 알게 된 더크는 자신의 집을 홀연히 떠나면서 아내를 사랑하는 변함없는 마음으로 그녀가 돌아오기를 간절히 바란다. 하지만 스트릭랜드에게 버림을 받고 음독자살을 한 아내의 죽음을 슬퍼하던 더크는 스트릭랜드가 그린 아내의 누드화를 보면서 "역시 미술이란 이 세상에서 으뜸가는 것이야."라고 말하며 그의 천재성에 감탄한다. 그러면서 스트릭랜드에게 네덜란드로 가자고 하지만, 그는 마르세유에서 부랑자 생활을 하다 타이티 섬으로 향한다.

그 후 '나'는 스트릭랜드의 소식을 알지 못하나, 타이티에서 그린 그림들이 그가 죽자 걸작으로 평가되어 엄청난 가격에 거래된다는 사실을 알게 된다. 그러다 타이티를 여행하던 '나'는 여러 사람을 통하여 스트릭랜드의 소식을 접하다 쿠트라 라는 의사에게 새로운 소식을 듣는다. 그것은 원주민 아타라는 처녀와 함께 외딴 농가에서 그림에 전념하다 나병에 걸려 눈이 멀었으나, 그 이후에도 화실로 삼았던 농가의 벽에 그림을 그렸는데 스트릭랜드의 유언에 따라 아타는 그 오두막을 불태웠다는 것이다. 이 모든 사실을 알게 된 '나'는 스트릭랜드 부인에게 남편의 행적을 사실대로 이야기하나, 그녀는 관심 없이 언론에는 남편과 자신의 결혼 생활에 아무런 문제가 없었다고 말한다.

화가 폴 고갱의 전기에서 암시받아 첩보 활동 중 타이티 섬, 남태평양 섬들을 여행한 경험을 바탕으로 『달과 6펜스』를 발표하며 베스트셀러가 되었다 한다. 고갱은 프랑스 후기 인상파 화가로 문명세계에서 느끼는 혐오감으로 타이티 섬에서 건강한 원주민의 인간상과 열대의 밝고 강렬한 색체를 넣어 예술을 완성시켰다. 그래서 이 소설은 어디까지나 상상에서였을 뿐, 고갱의 삶과는 분명 관계가 없음을 다행으로 생각한다.

그러나 오직 자신의 예술 활동에 심취되어 스트릭랜드는 마흔 살의 나이에 가정을 방치한 채 모든 책임을 아내에게 전가시키고, 아무런 대책 없이 홀연히 떠나버린 것이다. 힘겨울 때 가장 소중한 벗으로 보살펴주던 더크의 가정마저 파탄에 이르게 하는 이기적이며, 용서받지 못할 잔악한 일을 저지른 점은 아무리 예술가로 명성을 얻었을지라도 인간으로서는 납득할 수 없는 처사이다. 지탄받을 삶을 산 것은 사실이나, 그런 괴팍한 성격의 결과가 훌륭한 작품을 남긴 원천이었던가?

예술가의 삶을 이해 못하는 사람들이 많은데 통상적으로 예술가라고 하면 고독을 밥 먹듯이 하고, 뭔가 특별함이 있을 것이라는 고정관념을 배세하기는 힘들다.

그러나 예술을 하는 사람들은 감수성이 남들보다 뛰어나고, 순수한 마음을 지니고 있다는 것뿐이다. 그리고 고독을 즐기며, 작품을 구상하는 것일 뿐, 순수 그 자체라서 마음의 상처도 쉬이 입는 보편성을 지니고 있다 하면 개인적인 나의 소견이 답이 될까?

따라서 스트릭랜드가 초라한 모습으로 작품에 바친 고독한 삶을 통하여 자신의 예술 세계를 향한 이기적인 냉혈인일 수밖에 없었던 이유를 모르겠다. 어디에서건 구속받기 싫은 결과라고 하면 될 것 같은데, 그래도 너무하다는 생각이다. 성공한 삶에서 가장 소중한 것은 명예가 아니라는 사실과 인간적인 가치관의 형성이 우선시되어야 하는 것이다. 화가로서 그의 작품이 사후死後에 성공한 명성을 얻어 '달'이 된 것이라면, 인간적인 부분에서 비춰본 그의 삶은 '6펜스'에 지나지 않는 가치 없는 것이었을 뿐이다.

이처럼 스트릭랜드를 통해 인간의 이기적인 잔혹성도 엿볼 수 있으며 격언, "그대 행동할 때 그 모든 것이 보편적 법칙이 될 수 있게끔 하라."는 말을 교훈으로 삼으며….

예술지상주의藝術至上主義냐?

도덕과 윤리의 보편적인 삶이냐?

무엇일까? 예술가의 진정한 삶의 모습은…(?)

44. 위대한 개츠비

(The Great Gatsby)

① 저　자 : 피츠제럴드, 최일호 옮김
② 분　류 : 소설
③ 출판사 : 홍신 문화사
④ 쪽　수 : 235

줄거리 및 감상

연일 계속되는 화창한 날씨로 만개한 목련꽃은 한 잎씩 지고 있으나, 하나씩 망울을 터뜨리고 있는 벚꽃과 화원에서 수줍음을 머금은 채 피어난 분홍의 철쭉을 보면서 문득 시들어버린 자리에 파란 이파리의 새순이 돋았던 비 내리던 그 날이 생각났다. 그 날은 고인이 되신 아버님과 병원 문을 나서며, 화려한 꽃이 내어준 자리에 파란 새순이 돋아나는 것처럼 암을 극복하고 새살이 돋을 순 없을까? 그 때의 간절한 마음이었는데….

생이 졌던 자리의 여운이 이제는 지나버린 시간 안에 초췌한 모습일지라도 기억할 수 있음이 다행이었다. 아버님이 걸어오신 길이 순탄치만은 않았기에 온갖 고생을 감내하면서도 헤쳐 나오셨던 날이 위대하다 말할 수 있음은 병마와 싸우면서도 평정심을 잃지 않고, 뒷정리를 말끔히 함으로 남아 있는 가족들의 질서까지도 잘 잡아놓고 가신 것이다. 그러나 아버님의 바람대로 되지 않고, 가족들은 흩어지게 되었으니…. 문득 이 책을 읽고 정리하려니 허무한 생각이 들었다.

미국의 중서부 빈농의 아들로 태어난 개츠비는 17세에 개명한 이름으로 성공의 야심을 마음속에서 불태운다. 그러다 제 1차 세계대전이 발발하자,

미 육군 장교가 된 그는 상류층 가문에다 빼어난 미모를 갖춘 데이지와 사랑하는 사이가 된다.

하지만 개츠비가 유럽의 전선으로 떠나 혁혁한 공을 세우고 있는 사이 그녀는 기다리지 못하고 갑부인 톰 뷰캐넌과 결혼하고 만다. 이 사실을 몰랐던 개츠비는 전선에서 돌아와 고뇌하다 그녀가 떠난 것이 가난 때문이었음을 절감한다.

그래서 술 밀조를 하여 엄청난 갑부가 된 개츠비는 동 아일랜드의 웨스트에그 라는 마을의 호화로운 저택에서 살게 된다. 그것은 사랑했던 데이지가 건너편에 살고 있기 때문이었다.

한편 화자이며 데이지의 팔촌인 닉은 중서부에서 부유한 명문가의 자제로 부모의 도움으로 증권 사업을 하기 위해 웨스트에그에 와서 개츠비와 이웃한 곳에 살게 된다. 그 후 개츠비는 화려한 파티에 닉을 초대하여 가깝게 지내다 데이지와 개츠비가 5년 만에 해후할 수 있는 계기를 마련해 준다.

그러던 어느 날, 개츠비는 데이지 집을 방문하여 무더위를 견딜 수 없다는 그녀의 투정에 도시로 나간다. 그리고 둘이 전부터 알고 있던 사이란 것에 불쾌해 하는 톰에게 가난 때문에 데이지와 헤어졌으나, 여전히 그녀를 사랑하고 있다 개츠비는 말한다. 이 말 때문에 다툼이 벌어진 흥분된 상태에서 데이지는 개츠비를 태우고 돌아가는 길에 정비소 주인 윌슨의 아내를 치여 죽이고 달아나, 개츠비에게 살인 누명을 씌워 윌슨에 의해 죽게 만든다.

닉은 개츠비의 친구로서 장례식을 준비하며 주변사람들에게 참석해 줄 것을 부탁하나 피살로 인해 관련 될까 봐 아무도 참석지 않는다. 이름 모를 손님 한 명만이 있을 뿐….

중서부 태생으로 가난하다는 이유만으로 사랑하는 여인마저 배신하고 돌아선 것을 알기에 온전한 방법은 아니었지만, 술 밀매로 부를 축적하여 동부로 옮겨간 후 비운에 죽어간 개츠비. 며칠 전에 개츠비만 사랑했다던 데이지는 톰의 정부가 윌슨 부인 머틀이었음을 알고 계획적으로 그녀를 차로 치여 개츠비에게 누명을 씌운 것이다.

결국 데이지는 자신의 목적을 달성하기 위하여 개츠비를 이용한 것이었을 뿐이다. 하지만 오직 사랑했던 데이지를 얻기 위해 화려한 저택을 사서 밤마다 나방들처럼 날아들게 하였던 수많은 사람들, 그러나 개츠비는 '별빛을 나방들에게 베푼 셈'이었던 것이다.

이와 같은 현상은 물질문명의 황폐함 속에서 1920년대 미국인의 꿈과 미래는 어떻게 되었는가? 를 담은 한 일례로서 가난한 중서부에서 동부로 향하는 젊은이들의 희망이 피어나지도 못하고, 허망하게 무너진 것을 안타깝게 비춰놓는 것이라 한다.

그래서 이 작품은 당시 사회의 한 풍속을 잘 묘사한 작품으로 정작 삶의 가치 있는 모습이라기보다는 빈부의 차로 사랑마저 매도시킨 사실이 큰 충격으로 다가와 개츠비의 억울한 죽음에 더욱 울분을 토하게 만든다.

이처럼 가면에 가려진 사람들의 음흉한 눈빛을 볼 수 없는 화려한 곳에는 진실이 배제되어 있었던 것과 같이, 거짓된 사랑을 악용하여 복수를 위한 수단으로 개츠비를 끌어들인 데이지는 언젠가는 진실이 밝혀져 심판을 받을 것이다.

또한 나방처럼 화려한 불빛에 몰려들던 사람들의 가식과 매정함을 보면서 비운에 죽어간 개츠비는 결국 돈으로만 위대했을 뿐, 사랑이나 진실한 사람들과의 교제는 실패한 사람이다. 그래서 돈만을 좇아가다 보면 돈의 노예가 되어 올바른 눈으로 세상 사람들을 바라볼 수 없다는 것과 같은 이치가 성립된 것이나 마찬가지다.

45. 1984

① 저　자 : 조지오웰, 정회성 옮김
② 분　류 : 소설
③ 출판사 : 민음사
④ 쪽　수 : 444

줄거리 및 감상

무서운 두 눈동자 안에는 정밀한 칩이 박혀있고, 빨강, 파랑, 녹색, 노랑 네 사람이 가방을 든 인간의 형체만으로 서 있다. 감시하는 두 눈동자 가에는 빨간 실핏줄이 영상에 있고, 주변은 위의 네 사람의 색깔에 검정색이 치밀하게 얽히어 그야말로 어느 누구도 벗어날 수 없는 눈동자 안에 갇혀있다. 이것은『1984』책의 겉표지를 묘사한 것으로 내용을 암시하는 그림이라 아니할 수 없다.

정신없이 며칠을 보내고, 나 또한 감시의 체제體制에 걸려버린 듯 어수선한 내 주변의 일들에 휩쓸려 마음고생이 심했다. '남을 비방하지 않고 칭찬만 하면서 살 수 있다면?' 절실한 교훈을 얻었다. 무심코 내뱉은 말이 소문이 되어 상대방에 전해지기까지 와전되어 버렸고, 상황과 입장은 배제된 한 마디의 말로 인하여 파장은 며칠 동안 나를 힘들게 하였다. 그래서 나는 자신을 뒤돌아보고 반성하는 계기로 삼았는데, 어디선가 그 누군가가 나를 예의주시하면서 감시하고 있다면 얼마나 끔찍할까? 악의는 없었으나, 결과적으로 서로가 피해자가 될 수밖에 없었던 상황을 감시의 눈으로 비추어 보건대 잔인한 일이 아닐 수 없다.

그런데 미래 사회를 예측이라도 한 것처럼 현실의 눈으로 바라보는 이 작품은 더욱 끔찍하여 소름이 끼치지 않을 수 없다. 또한 조지 오웰이 죽기 2년 전인 1948년에 완성한 이 작품은 36년 미래를 예측하며 1984라 바꿔놓은 것은 아닐까? 이 부분은 (1948→1984) 흥미를 불러일으킨다.

세계는 오세아니아, 유라시아, 동아시아 삼대 전체주의全體主義 국가에 의해 지배되는 1984년. 이 삼대국은 끊임없이 서로 전쟁을 벌이지만, 국경 부근의 소규모 분쟁일 뿐으로 전쟁이란 상황에서 국내의 지배 체제를 강화하기 위한 감시는 수단에 지나지 않는다.

오세아니아인 윈스턴 스미스는 주인공으로 전체주의 정치 통제 기구인 당의 기록국에 근무한다. 각종 문서, 신문, 서적, 녹음, 영화 등 과거의 모든 기록을 조작 · 수정하며, 기존의 언어를 줄이는 대신 새로운 언어인 '신어'를 창조하는데, 이는 당원들로 하여금 이단적인 생각과 행동을 못하도록 하기 위한 것이다. 그래서 윈스턴은 당의 체제 속에 텔레스크린의 감시와 통제에 반발하며, 스스로 저항의 방법으로 일기를 쓰기도 한다.

그러나 '이분 간 증오'와 '이중 사고'를 하도록 하는 것도 모자라 인간과 인간의 벽을 만드는 감시체제는 텔레스크린을 통하여 당에 충성하도록 한다. 그리고 전체주의의 독재 권력은 당 스스로를 과시하기 위해 설정한 가공인물 빅 브라더를 통하여 더욱 감시의 체계는 옥죄어 온다.

또한 당의 반역자 골드스타인을 내세워 증오심을 불러일으켜 사상을 한 곳으로 집중되도록 하여 체제를 유지시키려는 계획된 정책을 실시하면서 성욕까지도 통제한다. 아이를 낳는 것은 당에 대한 의무일 뿐이며, 공공기관에서 맡아 키워 체제를 유지해 나가기 위한 산물일 뿐이다. 길거리는 마이크를 설치하여 말과 행동의 감시는 물론 사사로운 대화조차 나눌 수 없고, 눈길조차도 마주할 수 없다.

이런 가운데 같은 청사에 근무하는 줄리아와 연인이 된 윈스턴은 감시를 벗어난 곳에서 밀회를 하며 둘의 사랑은 깊어만 간다. 이렇듯 체제에 역행하며 대항하는 윈스턴은 내부당원인 오브라이언을 찾아가 반당 지하 단체인 '형제단'에 가입하여 당의 부당한 처사에 맞서지만, 함정에 빠져 사상경찰에 의해 줄리아도 끌려가게 된다. 윈스턴은 감옥에서 오브라이언을 만나 자신을 도와줄 것으로 기대하나, 그는 갖은 고문을 하면서 당의 반역자 골드스타인을 만났다고 자백하게 만든다.

결국 윈스턴은 고문과 세뇌 끝에 줄리아마저 배반하며, 저항하지도 못하고 당이 원하는 대로 받아들이게 된다. 그리고 모든 인간의 가치를 잃어버린 채, 빅브라더를 사랑하게 되면서 아무런 욕구조차 없이 총살형에 처해진다.

'정통주의는 생각하지 않는 것, 생각할 필요도 없는 것. 요컨대 무의식 그 자체.' 라는 부분을 통해서도 알 수 있듯, 인간의 생각과 판단은 용서가 되지 않는 오직 전체주의에 기계적으로 충성할 것을 감시 속에서 당은 요구하였던 것이다.

쥐도 새도 모르는 체포와 실종은 죽음이었고, 텔레스크린과 사상경찰의 순찰, 또한 헬리콥터의 감시, 거리마다 설치한 마이크로폰 등을 보아서도 알 수 있듯 자유로운 생활은 상상할 수 없다. 그래서 정신세계까지 지배하려 했던 까닭에 인간과 인간 사이의 감시와 고발은 일곱살짜리 파슨스의 딸에서도 알 수 있다.

그러나 인간의 정신으로 전체주의 정권에 맞서서 싸웠던 마지막 인간이고자 하였던 윈스턴이었지만, 의견을 내세우는 힘과 분별력을 잃게 하는 오브라이언의 잔악한 고문에 형장의 이슬로 사라져버리고 말았다.

인간의 존엄성을 말살시키고, 한 가닥이라도 남아 있을 정신세계를 용납하지 않으며, 계획된 정책으로 당원들로 하여금 세뇌 속에 체제를 유지하려 하였던 전체주의는 분명 붕괴해야할 마땅한 처사이다. 모진 고문 속에 윈스턴은 "자유는 예속, 둘 더하기 둘은 다섯, 신은 권력." 그러나 '그들을 증오하면서 죽는 것, 이것이 바로 자유이다.' 라고 쓴 부분에서처럼 자유를 갈망하는 온전한 인간의 정신으로 마지막까지 남고자 했던 것이다.

이 책을 읽으면서 어디까지 인간이 감시를 벗어난 곳에서 자유로울지를 생각해 보았다. 24시간을 감시의 체제로 권력을 통해 인간의 모든 것을 지배했던 전제정치의 잔악한 한 형태였지만, 요즈음 우리의 삶도 CCTV와 거리의 도로 곳곳에 설치된 카메라 등으로 감시의 눈이 있음을 누구나 공감할 것이다. 이렇듯 사생활 침해까지 방불케 하는 과학 문명의 발달로 인한 감시체제에서 우리도 벗어날 길은 없다. 그래서 최첨단 정보화 시대를 예견한 『1984』란 작품은 현재를 살아가는 우리의 삶이 문명의 이기로 인한 오류를 통해 빚어질 사회의 한 풍습과 인간성 말살의 일면을 전제정치 체제를 통해 예견한 것이라 할 수 있겠다.

자신도 모르는 사이 누군가로 인해 감시당하고 있는 것은 아닐까? 라는 두려움으로 극심한 스트레스까지 앓는 사람도 있다. 따라서 분명 누군가의 감시를 받는다는 것은 서글픈 일이다.

그래서 인간의 존엄성과 자유를 박탈하는 전체주의를 비판한 것처럼 주인공 윈스턴의 삶을 통해 진정한 자유의 수호를 위해서 노력하는 삶의 본질이 거울처럼 투명하게 비치는 밝은 사회를 이루는 것에 있음을 명심해야 할 것 같다.

또한 어떠한 경우라도 사생활은 꼭 보장받아야 할 것이다. 개인의 목적을 위해 악용되지 않도록 힘쓰고, 어느 조직 사회에서 자행되어지는 관리 시스템으로부터 자유로울 수 있도록 강력한 제도적 제약이 필요할 듯싶다.

아울러 행동의 제약을 받을 수는 있으나, 현 사회를 벗어나 살 수는 없는 것이듯 긍정적으로 생각해보면 무인 카메라 시스템 등으로 인하여 범죄를 예방하고, 범죄자를 검거하는 곳에서 활용되는 것도 생각해 볼 일이다.

46. 분노의 포도
(The Grapes of Wrath)

① 저　자 : 존 스타인 벡, 김유순 옮김
② 분　류 : 소설
③ 출판사 : 육문사
④ 쪽　수 : 621

줄거리 및 감상

한 해의 농사를 준비하는 농부들의 부지런하고 성실한 일과처럼, 곳간의 농기구들을 손질하는 투박한 손길처럼, 24절기에 따라서 순응하며 생활하는 순박함처럼, 마음 따뜻하게 느껴지는 것들이 세상에는 흔하지 않은 거 같다. 지금은 비닐하우스가 있어서 농작물들을 사시장철 먹을 수는 있지만, 광활한 대지의 주인들은 정작 봄기운이 세상을 뒤덮을 때 제철의 곡식을 심는다. 그래서 자연이 기지개를 켜고 눈을 비비며 일어날 때를 맞춰서 분주히 하루를 맞는다.

이렇듯 한 해의 농사일을 시작하는 농부에게 그리하여 농토를 향한 마음은 설렘과 기쁨이요, 가족을 부양하는 풍요의 상징이며, 희망이요, 삶의 전부인 것이다. '농자천하지대본야農者天下之大本也'라고 하였듯이 삶의 근간根幹인 농토를 서서히 가꿀 준비를 하여 씨앗을 심고, 모종을 하는 시기라서 이 책을 읽는 내내 터전을 잃고 떠나가는 심정이 더욱 쓰라리게 다가왔다.

25만~30만 명에 이르는 이주자들 속에서 존 스타인 벡 역시 함께하며, 그 실상을 몸소 지켜보았던 그는 죠드 가家를 통하여 당시의 현주소를 말해

준다.

살인자가 되어 '가출옥'을 하게 된 톰 죠드는 고향집으로 향한다. 그런데 추억이 서린 집은 적막과 폐허 속에 있고, 은행이 땅을 트랙터로 갈아엎어 삶의 터전을 잃게 된 소작농들은 가난과 식량 문제 등 어쩔 수 없이 쫓겨났다는 것을 알게 된다. 이렇듯 마을 사람들은 새로운 희망을 안고 터전인 오클라호마를 뒤로한 채, 인부들을 모집한다는 삐라의 감언이설甘言利說에 속아 캘리포니아를 향해 꿈과 희망을 안은 빈농들의 대장정이 시작된다.

톰의 가족 역시 떠날 준비를 모두 마치고, 비장한 마음으로 아버지는 "인간이 생명 없이 어떻게 살아갈 수 있을까? 과거 없이 어떻게 현재의 우리가 있을 수 있을까? 안 돼, 두고 가자. 과거를 태워버리자."라 말하며, 늙은 노모를 모시고 2천 마일을 향해 발걸음을 재촉한다. 그의 가족처럼 긴 장정을 떠나는 사람들로 북적이는 도로에서 만난 이주자들의 끝없는 행렬과 오랜 시간 시달린 초췌한 모습을 다음과 같이 묘사했다.

"눈 가장자리에는 피로에서 오는 주름, 입 밑으로는 불만스런 주름, 유방은 작은 해먹 속에 무겁게 얹혀 있고, 배와 넓적다리는 고무테로 꽉 조여 있다. 그리고 입은 헐떡거리고, 눈은 심술스러우며, 태양과 바람과 대지를 혐오하고 음식과 권태에 화를 내며, 좀처럼 그녀들을 아름답게 해주지 않고 언제나 늙음으로 이끄는 시간을 미워한다." 고….

이렇게 지쳐가는 그들이 향하는 캘리포니아는 간절한 희망을 담은 종착역이기에 멈출 수가 없다. 하지만 마지막 사막만 건너면 되는 곳에서 서부에서 고향으로 돌아가는 사람을 통해 그곳의 굶주림과 처참한 실상을 듣지만 멈출 수 없는 길이다.

한편 죠드 가의 가족과 함께한 짐 케시 목사는 더 이상 목사이길 거부하는데, 그것은 배 아픈 아내를 방치하여 죽게 한 죄책감으로 인한 것이다. 이처럼 아무것도 할 수 없었기에 더욱 처절했던 이주자들의 삶을 짐 케시 목사를 통해서도 알 수 있다.

그래서 공부하여 미래를 열겠다는 로저샨의 남편 코니는 홀연히 떠나버리고, 이주 중 중고차 주차장을 습격한 일로 톰의 죄를 대신한 케시 목사는 감옥을 간다. 이러한 가운데 늙으신 노모는 이주 중에 모두 죽고, 가족들은 하나 둘 흩어져 우여곡절 끝에 농작물 검문소(이주자들이 식물이나 종자를 들여갈까 봐)를 거쳐 후버빌(1930년대 세운 실업자 수용 부락)로 죠드의 가족은 향하지만, 캠프 지는 위생상의 문제를 들어 불살라진다.

하여 다시 보금자리를 찾아 죠드의 가족이 향한 곳이 국영 캠프지 워드패치 캠프다. 그곳은 자신들이 만든 질서와 규칙에 의해 생활하는 자율적인 곳으로 시설은 잘 되었으나, 일자리를 구하지 못해 넘쳐나는 인부들로 조합은 회합에 의해 저임금으로 조정하여 그들의 삶은 더욱 빈곤 속으로 빠져든다. 죠드의 가족 역시 굶주림에 시달리다 캠프 지를 등지고, 복숭아 농장에서 일을 하는데 우연히 만나게 된 케시 목사가 저임금과 노동력 착취의 진상을 톰에게 알려주며 노동자들을 선동하여 줄 것을 부탁한다. 그리고 달아나는 목사는 경계근무병에 들켜 몽둥이로 맞는 것을 지켜보던 톰이 달려들어 근무병을 죽인다. 이로 인하여 죠드 가족은 그곳을 도망쳐 목화 따는 일을 마지막으로 엄청난 비가 계속 내리는 가운데 로저샨의 진통이 시작된다.

그러나 빗속에 합심하여 쌓은 둑마저 무너지자, 가족은 헤매다 헛간에서 로저샨은 사산을 하는데 그곳에서 아들에게 음식을 주고 굶주림에 죽어가는 한 사나이를 본다. 주저 없이 로저샨은 자신의 젖가슴을 열어 굶주린 사나이에게 젖을 먹인다.

이로써 『분노의 포도』의 결말이 있지만, 새로운 희망의 끈을 놓지 않는 로저샨의 아름다운 미소를 신비롭다 묘사했다.

그리고 여기서 존 스타인 벡은 말한다. 토지에서 쫓겨나 캘리포니아 서부를 향해 갔으나, '나'에서 '우리'의 접합체接合體로 식량이 없어 굶주린 그들의 분노는 폭탄의 시초가 되어 "궁핍은 사상에의 자극제이고, 사상은 행동에의 자극제다."라고 말이다.

이 책에 써진 대로 캘리포니아는 멕시코에 속했었고, 토지는 멕시코 사람들의 것이었으나, 미국 사람들이 빼앗아 훔친 땅을 총으로 지켰다 한다. 그리고 농부는 장사에 능한 상인들에게 땅을 빼앗기고, 그들이 소유하며 농업은 기업화가 되어 중국, 일본, 필리핀인 등 노예로 하여금 지주 수는 적어지며 농장은 커졌다는 것이다.

1930년대 후반의 일이기에 우리 민족이 일제치하에 있었으니, 우리나라 사람들도 징용이 되어 그곳에서 일했을 것이다. 그래서 더더욱 가슴 아픈 현장을 돌아본 듯한 느낌이 들어 가슴 한 구석이 저려오는 아픔을 떨칠 수가 없었다.

또한 유일하게 남은 동네 청년 뮬리, 그가 가족과 이웃을 떠나보낸 곳에 외로이 홀로 남아 떠날 수 없는 것은 추억과 함께 한恨 서린 땅이 황소에 떠받쳐 죽은 아버지의 피가 묻은 "땅의 일부는 아버지의 피"이기 때문에 위험을 감수하면서도 남았다는 사실이 아픔과 서러움의 극치를 이루는 것 같다. 이처럼 뮬리를 통해서도 알 수 있듯 땅은 농부의 전부인데, 어떻게 떠날 수 있었는지? 당시의 상황이 그만큼 긴박했음은 짐작하고도 남음이 있겠다.

캘리포니아 하면 포도 농장이 가장 먼저 떠오르는데 이렇게 시대적인 아픔과 한이 서린 많은 사람들의 운명적인 삶으로 일구어낸 것이라니 이 얼마나 아이러니한가?

이주한 사람들을 당시에는 더러운 '오우키'들이라며 멸시하였고, 하루 온종일 일을 하여도 한 끼의 식사를 해결하기가 힘겨웠던 그들의 생활이 시간당 15센트, 복숭아 한 상자 따는 데 5센트로 20박스를 채워야 1달러의 벌이였다니….

봄부터 시작하여 추수기인 가을이 지나면 일감이 없는 추운 겨울을 어찌 보냈을까? 서러움이요, 아픔이요, 상처였으며, 기본적인 인간의 존엄성마저 말살당해 버림받은 처절한 생의 몸부림이었으며, 숙명이었던 길, 운명이라고 말하기엔 그 고통이 너무나 깊어 나 또한 『분노의 포도』를 읽으며, 인간을 저편에 남겨놓은 신神의 가혹한 시험이 이보다 더할 수 있었을까 분노할 수밖에 없었다.

그래서 더욱 더 가족의 화합과 사랑으로 함께 생활하려 하였으나, 떠날 수밖에 없었던 노아, 살인자로 숨어 살아야 했던 톰, 미래의 꿈과 희망을 찾아 무작정 떠난 로저샨의 남편 코니, 어처구니없이 죽어간 짐 케시 목사 등 당시의 이주자들 모두의 가슴속에는 굶주림보다 더한 혈육의 이별과 삐라의 감언이설에 속아 아무런 희망조차 없이 상처로 얼룩진 가슴이 더욱 힘겹게 하였을 것이다.

하지만 인간이 현실에 부딪쳐 극복하고, 고난에 굴복하지 않는 의지의 힘으로 지탱하며 헤쳐나간 힘의 원천은 과연 무엇이었을까?

미래가 없고, 희망이 없다 좌절했던 곳, 빛을 잃은 그 어둠 속에서 말이다.

'내일의 태양은 다시 떠오를 것이다.'라는 믿음이었을까?

사람들은 자신이 처한 상황이 나만이 당하는 것이라 신을 원망하기도 한다.

못 살 것 같은 그 속에도, 화마가 휩쓸고 간 그 곳에도 한 포기의 풀이 자라나는 것을 나 또한 체험을 통하여 소중한 교훈을 얻었듯이 현재의 삶에 최선을 다할 때, 새로운 날은 기필코 우리의 삶을 단단하게 만들어 준다는 것을 나는 믿는다.

한 톨의 씨앗에 매달린 풍성한 가을의 수확을 위해 농토를 가꾸는 아름다운 사람들도 이제는 집으로 향할 것이다. 어둠이 서서히 나의 등을 밀어낸다.

서둘러 저녁을 지어야 하는데 3일 전(5월 5일) 『토지』의 작가 박경리 님께서 별세한 안타까움이 있다. 그래서 이 책을 읽는 동안 '토지'의 의미를 더 깊이 생각하게 만든 것 같다. 마지막으로 삶의 터전이었던 토지가 아니,

우리 부모님께서 농부로 자긍심을 갖고 걸어오신 터전인 그곳이 이제는 희망이 나래를 펼 수 있고, 주름져 까맣게 변한 얼굴에도 밝고 아름다운 이를 내보이며 웃는 환한 모습이 언제나 자리하길 간절히 기원한다.

47. 질투(Lá jalousie)

① 저　자 : 알랭 로브그리예, 박이문 · 박희원 옮김
② 분　류 : 소설
③ 출판사 : 민음사
④ 쪽　수 : 167

줄거리 및 감상

거울 속에 비친 나 자신의 모습을 묘사描寫한다면 어떻게 표현하여 쓸 수 있을까? 그런데 나의 모습을 나보다는 나를 바라보는 상대방이 훨씬 잘 쓰지 않을까 한다. 왜냐하면 내 자신이 거울을 보는 횟수보다 상대(남편)가 더 많이, 더 자주 나를 보고 있기 때문에 완벽한 묘사가 되리란 생각이다.

그러나 제3자가 되어서 상대방(남편)이 나의 일거수일투족을 시간과 공간 속에 배치되어 있는 상황과 맞추어 한 치의 오차 없는 정밀한 묘사 능력이 있다면, 그것도 나 자신이 인식하지 못하는 가운데 오직 시각적인 사실에 입각하여….

조지 오웰의 작품 『1984』에서 텔레스크린을 통한 감시, 거리마다 설치한 마이크로폰 등 개인의 사생활이 허용되지 않는 전체주의에 놀라지 않을 수 없었는데, 『질투』란 이 책을 읽으면서 잔혹하리 만큼 자신의 감정을 억누르고, 침묵으로 일관하며 오직 감시의 눈으로 정밀한 묘사를 하였다는 사실 앞에 놀라지 않을 수 없었다.

'플랜테이션 농장'이 나오는 것으로 볼 때, 프랑스 식민지하의 아프리카 어느 지역으로 짐작을 할 뿐, 명확한 지명이 있는 것은 아니며, 3인칭 시점으로 쓰여 있기에 화자는 외부의 관찰자 입장에서 이야기를 이끌어간다.

견디기 힘들 정도로 지독한 무더위, 그곳은 바나나 농사를 하는 지역으로 화자와 아내인 A…가 살고 있으며, 얼마간 떨어진 곳에는 플랜테이션 농장을 경영하는 프랑크의 가족이 살고 있다.

프랑크는 종종 화자와 A…의 집을 방문하여 식사를 하기도 하는데 서서히 프랑크와 화자의 아내인 A…는 은밀한 분위기 속에 담소를 나눈다.

A…는 하인에게 램프를 가져오면 모기가 모여든다며 가져오지 못하게 해놓고, 불빛이 없는 가물가물한 해거름 속에서 프랑크와 둘이서 술을 마신다. 그런데 둘이서 소설에 관한 이야기를 비롯한 담소를 나누는 장면을 남편(화자)은 감시와 질투의 눈으로 치밀하게 묘사해낸다.

인간의 심리 변화를 추측하여 표정으로, 행동으로 표현하는 것이 아닌 완벽한 사실적 묘사는 한 치의 오차를 허용하지 않아 오싹함을 느끼게끔 펜으로 그려낸다.

아내인 A…가 편지를 쓰는 것도, 목욕을 하고 머리를 빗는 모습과 화장을 하는 장면도 지켜본다. 그리고 단장을 마친 아내가 프랑크와 함께 차를 타고 시내에서 쇼핑을 다니는 것도 상대방은 인식하지 못하는 가운데 지켜만 본다.

또다시 어느 날에도 A…와 프랑크가 함께 차를 타고 시내를 나간다. 그러나 차가 고장났다는 핑계를 대고 하룻밤을 자고 오기도 하는데, 화자는 이미 둘만의 은밀한 밀회를 알고 있는 듯하다. 그러나 거기에 남편의 감정을 표현하거나, 밀회에 따른 어떠한 대책이나 행동들은 배제되어 있다.

한편 A…가 자신의 집에 나타난 지네를 처음에는 냅킨으로 치웠지만, 차후에는 침실의 수건을 이용하여 잡아 죽이는 것으로 그려지는 것을 볼 때, 이미 둘의 사이는 가까워져 있음을 알아차리며, 염탐하는 남편은 아내인 A…로부터 배신당한 처절한 감정이 그 때서야 드러난다.

그래서 그 일이 있은 뒤부터 남편은 아내가 집을 비운 사이에 고무지우개와 면도칼로 아내의 부정한 흔적들을 지워내며 남편의 질투는 시작된다. 그리고 돌아오지 않는 아내를 기다리며 "골짜기 사면의 바나나 나무 잎사귀가 황혼녘에 차츰 희미해진다. 6시 30분이다. 칠흑 같은 어둠과 귀가 따갑게 울어대는 귀뚜라미 소리가 지금 정원의 테라스와 집 주위 사방으로 다시 한 번 퍼진다." 라고 묘사하는데, 금방이라도 남편의 분노가 폭발하여 버릴 것 같은 질투심을 엿볼 수 있다.

이처럼 결국에는 아내의 배신과 부정을 감시하면서도 한 번도 드러내지 아니한 화자의 옥조인 감정이 폭발의 일보 직전에 있음을 또한 짐작하게 한다.

부정한 아내 A… 그녀의 정부 프랑크를 향한 남편으로서 질투라고 하기엔 너무나도 잔인하다. 그리하여 '침묵'이 얼마나 무서운 것인지? 알고 있으면서도 벙어리 냉가슴을 앓을 법도 한데 드러내지 않는 그 침묵이야말로 책을 읽는 나를 가장 두렵게 하였다.

'태양이 대략 1미터 50센티미터 높이에서 박공의 나무를 비추고 있다.' 라는 사실적 표현처럼 치밀한 관찰을 통하여 어느 것 하나 놓치지 않는 완벽한 그 자체 속에서 아내와 프랑크를 지켜보았음을 알 수 있다. 그래서 사소한 것 하나까지도 묘사해낸 것으로 미루어 완벽하게 아내의 부정한 행위를 결론지어 급기야 질투를 느끼는 남편의 감정의 변화에 따른 행동이 시작된 것이다.

누군가의 감시를 받는다는 사실을 알고 있기에 조심할 수밖에 없는 『1984』와 많은 차이점은 있으나, 차후에라도 그 사실을(아내의 부정) 알면서도 침묵으로 일관했다는 것은 질투가 아닌 방관이 아니었을까?

물론 아내의 부정은 용서받을 수 없는 것이나, 한 번쯤 언질이라도 있어야 되지 않았을까?

요즈음엔 결혼한 부부 사이에도 사생활 침해를 받지 않으려 서로가 협약한 가운데서 생활을 하는 사람들도 있다. 자신의 자유로움을 위해 상대를 구속하거나, 침범하지 않는다는데 침범하지 않는 그 속에는 과연 무엇이 있을까?

믿음으로 맺어진 사이에서 대관절 무엇이 가장 소중한 것이 되어야 하는지?

부부들 저마다에게 묻고 싶다. 자유로워지고 싶다는 것에 대하여 아무런 재제를 하지 않음으로 벌어지는 일들은 본인 스스로가 어디까지 책임을 질 수 있으며, 어디까지가 진심으로 사랑하는 사람과의 거리인지를 말이다.

48. 홍합

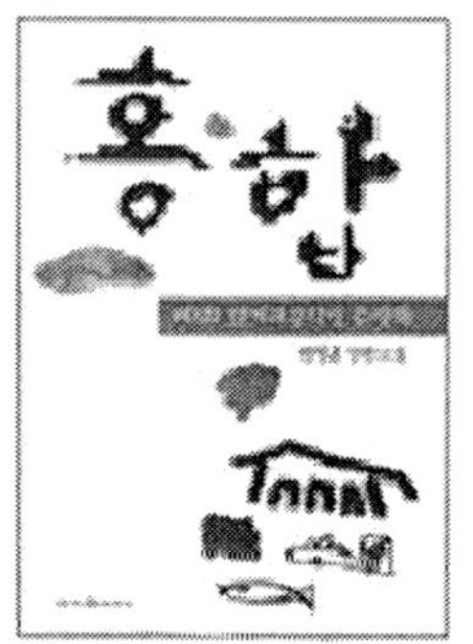

① 저　자 : 한창훈
② 분　류 : 소설
③ 출판사 : 한겨레신문사
④ 쪽　수 : 289

줄거리 및 감상

책으로 여는 색다른 삶의 풍경을 볼 수 있다는 것은 독서하는 가장 큰 즐거움일 것이다. 각기 다른 모습으로 생업에 종사하며 살아가는 사람들의 현장을 간접적으로나마 다가서서 공감할 수 있음 또한 그러하며, '아름다운 것은 언제나 눈앞에 있다.' 는 것에서 이 책 속의 가르침과 교훈이 무엇인지 느낄 수가 있었다.

이 작품은 제 3회 한겨레 문학상 수상작으로 바다의 낭만과 짭조름한 내음을 맡으며 마치 새로운 세계를 음미하는 것보다, 어촌의 채색하지 아니한 풍경을 정밀한 그림 속에 담아 놓은 것 같다. 또한 잘 그리기 위해 가식적으로 표현한 것이라곤 찾을 수 없는 진실한 삶의 모습이 파도 되어 출렁인다.

부모를 잃고 뱃일에 안 해본 일이 없는 김씨를 만나며, 주인공 문 기사는 신풍 홍합공장에서 트럭 운전을 하게 된다. 여수시와 순천시의 중간에 위치한 신풍면은 여천, 율촌 공단이 들어서 여수 순천 간 국도사차선이 확장된 곳으로 많은 변화가 있는 지역이다. 하지만 신풍의 아낙네들은 각기 사연 하나쯤은 허리에 차고서 홍합공장에서 일을 하는데 그들의 삶이 이보다 더 진솔할 수 있을까?

아낙네들은 아침 여덟시부터 홍합공장에서 일을 시작해 유럽으로 수출하는 힘겨운 하루의 일과를 거뜬히 해낸다. 망구로 불려지지만 오히려 그 별명으로 인하여 친근감과 구수함이 묻어나는 쌍봉댁, 집안 식구를 거둬 먹이는 책임을 안고 있는 근태네, 남편이 중령으로 제대를 했다지만 막노동을 하러 다니는 시아버지께 넉살 좋게 술값을 대달라며 마중나온 남편과 아이 손을 잡고 집으로 향하는 행복한 중령네, 손 감각으로 저울질이 장기인 관석네, 남편의 주먹질이 유독 심한 석이네….

이런 아낙네들이 공장에 모이면 매맞은 곳마다 멍이 들어 있어도 삶을 향한 애착은 어느 누구도 따를 수 없으며, 억척스런 바닷가 아낙의 근성에 따른 오기까지 전해오는 듯하다. 그래서 와일드하면서 힘겨운 뱃일을 하는 바닷가의 남자들이 성급하고 난폭하다는 선입견이 있기는 하지만, 치열한 삶의 현장에서 덧대어 놓은 군더더기는 애환으로 다가오기도 한다.

또한 혼자서 아이들 키우다 결국엔 이혼하게 되는 반장 강미네의 다부지고 강단이 있는 남성스러움과, 남편이 5 · 18때 행불이 되어 고아를 데려다 키우는 미순의 여리고 고운 마음씨는 대조적이나, 각자 삶의 거친 물결에도 휩쓸리지 않는 강인함이 돋보인다. 거기에 문 기사의 마음에 측은하게 다가서는 승희네다. 그녀는 속아서 결혼했으나, 과부가 되어 시할머니에 상이용사인 시아버지까지 모시고 소작농사일을 하면서 힘겹게 살아간다. 태풍이 불던 날 빗소리 들으며 문 기사와 승희네는 마음이 흔들리지만, 절제하는 이성으로 따뜻이 서로의 힘겨운 어깨를 내어주는 정신적인 위안이 되어준다.

바닷가 여인들의 삶을 한 구절로 응집해놓은 "순한 계절은 짧고, 혹독한 계절은 길다."라는 것처럼 여름 서너 달 모은 돈으로 일 년을 지내야 하는데, 물결 높은 고달픈 겨울이 찾아들면 홍합공장은 휴면에 들어간다. 그러자 김씨는 근무시간에 술을 마시고 뺑소니차에 치여 죽는다. 삶의 저 밑바닥이 드러나서 더 이상 내려앉을 곳도 없는데, 김씨의 아내는 정을 떼려고

흉물스럽게 나타난 꿈속의 남편 모습에 잠시 정신이 흐릿해진다. 그러나 잠든 아이들을 바라보며 다짐한다. 자식들 고생시키지 않겠다고, 보란 듯이 키워낼 것이라고, 아무런 걱정하지 말고 편안히 떠나라고….

거친 말투와 저속한 언어라지만 힘들고 고단한 일을 거뜬히 해내면서 남도의 뒤끝이 없는 입담이 삶의 현장이 되어 그대로 녹아난다. 그리고 정겨운 사투리와 어우러진 진솔한 모습이 현장감 있게 전개되어 더없이 친근하게 다가왔다.

갑작스런 김씨의 죽음으로 절정에 달했지만, 가장을 잃은 슬픔보다는 생계를 책임져야하는 김씨 아내가 다잡는 마음처럼 밟혀도 다시 일어서는 잡초와도 같은 바닷가 여인의 모습이 바로 우리 어머니의 모습이 아니었나 생각한다.

살아가기 위한 치열한 하루가 저물어 채색할 수 없는 어스름에 고단한 등허리가 휘어질지라도 내일이면 다시금 눈을 뜨고, 밑그림을 그려 언젠가는 아름답게 완성이 되어질 그림 한 점이 나의 영상 속에 그려지는 느낌이다. 그리고 한겨울의 세찬 시련의 바람이 불어와도 결코 떠나지 않으리란 문 기사가 승희네를 향한 아름다운 약속처럼 그녀의 여린 순정을 지켜주려는 문 기사의 마음 따뜻한 사랑이 이 시대를 살아가는 이기적인 사랑의 방식에 귀감이 되어 코끝이 시큰거렸다.

책을 읽는 가운데 가장 감동이 있는 〈혹독한 계절〉을 실감나게 표현한 것으로 삶의 애절함이 깊어 인용하여 본다.

"한여름은 근육이고 정신이고 한 가지로 넓게 퍼지려고만 해서 해파리처럼 둥둥 떠다니는 계절이라면, 겨울은 앞발을 모으고 허리 굽혀 촉각만 길게 내세운 새우의 절기였다. 몸에 물이 많은 게 거추장스럽고 힘들 때가 여름이라면 겨울은 춥고 시리고 허리와 어깨에 신경통이 생기는, 뼈와 근육이 힘겨운 때였다."

이처럼 비록 몸은 힘들지만 일을 할 때가 오히려 모든 시름을 잊게 하였고, 희망을 갖게 하는 여름이 있기에 마냥 행복했고, 일손이 없는 겨울날의 육신은 힘에 겨워 신음하지만, 다시 일어서는 것은 인간만이 견딜 수 있는 시련도 승화시켜버린 그 다음이 바닷가 아낙네들만의 삶의 법칙이었으리라.

어디 힘들지 아니하고, 무슨 사연 하나쯤 없는 사람이 있겠는가?

생사의 귀로에서 헤매는 사람들, 아무런 희망이 없어 쓰러져 다시 일어나고 싶지 않을지라도, 그래도 살아야하는 생이라면 『홍합』을 한 번 읽어 보길 권한다.

그리하여 다시금 힘차게 발돋움하는 계기가 모두의 가슴에 씨앗으로 자리했으면 하는 바람이며, 분명 후회하지 않을 삶의 애착을 절실히 느낄 수 있으리라 자부한다.

삶은 가장 바닥진 곳이라 생각하는 그 끄트머리에 서 보았을 때, 진솔한 인간의 생명력이 다시금 살아야겠다란 희망으로 꿈틀거린다는 것을 알 수 있을 것이다. 거기에 형식과 가식에 물든 가녀린 삶보다 투박하지만 꾸미지 아니한 그러한 사람들이 있기에 이 세상이 그나마 살아볼 가치가 있는 것이 아닐까?

49. 성

① 저　자 : 프란츠 카프카, 오용록 옮김.
② 분　류 : 소설
③ 출판사 : 솔 출판사
④ 쪽　수 : 369

줄거리 및 감상

한없이 미로 속으로 빠져드는 느낌을 받는 것은 한 번도 가보지 아니한 곳에서 낯선 거리, 낯선 사람, 거기에 전혀 짐작할 수 없는 주변의 여건들 때문이라고 해야 할까? 그런 생각들을 밑바탕에 두고 뒤따르다가도 무엇인가 분명히 숨겨져 있을 것 같은 궁금함이 더 강하게 일었다. 동시에 신비로움을 간직한 비밀이 일시에 드러날 법한 성城!

그러나 그 궁금증을 해갈시켜줄 해답은 아무것도 찾을 길이 없었다. 길고 긴 문장은 반 페이지를 메우고도 모자람이 있을 정도로 길어 지루함이 책을 읽는 내내 나의 인내력을 테스트할 정도였다. 이처럼 쉬이 읽을 수 있는 책이 아니었던 까닭에 이해의 한계에 도달하여 나처럼 '과연 무엇을 찾기 위한 시간의 소비일까?'라는 이유를 들어 작품의 본질을 외면하지 말고, 다른 시각에서 작가가 숨겨놓은 참뜻을 찾아볼 일이다.

'주인공을 낯선 세계에 보내는 실험'이 글쓰기라는 카프카의 말처럼 설정된 주인공 K를 그저 막연한 성이 있는 마을로 향하도록 유유히 이끄는 것을 볼 때, 카프카 자신의 의도가 『성』이란 작품에 잘 드러나 있는 듯하다.

K가 도착한 마을은 성이 소유하고 있다. 그래서 성의 주인인 베스트베스

트 백작의 허가가 있어야 숙박이 가능한 곳이다. 발단부터 주인공 K가 향한 마을은 심상치 않은 눈 속에 파묻혀 있고, 안개와 어둠에 잠겨 아무것도 볼 수 없는 상태다. 그러한 마을에 K는 측량기사로 일감을 찾아 들어선 것이다. K는 말 그대로 이방인으로 생소한 성이 있는 마을에 있는 브뤼켄 호프, 면장을 포함한 마을 주민들의 집, 학교, 바르나바스의 집, 성의 관리들이 묵는 헤른 호프를 헤매며 엿새를 보낸다는 것이다.

이와 같은 성이 있는 마을에서 주인공 K는 면장을 만나 자신이 측량사로 채용될 희망에 부풀어 있다. 그러나 서류에 관한 관리들의 정리와 점검은 성실하지 못하다. 하급 집사의 아들을 통하여 이미 측량사가 임용되어 필요 없다는 사실을 알면서도 K는 일자리를 구하고자 하는 자신의 의지를 굽히지 않는다.

그런 K는 성에 들어가 보지도 못하고, 헤른 호프에서 종업원 프리다의 유혹에 휩쓸려 술기운에 하룻밤을 보낸다. 그리고 그녀를 책임질 결혼을 하기 위해 일과 머물 곳이 필요하자, 더욱 적극적으로 성의 관리인 클람을 만나고 싶어한다. 하지만 마을의 어느 곳에서도 온전히 머물 수 없는 딱한 현실 속에 학교의 소사 일을 하게 되는데 함께 따른 자신의 조수에게 프리다를 빼앗긴다.

일자리도 구하지 못한데다 그렇다고 책임질 프리다까지 빼앗긴 상황에서 관리들의 불성실함과 책임을 회피하는 불평불만을 탄원하려는 아밀리아 아버지의 노력에도 불구하고, 만나려는 관리들은 일이 많다는 핑계만 댈 뿐이다. 또한 클람의 심부름꾼 바르나바스의 서류에 관한 전달과 신속함은 배제되어지고, 나태함 속에 제대로 되는 관리체계는 없는 마을이다. 결국 성에 입성도 해보지 못한 K는 자신에게 남은 아무것도 없는 상황 속에 말을 돌볼 일꾼을 찾는 마부 게어슈태커를 따라가는 신세가 되고 만다.

프리다의 야망과 임기응변, 그리고 그녀의 애인으로 나오는 성의 관리인 클람국장. 그러나 백작의 허가 없이는 마을에 숙박할 수 없는 이방인으로 끊임없는 시도에도 만날 수 없는 관리들은 이미 베일에 가려진 수수께끼일 뿐이다.

K가 그래도 자신의 의지를 굽히지 않은 것은 사랑하려는 여인 프리다, 그녀를 통하여 관리를 만날 수 있는 매개체가 되어 줄 수 있으리라 생각했기 때문이었다. 하지만 오히려 클람에게 K의 행방을 모두 알리는 일을 맡은 그의 비서 모무스를 보아도 알 수 있듯 K가 마을의 그 어느 곳에도 발을 딛고 서있을 곳은 없었다.

카프카 자신의 작품 세계의 특징이 잘 드러나 있다지만, 낯선 곳과 이방인, 베일에 가려진 성의 주인을 비롯한 관리들, 장황한 대화체, 그것은 분명 많은 독자들로 하여금 상상의 나래를 펴게 한다. 그래서 내 생각으로는 관리들과 성의 주인, 마을 사람들까지 낯선 사람을 마을에 들이지 않으려는 의도가 있다고 본다. 성의 주인이 마을의 주인이듯 모든 관리체계는 이미 성의 주인이 열쇠를 갖고, 마을의 폐쇄된 공간을 만들어 입성하지도 못한 성을 더욱 베일에 가려 놓음으로 주인공 K로 하여금 비밀을 찾지 못하도록 하여 독자들에게는 더욱 궁금증을 유발시키는 것이 아닌가 싶다.

그래서 K를 생각하면 답답하고 암담하여 처절하게까지 여겨진다. 그러나 인간이 낯선 곳에 들어서서 새로운 사람들과 관계를 맺는다는 것도 얼마나 어려운 것이며, 얼마나 많은 시간과 노력이 있어야 되는 것인지를 생각하게 한 것 같다.

어쨌든 베일에 가려진 '성' 에 대한 인간의 무한한 동경심을 유발하게 하였으며, 망망대해를 헤치고 육지에 닿아 암흑 같은 긴 터널을 지나서 드디어 밝은 세상으로 나온 듯하다.

이 책을 덮는 마음이 그러하다.

50. 파피용(Le Papillon Des Étoiles)

① 저　자 : 베르나르 베르베르, 뫼비우스 그림, 전미연 옮김
② 분　류 : 소설
③ 출판사 : 열린책들
④ 쪽　수 : 396

줄거리 및 감상

어제의 무더위 속에 베란다의 문을 열어둔 탓인지 며칠 전에 가져온 석부작石附作의 화초 내음이 더욱 진하게 전해 왔다. 현무암에 심은 이끼류 사이로 고사리, 콩란, 철쭉, 단풍나무 등 이름을 알 수 없는 화초가 잘 자라고 있는 모습을 지켜보는데 그 속에 개미와 콩벌레가 한가한 오후 눈에 띄었다. 그런데 돌에서 화초가 자라는 곳에 그것도 함께 살아가는 작은 생명체 개미의 움직임은 신비롭기까지 하였고, 선태식물인 이끼류는 최초로 육상 생활에 적응한 식물군이라 하니 더욱 놀라움을 금할 길 없었다.

이렇듯 인류가 탄생하기 이전부터 존재했을 생명체와 핵폭발 후 방사능에도 살아남을 수 있었던 개미의 등껍질 등은 그야말로 과학적으로도 설명할 수 없는 까닭에 많은 관심과 궁금증을 유발시키지 않을 수 없을 듯싶다. 그리하여 오늘처럼 눈에 보이는 것만 주시하고, 관찰하지 않았다면 몰랐을 어제의 오후를 더듬으며, 손에서 놓을 수 없었던 『파피용』을 정리하려는 마음 자세는 비장하지 않을 수 없다.

그 까닭은 우리의 미래에 관한 공상과학 소설이라고 할 수 있기에 그 동안의 파란만장한 역사적 사실과 현재를 살고 있으면서도 계속해서 과오를 범하고 있는 환경오염과 자원의 고갈 등, 인류가 함께 풀어나가야 할 중요한 과제를 접목시킨 것이기 때문이다. 더욱이 몸살을 앓고 있는 지구를 잘 보존하려는 의지에 미래를 준비하는 마음의 자세를 다지며, 많은 사람들이 동참하기를 바라는 마음으로 '나비 혹은 나방'을 뜻한다는 '파피용'호에 부푼 마음을 안고 올랐다.

새로운 우주여행 프로젝트를 선별하는 일을 하는 팀장 이브 크라메스는 요트 챔피언인 미모의 여인 엘리자베트 말로리를 차로 들이받는다. 그래서 그녀는 휠체어 신세를 지게 되며 자괴감에 빠진다. 이브는 엘리자베트에 대한 죄책감에 시달리며 승인을 얻지 못했으나, 아버지의 '태양범선'프로젝트를 통해 새로운 지평을 열겠다는 꿈은 상상력을 자극하는 매개체 역할을 한다. 그리하여 폐암에 걸린 억만장자 가브리엘을 설득하여 '마지막 희망–Dernier Espoir'을 담은 우주선에 우주도시를 만들 계획에 착수한다. 이브는 엘리자베트도 프로젝트에 함께할 것을 제안하여 승낙을 받는다.

그런데 제 2의 지구가 되어줄 곳을 향하는 데는 천 년의 시간이 걸릴 2조 킬로미터나 되기에 자손 대대로 살 수 있는 생활 여건을 만들고, 지각 있는 사람을 선별하고자 심혈을 기울여 14만 4천 명을 탑승자로 결정한다.

그리하여 '우주도시'란 말에 걸 맞는 완벽한 재현을 비밀리에 착수했으나, 정부에서 알게 되며 시민과 종교 단체 등이 들고 일어서서 방해공작과 위협을 가하나 우주선은 발사된다. 그 역사적인 순간에 엘리자베트는 "익숙한 세상을 떠나 미지의 세상으로 향하는 것은 자연스런 진화의 과정이오."라고 이브에게 말한다.

한편 '마지막 희망은 탈출이다'란 슬로건을 안고 우주 범선을 '파피용' 호라 이름 짓는다. 그 파피용 호의 내부는 마치 시골의 마을과 같은 동·식물을 키우는 자급자족이 가능하고, 퇴비의 메탄가스로 발전기를 돌리며, 호수까지 지구를 축소해 놓은 듯 완벽 그 자체다.

그러나 인간의 본성 안에 있는 억제할 수 없는 감정에 의한 살인이 일어나고, 예기치 못한 사건들은 '더 나은 미래를 약속받은 별들의 자손'의 내면에서 꿈틀거리는 어두운 그림자는 상처를 남긴다. 과거의 역사 속에 존재했던 현상들로 범죄와 싸우는 경찰력을 증강하자는 우파와 선의의 믿음으로 나가자는 좌파 사이의 충돌이 그것이다.

또한 오랜 우주선의 생활에서 지구를 그리워하는 향수는 폭동과 전투로 이어지고, 본연의 의도는 등한시된 채 도박, 사랑의 배신, 마약과 술 등 사회적 부조리 속에 '악'의 꽃은 피어난다. 그래서 원래의 본질은 시간의 흐름을 타고 막을 수 없는 지경에 다다르며, 세월은 흘러 공동체에서 개인주의와 지배자 왕의 탄생은 역사의 순환 고리를 벗어날 수 없는 현상이 빚어진다.

결국 천 년을 기약했던 미래의 꿈은 전쟁과 전염병, 독재, 혁명 속에 물거품이 되고, 급기야 여섯 명만이 살아남는다. 엘리자베트-15인 여자와 남자 다섯은 폐허가 되어 동물로부터 생명의 위협마저 느끼는 상황에서 이브 크라메스가 만들어놓은 우주 왕복선을 찾는다. 그러나 탑승할 수 있는 사람은 단 두 명뿐, 엘리자베트-15는 여자이기에 탑승권이 주어져 그녀가 지목한 아드리앵-18과 함께 무슈롱 호를 타고 공룡들의 행성에 비상착륙을 하게 된다. 그것은 1,251년간이란 시간여행을 하였던 '파피용' 호에 종지부를 찍는 것이었다.

그리하여 새로운 행성에 도착한 인간의 병균에 전염된 공룡들은 모두 죽고, 둘만의 지구라 할 수 있는 행성에서 둘은 싸움 끝에 엘리자베트-15는 가출하여 동굴에서 뱀에 물려 죽고, 아드리앵-18 혼자만 남게 된다.

아드리앵-18은 새로운 행성에서 살아 갈 수 있도록 준비해 두었던 씨앗 수정란, 동·식물을 부화 시킨다. 그리고 인공인간을 만들기 위해 인간의 골수가 필요하다는 기록에 자신의 갈비뼈를 뽑아 여자 아이 에야가 탄생한다. 아드리앵-18은 에야에게 전前 지구의 파괴와 전쟁, 환경오염, 전염병, 핵 등의 위협으로부터 벗어나 파피용 호를 타고 새로운 곳을 찾아나선 조상들의 이야기를 들려주며, 후대에는 이러한 일들이 다시금 생겨나면 안 된다 가르친다. 행복한 터전을 잘 보존하여 다시금 '파피용'호를 만들어 새로운 지구를 찾아나서는 선조와 같은 전철을 밟는 일은 벌어지지 않아야 하기에….

성경의 창세기 부분을 모방한 뒷부분이 한계를 뛰어넘을 수 없는 내용이 아니라, 최초의 인류를 인정하는 믿음이 강한 까닭에서 였을 것이다. 하여 만약 우리나라 사람의 작품이었다면 단군신화檀君神話의 일부가 아니었을까?

이처럼 새로운 세상을 향한 인간의 동경은 끝이 없다. 그래서 탄생한 '파피용' 호는 무한한 상상의 나래를 펴게 했다는 의의가 참으로 크다.

언젠가는 이와 같은 일이 벌어질지도 모른다는 것이 상상 속에서만 존재하길 바랄 뿐이며, 본래의 취지가 퇴색해 버릴 수밖에 없었던 인간의 이기주의로 인하여 행복한 미래가 점차 파괴되어 가는 반복은 없어야 되겠다.

또한 이 작품을 통해 미지의 세계를 향한 인간의 끝없는 도전 정신과 새로운 행성을 찾기를 열망하는 무한한 가능성을 시사해 준다. 그래서 엘리자베트가 미지의 세계를 향하는 것이 인간의 자연스런 진화의 과정이라고 말한 것처럼 인간의 상상력은 도전으로 이어진다.

더구나 몇 달 전 한국 최초의 우주인이 되어 러시아 우주 정거장에 무사히 도킹되었다가 많은 실험을 하고 왔던 이소연이 우주시대를 열어 우리의 역사에 한 획을 그었다. 그로 인하여 우주를 향한 미래의 꿈나무들의 가슴에 많은 꿈과 희망의 메시지를 남겼다. 이렇게 새로운 우주를 향한 도전에 도전을 더하다 보면 꿈으로만 생각했던 우주여행도 머지않아 일반인에게도 이루어질 것이며, 인간의 모험과 탐구 정신의 상상력에 의한 세계도 오래지 않은 날에 찾을지도 모른다.

그러나 점차 피폐화되어가는 지구를 살려 소중히 지켜가기 위한 노력과 인간의 메마른 정서의 순화 또한 강조하는 기발한 아이디어는 엉뚱한 발상에서 시작된다.

우주도시를 재현한 '파피용'호 안에 살아 숨쉬는 지구의 환경을 그대로 옮겨 놓은 가운데 14만 4천 명이란 사람을 탑승시킨 것은 상상할 수 없는 것이지만, 상상 속에서 또한 가능한 것이다. 그런데 14만 4천 명을 추정하면 한 도시의 인구 수와 비슷하기에 그 인원을 탑승시킨 것은 아닐까?

베르베르의 또 다른 작품 『나무』에서처럼 뫼비우스의 그림이 중간 중간에 내용과 걸맞게 멋지게 그려져 있어 책을 읽는 흥미를 더해준 것 같다.

제 1부 희미한 꿈, 제 2부 우주 속의 마을, 제 3부 낯선 행성에의 도착으로 맺지만, 짧게 문단을 나누어 끊어 읽는 가운데 책장은 더욱 빨리 넘겨져 속도감도 느낄 수 있었다. 그래서 지루함이란 없었고, 한 번 빠지면 헤어나지 못하는 마력마저 지닌 책이었다.

51. 페스트(La peste)

① 저　자 : Albert camus(A.카뮈), 정성국 옮김
② 분　류 : 소설
③ 출판사 : 홍신문화사
④ 쪽　수 : 343

줄거리 및 감상

불과 한 달여 전 중국의 쓰촨시에 지진이 발생하여 인명과 재산 피해 등으로 사랑하는 사람들과 생이별을 하고, 제2의 재앙에 대비하여 도시를 떠나가는 수많은 피난민들의 모습이 TV에 방영되었다. 삶의 터전을 잃고 떠나는 긴 행렬 속에 슬픔과 좌절은 뒷일이고, 우선 살아남기 위한 각고의 노력은 눈물겹지 않을 수 없었다.

재앙으로 한 도시가 파괴되고, 함께한 추억과 뿌리의 흔적조차 파묻혀버린 중국의 지진처럼 1347~1352년까지 14C 중반 유럽을 휩쓴 페스트 역시 인구의 1/3~1/2의 목숨을 앗아갔다. 봉건적인 질서와 종교적인 관념, 윤리, 도덕적 질서를 크게 뒤흔들었던 페스트를－흑사병黑死病, black death－겪어내었던 과거와 현재의 많은 재앙을 비추어볼 때, 인명의 피해로 인한 고통보다 더한 지금의 재앙은 삶의 흔적마저 송두리째 앗아가기에 더없이 무서운 결과가 아닐 수 없음이 더욱 가슴을 아프게 하였다.

시간이 흐르면 지금 벌어진 재앙도 역사의 뒤안길로 사라져 잊혀질 테지만, 예전의 재앙을 돌아보며 결코 자연의 법칙을 파괴하는 무자비한 개발은 종식되어져야 되겠다는 생각으로 무시무시했던 재앙의 도시 오랑시로 향했다.

이 사건은 19X4년 오랑(알제리 북서부의 항구도시)에서 발생했다고 첫머리에 카뮈는 밝혔는데 읽는 내내 진실일까? 아니면 소설 속의 허구일까? 머릿속에서 떠나질 않았다.

4월의 오랑시에서 쥐들이 떼죽음을 당하며, 종기와 고열로 죽어가는 사람들이 점차 늘어나자, 정부는 결국 페스트임을 알고 오랑시를 폐쇄시킨다.

그로 인하여 사랑하는 사람들과 생이별을 하고, 병마로부터 습격당한 공포와 적막한 주검 속에서도 의사 리외는 자신의 임무에 충실하며 불쌍한 환자들을 돌본다.

리외의 아내 역시 페스트에 걸려 격리 수용소에서 생활하다 죽게 되지만, 그는 끝까지 자신의 임무를 성실하게 수행해낸다.

그리고 오랑시에 취재차 왔던 파리 신문사 특파원인 랑베르는 사랑하는 아내를 만나기 위해 탈출을 시도한다. 하지만 정작 탈출할 수 있는 상황에서 혼자만의 행복을 위한 이기적인 어리석음을 부끄러워하며 남아서 페스트를 몰아내기 위해 헌신한다.

또한 검찰 차장의 아들인 타루는 죄인을 법률에 의해 사형선고를 하는 아버지에 혐오를 느끼고, 18세의 나이에 독립하여 사형선고를 없애려는 정치운동을 하게 되나, 인간의 존엄성을 지킨다는 정당마저 살인을 근절시키기 위해 살인을 허용하는 것에 염증을 느껴 오랑시로 들어온다. 그리하여 오랑시에 정착하게 된 타루는 페스트가 퍼지자, 자원 보건대를 조직하여 리외와 함께 페스트와 싸우다 병을 얻고 쓰러진다.

한편 여름날의 찌는 듯한 무더위 속에 도망자가 생겨나며, 약탈과 폭력 등 혁명과도 같은 공포의 도시에서 죽어가는 사람들을 추억할 시간조차 없이 긴장과 불안에 시달려야 했던 것이다. 그 절망의 도시에서 덕망 있는 파늘루 신부는 시민을 대상으로 강연회를 열어 페스트는 인간들에 재앙을 내려 신앙심을 갖게 하려는 신의 형벌이라 한다. 그러나 죄 없는 어린 소년이 병마와 싸우는 처절한 고통의 신음소리를 들으며, 믿음으로 구원받자던 신부는 자신의 확신이 무너진다. 그리하여 신앙의 절대적인 믿음을 강조했던 파늘루 신부는 눈앞의 현실에 동조되어 결국 신앙의 모순이 있을지라도 받아들이며, 치료를 거부하고 페스트에 걸려 죽는다.

그런 파늘루 신부가 직시하지 못하는 죽음의 현실을 보며, 타루는 의사 리외에게 신을 믿느냐 묻자, 믿지 않는다 한다. 그리고 자신은 죽음의 현장에서 몸으로 부딪치고, 파늘루 신부는 죽은 사람을 자세히 본 일이 없기에 '진리의 이름으로'라고 설교하는 것이라며, 병고의 원인을 밝히려 하기 전에 치료부터 할 것이라 말한다.

각고의 끝에 드디어 오랑시에 다시금 쥐가 출현하며, 소강상태를 보이는 페스트. 그래서 고통의 신음 소리와 죽음의 공포로 내몰렸던 도시가 해방되었음에도 리외 자신이 이 기록의 필자임을 고백하며, 페스트에 습격당한 사람들에 유리한 증언과 그들에 가해진 비리와 폭행에 대해 최소한의 추억이라도 쓴다고 말한다.

"죄를 진 사람에 대해서 생각하는 것은, 죽은 사람에 대해 생각하는 것보다 더욱 괴로운 일인지도 모른다."고 범죄자 코타르의 죽음을 목격한 리외는 말한다.

이렇듯 이미 죽어간 사람들 속에서 눈에 보이는 범죄자는 기억할 수 있으나, 페스트로 인한 죄인이 없는 살인으로 희생된 사람들은 너무 많아 어느 순간으로 잊혀질지 모른다. 또한 자신의 종교와 일치하지 않아 치료를 받을 수 없다며 거부한 파늘루 신부지만, 타루가 오랑시로 들어와 페스트를 겪었던 산증인으로 "지식과 기억뿐의 승리일 것이다!" 말하는 그는 의로운 죽음을 맞은 것이다.

이처럼 잔인한 페스트가 남긴 흔적은 기억 속에 존재하는 것만으로도 승리일 수 있다니, 당시 생과 사를 향한 인간들의 저편에 새겨진 고통에 전율할 뿐이다.

아울러 누구나 자신의 사랑하는 가족을 찾아 떠나려 했을 인간의 원초적인 모습을 보여준 랑베르였지만, 처한 현실의 벽을 넘어서지 않고 작은 힘이나마 사력을 다한 것은 모두의 귀감이 된다. 그리고 헌신적이었던 의사 리외가 실천하는 사랑은 미래가 없는 고독한 상황의 오랑시 사람들에게 희망의 메시지를 주고도 남음이 있겠다.

쥐와 벼룩에 의해서 옮겨지기에 겨울이면 병균이 여름에 비해 사라질 줄 알았는데, 나의 생각과 다르게 임파선 페스트가 겨울이 되면서 폐 페스트로 발전되어 더 위험하다고 한다.

이 작품에 드러난 것에서도 알 수 있듯 카뮈는 전쟁 반대와 사형 반대, 특히 전쟁에 의한 인간의 대량학살이나 사상범의 극형을 반대한 것으로 알려져 있다. 그리하여 소설 속 인물로는 타루를 들 수 있는 카뮈의 입장에서 인간 그 자체의 존엄성을 강조하는 가운데 이 사회의 악이며, 대량학살의 주범인 페스트와 싸우는 투철한 정신은 작품 속에 정의의 편에서 몸과 마음을 불사르는 사나이의 한 일면을 보여줌으로써, 자신의 주장하는 바를 명확히 드러낸 것이라 할 수 있겠다.

가장 절박한 순간 무엇이 인간을 자석처럼 붙들어 놓아주지 않고, 가장 소중한 삶을 간절히 원하지만, 위험한 상황에서 목숨마저 바치려는, 그 이유는 모르겠다.

그러나 어느 누구도 붙잡거나, 밀어내지 않았어도 머무를 수밖에 없는 것은 현실의 사태를 올바르게 직시할 수 있는 정의감이 있기 때문이다. 거기에 마음 따뜻한 피가 체온을 통해 흐르는 인간이기에 가능하리라 생각한다.

그리하여 페스트보다 더 무서운 것이 있다면 생명의 짧은 숨소리가 들려도 들리지 않는다며 떠나는 그것이 인간이기를 거부한 외면임을 알기에….

이 책 속에서 인상 깊은 부분은 폐쇄된 도시의 암울한 공간 속의 배경과 여름날의 무더위에 지쳐 아무것도 할 수 없는 좌절과 절망의 모습들이 무겁게 내려앉은 분위기에 맞춰 잘 묘사되어 있다는 것이다.

이처럼 훌륭한 작품은 기발한 발상으로 인한 내용에 충실한 것일 수도 있으나, 명작으로 남는 것은 시대가 원하는 가장 근접한 현실의 문제를 함께 공유하도록 독자의 마음을 정화시켜주는 그 가운데 있다고 본다. 거기에 더 추가할 수 있는 것이라면, 펜 끝에 남아 있는 잉크의 흔적이 오랫동안 마르지 않는 여운이 되어 우리의 가슴에 오래 기억되어지는 그것이 아닐까?

52. 25시

① 저　자 : C.V 게오르규, 최규남 옮김
② 분　류 : 소설
③ 출판사 : 홍신문화사
④ 쪽　수 : 396

줄거리 및 감상

나의 온전한 날이 날아가버린 어느 잠 못 드는 밤에 눈을 뜨고 거리를 방황하였다. 세상이 잠들어 고요 속에 묻혀버린 흰 눈이 탐스럽게 내리던 그 날에 단칸방 문을 열고, 흩어진 시간을 주워 모으듯이 막다른 골목의 어귀에 서서 나는 울었다.

쌓일수록 서러움이 더하여 그 서러움으로 묻어버리고픈 순간들이 더 이상 토해놓을 길 없어 주름진 고드름마다 내 삶의 굴곡이 빚어놓은 예술품처럼 보였다.

그리고 25시 편의점이 자정을 넘었는데도 훤히 불 밝혀 있음을 보면서 맥주 한 캔을 샀던 날, 25시란 것에 대한 의미를 처음으로 생각하여 보았는데 『25시』란 책의 출현과 엇비슷했을까? 오랜 시간이 흐른 뒤에야 나는 지금 이 책을 읽으며, 그 개념을 정립시켜 놓고 있는 것이다.

제 2차 세계대전이 발발하자 약소국가의 루마니아인이란 이유만으로 겪어야 했던 그 주름진 삶의 여정에서 끈질기게 몸부림치며 자유를 갈망한 운명적인 시대 속의 희생과 선택의 순간순간이 마음을 졸이게 하였다.

루마니아 태생의 가난한 농부인 주인공 '요한 모리츠'는 고향 판타나를 떠나 미국에서 돈을 벌어 스잔나라는 여인과 결혼하려 한다. 그러나 포악한 스잔나의 아버지 요르그 요르단에게 밀회가 발각되어 분노한 아버지는 그녀의 어머니를 구타하여 죽게 한다. 그래서 스잔나와 도망친 요한 모리츠는 미국을 향하지 못하고, 친분이 있는 소설가이며 코루가 목사의 아들인 트라이안 코루가의 도움을 받아 두 아이를 낳고 행복한 시간을 보낸다.

하지만 그 행복도 잠시 스잔나를 탐하는 헌병 소장이 유대인이란 누명을 씌워 수용소로 보내버리면서 요한 모리츠의 파란만상한 운명은 시작된다. 그는 그리스교도인이라 말해도 믿지 않는 상황에서 아브라 모비치 의사의 제의를 받아 헝가리로 탈출을 하였으나, 루마니아인이라는 이유로 첩보원일 수 있다는 취조를 하여 독일에 팔아버린다.

그리하여 기계문명의 살바 스크라베(노예라는 뜻)로 전락하여 단추 공장에서 고독하게 생활을 하던 중, 게르만 민족을 연구하는 장교의 눈에 띈다. 장교는 요한 모리츠를 '영웅족'의 가장 순수한 독일 인종의 후예라 극찬하며 보초 임무를 맡긴다. 그 후 병이 나면서 힐다라는 여인과 인연이 된 요한 모리츠는 그녀와 결혼하여 아이를 낳고 잠시나마 안정된 생활을 한다.

그러던 어느 날, 지난날의 동료였던 프랑스인 포로들이 연합군이 진군해온다며 함께 탈출할 것을 제의하자, 그들의 탈주를 도와주며 연합군 점령지구로 가게 된다.

하지만 루마니아는 독일을 도왔기에 연합국의 적인 나라의 국민이란 이유로 독일 강제수용소로 보내진다.

한편 인간의 존엄성이 말살된 억압에 항쟁하는 소설가 트라이안 코루가는 요한 모리츠의 석방을 위해서 최선의 노력을 다하며, 신문사의 주인인 엘레오노라 베스트와 결혼을 한다. 그녀 또한 유대인이기에 위협을 느껴 트라이안 코루가와 탈출하여 달마티아로 향하고, 소련군에 의해 루마니아는 정복당한다. 그리하여 가장 가난한 인민인 요한 모리츠의 어머니를 판사로 임명하여 인민 법정에서 많은 사람들이 죽게 되고, 코루가 사제는 반란군을 조직했다는 누명에 총을 맞고 쓰러진다. 그러자 그를 스잔나와 어머니가 후퇴하는 독일군에 넘겨주어 수용소로 보내진다.

트라이안 코루가와 아내 엘레오노라 베스트 역시도 루마니아인으로 연합국의 적국이라며 감금당하는데, 독일의 강제 수용소에서 트라이안 코루가는 비인간적인 대우와 굶주림을 호소하는 탄원서를 수없이 보내나 의미 없는 항변일 뿐이다.

그래서 선택한 비장의 카드로 단식투쟁을 하지만, 그 또한 유명무실해지며 안경으로 보았던 아름다운 세상 속에 포로된 수용소의 생활을 담고 철조망 금지선을 넘어 총살당한다.

하지만 요한 모리츠는 코루가 사제를 통해 스잔나가 살아가기 위한 방편으로 헌병 소장에 속아서 이혼을 한 것이었지만, 여전히 애타게 기다리고 있음을 알게 되며 수모를 당해 소련군의 아이를 임신했다는 사실에 괴로워하던 중, 13년 만에 석방되어 고향 판타나에서 아내와 아이들을 만난다.

그는 옛 추억을 회상하며 18시간의 자유를 맛보지만, 또다시 국적이 문제가 되어 수용소로 가야 된다는 미군의 통보를 받고, 세 아이들과 아내까지 온 가족은 소련과 싸우는 반 볼셰비키가 되어 자유와 정의, 평화를 위해 미군에 자원한다.

전쟁 속에서 독일군 종군위안부로 동원되어진 폴란드 여성과, 소련군에 의해 강간을 당한 스잔나. 이 모든 것을 부정할 수 없는 가해자로부터 학대당한 행위는 약소국 여인의 비참한 상황이 아닐 수 없다. 코루가 사제의 아내 역시 그러한 희생 속에 자살을 할 수밖에 없었다. 또한 포로들은 본국으로 송환 조치하라는 탄원과 정의를 위해 몸소 실천하다 의로운 죽음을 맞는 트라이안 코루가를 통해서도 약소국의 서러운 몸부림을 볼 수 있다.

그런데 그의 의로운 죽음과 반대되는 스잔나의 아버지 요르그 요르단은 독일군에 들어가 중위가 되어 독일의 패망 속에 스스로 죽음을 택하여 조국을 배신한 독일의 희생양이 되어 버린다.

이와 같이 평범한 한 인간이 전쟁의 소용돌이 속에서 약소국 인이었기에 13년간의 수용소 생활과 105군데를 옮겨다니며 겪어낸 요한 모리츠를 통해서도 알 수 있듯 약소국민들의 서러운 주소가 참담하게 다가선다.

『25시』의 작품 속에서 소설가로 등장하는 트라이안 코루가가 서구의 기계 노예 사슬에 얽매인 채 죽어갈 인류의 종말을 담은 작품을 구상했던 것으로 "이것은 인류의 모든 구제의 시도가 무효가 된 시간이야. 메시아의 왕림도 어떻게 해 볼 수 없는 시간이지. 이건 최후의 시간이 아니라 최후의 시간에서도 한 시간이나 더 지난 시간이니까. 이것은 서구 사회의 정확한 시간, 다시 말하면 현재의 시간을 뜻하고 있네."라고 말한다.

이처럼 아무도 구제할 수 없는 절망의 시간이기에 소설은 암울하지만, 진정한 자유를 위하여 싸우려는 요한 모리츠 가족과 줄을 서서 자원하는 루마니아인들이 있기에 그 열망이 실현될 것을 간절히 빈다.

요즈음 한 · 미 FTA에서 쇠고기 협상의 부당함을 부르짖는 촛불 집회가 월드컵보다 뜨겁게 확산되었다. 정당한 권리를 내세워 주장하지 못하고, 국민의 건강을 위협하면서까지 행해진 불합리한 미국과의 협상을 추진했던 정부의 지도자 역시 비난받아 마땅하다. 그리고 더욱 분개할 수밖에 없는 미국의 협상안과 태도에 대하여 약소국의 설움이 아닐까 생각하여 보았다.

그래서 자신의 권리를 찾기 위하여 평화적인 집회를 갖는 것은 당연한 일이다. 힘 없는 개인이 할 수 없는 일이라면, 한마음 되어 동참한 사람들이 모여 가장 힘 있는 상대를 대상으로 권리를 찾으려는 굳건한 의지를 더 이상 정부도 외면하지 말고, 새로운 방법을 모색할 수 있기를 간절히 빈다. 아울러 더 이상 약소국이란 이름으로 국가 대 국가의 협의에 국민의 자존심마저 버리는 일부 몰지각한 사람들은 국민 앞에 깊이 사죄해야 할 것이다.

53. 밑줄 긋는 남자

① 저　자 : 카롤린 봉그랑, 이세욱 옮김.
② 분　류 : 소설
③ 출판사 : 열린책들
④ 쪽　수 : 158

줄거리 및 감상

요즘은 도서관에도 컴퓨터 전산망을 이용하여 도서의 청구 번호를 찾고, 대출 여부와 책의 이름이 기억나지 않는다면 저자명만을 입력하여도 한눈에 도서명을 볼 수 있다. 또한 신간이나 새롭게 들어온 책들의 목록을 컴퓨터 곁에 둠으로써 신속하게 읽고자 하는 책을 선택하여 대출할 수가 있다.

청구 번호			등록번호		
저자명					
서　명					
소속		이름	대출일	반납 예정일	반납일

하지만 이렇게 편리한 문명의 이기를 유용하게 사용하기 이전에는 왼쪽과 같은 양식으로 된 카드를 만들어 책의 맨 뒷부분의 주머니에 넣으면서 대출 상황을 기록하였다.

오래된 책을 읽다보면 간간이 이런 대출카드를 접하게 되는데, 반납 예정일 난에는 대부분 연락처가 적혀 있었다. 그래서 나보다 앞서 읽었던 사람들의 이름과 연락처를 살펴보면서 이 책을 어떻게 읽었으며, 느낌과 교훈은 무엇이었고, 아직도 독서를 즐기는지? 어디서 무엇을 하며 사는지…(?) 참으로 막연하지만, 이러한 사소한 생각들을 하면서 나도 모르는 엉뚱한 상상에 실없이 웃어본 적도 있다. 또한 나와 아무런 관련이 없는 흔적들이 있었지만, 그것은 분명 정겨운 인간적인 따스함이 담겨 있어 사람의 내음을 맡을 수 있기에 좋았던 것 같다.

나는 대부분의 책을 도서관에서 빌려 읽기에 책을 읽다보면 책 속의 낙서와 밑줄이 그어진 것을 가끔씩 발견한다. 나 또한 그 부분을 더욱 신경써서 읽곤 했는데 심하게 낙서를 했거나, 훼손해버린 부분이 나올 때는 책을 소중히 다루지 않는 것에 대해 눈살이 찌푸려졌다. 그런데 책을 읽으며 책에 밑줄을 긋는 남자라니….

대학을 졸업하였으나 직업은 없고, 대인관계가 많지 않아 혼자 살면서 독서를 즐기는 콩스탕스(constance : 변함없음, 한결같음, 항상성의 뜻)란 여자가 어느 날 도서관에 간다. 읽고픈 책이 있으면 기필코 손에 넣는 열정이 남다른 그녀에게 레옹이라 이름 지은 장난감 당나귀가 있어 집에서는 유일한 친구이자 의지이다.

그런 그녀가 도서관에서 책을 빌려 읽다가 '당신을 위해 더 좋은 것이 있습니다.'라고 적힌 메모를 발견하며 그녀의 궁금증은 시작된다. 책 속의 메모대로 따라가며 밑줄이 그어진 책의 내용을 읽는데, 마치 자신을 누군가가 지켜보면서 관심을 갖는 것 같은 착각에 빠진다. 그러다 그녀 또한 책 속에 체크를 하면서 책을 통하여 함께 공유하는 남녀는 사랑의 감정이 교류된다.

그래서 밑줄 긋는 남자가 누구인지 더욱 궁금해져 도서관에서 그 남자를 찾으려 한다. 하지만 어떤 실마리조차 찾지 못하고, 혹시라도 어디선가 지켜볼지도 모를 밑줄 긋는 남자로 인하여 그녀의 삶은 더욱 신중해진다. 그러다 콩스탕스는 도서관에 근무하는 지젤이란 여인이 혹시 그 남자를 알고 있지 않을까 하여 밑줄 긋는 남자를 향해 진실된 마음을 고백하는 연애편지를 써서 그녀에게 편지를 전해줄 것을 부탁한다.

그 후로 장난삼아 무작위로 존재하지 않을 것 같은 이름의 전화번호를 묻는 중 '연필을 가진 남자'라는 사람과 통화하게 된다. 콩스탕스는 통화했던 그 사람이 밑줄 긋는 남자일 것이다 확신하며 만난다. 그러나 그 남자는 문학을 하는 학생 클로드로 콩스탕스에 관심을 갖고 사랑하게 된 남자였을 뿐이다. 클로드는 밑줄 긋는 남자를 찾기 위해 노력하는 콩스탕스를 도와주다 서로 진짜 사랑을 하게 된다.

결국 밑줄 긋는 남자를 온갖 노력에도 찾을 수 없었던 콩스탕스는 책 속에 메모를 남긴다. '아탕뒤 Attendu(e)'라고 －〈:기다리는, 기다리던… 용례: 당신이 오시지 않았기 때문에…….〉－ 라고.

자신의 감정을 숨김없이 솔직 담백하게 그려놓은 것이 감동적이다.

단지 밑줄을 그어 놓았을 뿐이라고 말하기엔 필연처럼 느껴지는 상황에서 막연한 밑줄 긋는 남자로 인하여 달라진 그녀의 일상생활과 설렘도 진솔하게 격 없이 서술되어져 이것이야말로 사람을 대하는 마음가짐이 아닐까 생각한다.

그리고 책이라는 공간 속에 수수께끼를 하나씩 풀어가다 사랑의 감정이 싹트기까지 책 속에서 찾는 삶은 진실한 믿음이 될 수도 있지 않을까 생각해 보았다.

결국 밑줄 긋는 남자를 찾지 못하며 소설은 맺지만, 누구인지 모를 막연함 속에서 흔적들로 인해 느꼈던 순수한 감정은 아주 소중한 추억이 될 것이다.

이처럼 책을 읽으며 감동하는 부분은 사람의 나이와 생활환경, 추구하는 이상과 성격 등 여러 상황에 따라서 조금은 다를 수 있지만, 공통된 생각으로 같은 부분을 손꼽는 정서가 비슷한 사람들이 많다. 그래서 책을 읽으며 사소한 흔적이라도 있으면 더 관심을 갖는 것은 그만큼 같은 책을 읽는 독자로서 간접적으로나마 감정을 교류하는 공간이 되어주기 때문인 것 같다.

『밑줄 긋는 남자』처럼 독서를 즐기는 사람이 아니라면 이러한 소재는 얻을 수 없을지도 모른다는 생각이 들었다. 아울러 책은 나만이 읽는 것이 아닌 까닭에 특히나 공공도서관의 책을 빌려다 읽는 나로서도 한 번쯤 소설 속의 주인공처럼 궁금증이 유발된 적도 있었다. 그것은 책을 읽는 가운데 경험하는 아주 뜻 깊은 일로 마음에 소중히 담아 두려 한다.

54. 검은 꽃

① 저　자 : 김영하
② 분　류 : 소설
③ 출판사 : 문학동네
④ 쪽　수 : 356

줄거리 및 감상

장맛비를 내리게 하는 검은 구름 속에 간간이 번갯불이 번쩍이며, 뇌성을 토해내는 가운데 비가 내렸다 갰다를 반복한다. 집에서 무엇을 하기에 아무런 소식도 없느냐고 나를 궁금해 하는 몇몇의 사람들도 이제는 포기했는지 조용하다. 습기와 곰팡이 냄새, 그리고 빨리 상해버려 먹을 수 없는 부패된 음식을 냄비에 그대로 둔 채, 손 하나 까딱하고 싶지 않은 무력감 속에 낮잠도 간간이 자면서 잘 넘어가지 않는 책장을 애써 넘기려는 수고로움이 스스로에게 안쓰럽기까지 했다.

나태해진 것인지? 집안 살림을 완벽히 해놓고, 홀가분한 마음으로 책을 읽는다면 더없이 능률이 올랐을 텐데 검은 구름이 안고 있는 기운 때문일까?

햇빛을 온전히 받지 못한 우울함처럼 『검은 꽃』은 향기를 잃어버린 역사의 뒤안길로 나를 은밀히 이끈다. 지금의 침체된 기분이 더욱 처절해질 때까지….

일본과 을사보호 조약을 맺게 되는 1905년 4월 4일 굶주림에 허덕이는 가난한 농민들과 도시의 부랑자, 몰락한 양반 등이 제물포 항을 떠나 멕시코로 향하는 '일포드 호'의 영국 배에 몸을 싣는다. 1,033명의 조선인들이 황성신문에 '황금의 땅'이라 소개한 멕시코를 향하여 미래의 꿈을 실현할 수 있는 계기가 될 것이란 희망을 잔뜩 안고서….

5월 15일 멕시코 남부의 항구 살리나크루스에 도착하여 유카탄 반도의 관문인 프로그레소 항으로 향한다. 드디어 유카탄에 도착한 조선인들은 노동력을 착취하는 농장에서 섬유의 원료가 되는 에네켄을 거두어들이기 위해 가시에 찔리고, 그 찔린 자리에 독이 퍼져 고통을 당하는 것도 부족해 마야인들의 채찍을 맞으며 노예 되어 일을 한다. 피를 토하듯 일을 하여도 비싼 식량과 턱없이 부족한 임금으로 굶주림을 이겨내려 발버둥을 치지만 아무 소용이 없다.

거기에 인간적인 대우를 받지 못하는 이민자들은 파업에 들어가 폭동을 일으키고, 우상 숭배를 금지하며 그리스도를 받들라는 농장 주인의 설득에 박수무당은 마치 이민자들의 미래를 예언이라도 하듯 점점 암울한 세상은 전쟁 속에 혁명으로 피폐화 되어간다. 의사소통은 통역을 맡은 권용준을 통하여 이루어지고, 황족의 일가인 이종도는 조선 이민자들의 고초를 적어 황제께 편지를 쓰나 불태워질 뿐이다.

그렇게 힘겨운 삶의 여정을 지나 농장과 4년간의 계약이 만료되었으나, 귀국할 여비조차 없고, 1910년 한일합병으로 인하여 대한제국이 발행한 이주자들의 여권은 무용지물이 되어버리고 만다. 그래서 유카탄에 주저앉을 수밖에 없는 가운데 멕시코엔 혁명이 시작되며, 판초 비야의 군대에 가담하게 된 김이정은 지주들을 축출하며, 미국으로 가서 돈을 벌려 했던 생각을 버린다.

그러한 가운데 이종도의 딸 연수는 멕시코로 향하는 배에서 정사를 나눈 고아며 장돌뱅이였던 김이정과 헤어지나, 임신하여 아들 섭이를 낳는다. 하지만 조선으로 돌아가려는 길에 중국인에 붙잡혀 몸종 신세가 된다. 그런 연수는 박정훈의 도움으로 벗어나 함께 살게 되는데 어느 날, 김이정이 나타나자 박정훈은 연수와 만나지 못하도록 하여 조용히 떠나보낸다.

한편 군비의 충당이 되는 유카탄의 에네켄 농장에 불을 지르라는 주지사의 지시로 노동자들은 실업자가 되고 만다. 이런 상황 속에서 마야 혁명군은 과테말라 북부 정글의 독재 정권으로 마야 원주민을 탄압하자 엄청난 돈을 내건다. 그러자 아무런 희망조차 찾을 수 없는 한인회 사람들은 마야 원주민을 위해 과테말라 밀림 속으로 들어간다. 그렇게 한인 40여 명이 생사를 건 싸움은 남의 땅, 남의 나라에서 돈을 벌기 위한 것이라지만, 김이정은 조선이란 자신의 나라는 없어 졌어도 과테말라에 새 나라를 세웠노라 일본인 요시다에게 글을 쓴다. 그리고 정부군에 의해 모두 살해당한 그들의 가슴에는 돌아갈 조국의 낡고 색 바랜 증명서만이 있을 뿐….

고종의 친척인 이종도와 그의 가족들, 박수무당, 바오로 신부로 불린 박광수, 전역한 군인들, 좀도둑으로 에네켄 농장의 관리가 되어 자국민을 괴롭히는 최선길, 통역관으로 돈을 벌어 방탕한 생활 속에 무의미하게 생을 마감하는 권용준 등.

가난한 이 나라를 등지고 타국을 향했던 이주자들의 희망을 송두리 채 앗아간 에네켄 농장에서의 혹독한 삶은 결국 돌아갈 수 없는 나라 잃은 현실과도 맞물린다.

하지만 전쟁과 혁명 속에서도 조선인의 나라 잃은 설움을 대신하여 새 나라를 세웠노라고 하였던 김이정은 비록 이름조차 없는 고아였으나, 그의 가슴에 피어난 사랑과 조국애는 본받을 만하다. 조선인으로서 일본인을 향하여 자존심을 굽히지 않은 부분도 뜻 깊게 남는다.

또한 황족의 일가인 이종도와 그의 식솔들도 마찬가지로 얼마나 살기 힘겨웠으면 남의 땅, 남의 나라로 향할 수밖에 없었던 것인지 당시 조선의 현실을 미루어 짐작하고도 남음이 있다. 그리고 나라를 잃은 설움과 돌아갈 수 없는 희망이 상실된 곳에서 살인적인 무더위와 가시 돋친 에네켄을 따는 고된 나날을 견디어낸 이주자들. 그들은 아픈 역사 속에서 꿈에 부풀어 이국을 향했던 꿈은 피우지 말았어야 하는 '검은 꽃'되어 가슴에 응어리진다.

하지만 비록 '검은 꽃'이더라도 그 속에 희망이란 향기를 담을 수만 있었으면 더없이 좋았을 것을, 그 꽃 속에 배어 있는 아픔이 너무나 커 향기조차 담을 수 없었음이 가장 가슴 아플 뿐이다. 아울러 검은 꽃이었을지라도 그 꽃을 피워내지 못했다면 1,033명의 삶이 무엇을 의미했는지 몰랐을 것이라 생각하니 그나마 마음의 위안이 된다.

존 스타인 백의 『분노의 포도』를 떠올리지 않을 수 없는 『검은 꽃』역시도 노동력 착취와 지주들의 사악한 욕심에 의해 힘없고 가난한 사람들이 인간적인 대우마저 받지 못하는 나락으로 떨어져 고초를 당한 설움은 나라를 잃은 비통함이요, 부모를 잃은 고아의 신세와 무엇이 다를까?

이렇듯 아무도 책임져주지 아니한 사지에 내몰린 백성으로 겪어낸 고초를 생각하면 울분이 터지지 않을 수 없다. 어느 누구의 제약도, 보호도 받을 수 없었던 시대의 희생양일 수밖에 없었던 역사의 뒤안길에서 외롭게 살아간 그들의 넋을 그 누가 위로해줄 수 있을까? 우울한 마음을 다잡으며 나를 일으켜세운다. 하지만 돌아갈 수 없는 조국을 향한 그리움과 이국에서의 처절한 싸움이 흐린 날처럼 내 가슴에 더욱 아프게 파고든다.

55. 하늘 호수로 떠난 여행

① 저　자 : 류시화
② 분　류 : 기행문
③ 출판사 : 열림원
④ 쪽　수 : 237

줄거리 및 감상

건강한 사람이라면 정신과 육체가 함께 조화를 이루어 평화롭고 안락한 상태가 아닐까 싶었다. 육체적으로 건강하지 못한 사람이라면 정신적인 건강에 치중할 것이고, 정신적으로 병든 사람은 육체의 건강마저 위해를 가할 수 있다고 생각한다면 정신세계의 건강함이 더 소중하게 느껴질지 모른다. 그러나 '어디까지나 나의 소견일 뿐이지.'라고 단정짓기에는 여운이 있는 듯하다.

그래서 심신을 갈고 닦는 '수양'을 함에 있어서 '명상'은 필수조건인 것으로 생각하는 나에게 『하늘 호수로 떠난 여행』은 부끄러운 마음을 다독여 주었다.

소외되어가고, 개인주의가 되어 가면 갈수록 힘겨운 생존 경쟁 속에서 현대인들의 초조, 긴장, 불안으로 동반된 스트레스가 겹쳐 초스피드, 각박함, 이기적인 고독, 비정규직, 서민들의 설움, 다람쥐 쳇바퀴의 삶, 도시의 방랑자와 이방인 등 그야말로 마음의 안식이 가장 필요한 상태이다.

이런 반면에 가난하지만 여유가 있고, 진리를 깨우치기 위한 생활 속의 실천으로 소박한 꿈을 지니고 살아가는 풍요 속의 유유자적한 삶과는 분명 많은 차이를 내포한다.

10년 동안 열 차례에 걸쳐 인도 등지를 여행하면서 체험한 감동적인 일화를 엮어서 펴낸 이 책은 인도인들의 천성과 그들의 삶을 들여다보는 체험의 현장을 고스란히 담아내었기에 더없이 많은 교훈을 주는 것 같다.

황무지를 달리는 버스 안에서 배탈이 나면서 볼일을 봐야 하는데 아무리 문명인이라 하여도 생리적인 현상은 해결되어야하지 않을까? 그런 상황을 종료시키고 저자는 말한다. 황무지뿐인 곳에서 "먹을 것이 별로 없는 인도인들은 저 아열대의 태양광선을 먹고 사는 게 아닌가."라고. 순박한 인도인들을 잘 표현한 말이 아닌가 싶다. 흙 속에 생명을 키우는 양분이 태양광선이라고 하기에 강렬한 빛의 의미를 다시 한 번 생각하게 하는 말이기도 하다.

도둑이 많아 경계를 해야 하는 것도 사실이라는데 어린 소매치기 소년을 충고하며, 새롭게 살라는 저자에게 고마움의 표시로 비록 훔친 돈이지만, 목걸이를 선물로 받게 된 '아름다운 도둑'이란 이를 두고 하는 말인가?

인도의 어딜 가나 수행자를 만날 수 있으나, 진정한 스승을 찾아 수행을 하고자 하는 가운데 요기(요가 수행자)로부터 무드라(깨달음의 형상)를 얻기 위한 노력을 가상히 여겨 얻어낸 세 개의 만트라. 첫째는 자신에 정직하고, 자신과 만큼은 타협하지 말라며, 둘째는 기쁨과 슬픔이 찾아왔다 머지않아 사라지지만, 영원한 것은 어떤 것도 없으니 마음의 평화를 잃지 말라다. 그리고 마지막 세 번째의 만트라는 "누가 너에게 도움을 청하여 오거든 신이 도와줄 것이라고 말하지 말라. 마치 신이 존재하지 않는 것처럼 네가 나서서 도우라."이다.

이것은 자만하지 말며, 세상사를 살면서 부딪쳐내야 하는 모든 상황 속에 평정심을 잃지 않는 마음으로 도움이 필요한 사람이 있다면 솔선수범하여 나서는 반듯한 실천적인 삶을 강조한 소중한 만트라임에 틀림없다.

비가 오면 물이 새는 구멍난 지붕으로 보이는 별을 보면서 "저 하늘 호수로부터 먼 여행을 떠나 온 별들이 아닐까."라고 했다. 그만큼 가진 것 없는 가난한 사람들이지만, 마음만큼은 풍성하고 따뜻한 사람들임을 아름다운 언어로 표현한 극치를 이룬 듯하다.

또한 음악회장에 참석하려 약속했지만, 제 시간에 오지도 않고 약속을 어긴 라비상카는 "약속을 지키지 않는 것보다 더 나쁜 건 감정에 휘말려 자신을 잃어버리는 일입니다."라고 말하는데, 인도인들은 어떠한 상황에서든 철학적이며, 그 안에 깨달음의 진리를 안고 있다는 것을 다시금 알 수 있는 말인 것 같다.

어느 상황에서도 당당한 그들의 천성은 구걸을 하는 많은 사람들을 통해서도 알 수 있었다. 도둑과 거지들이 많아서 외국인을 향해 구걸하지만, 가진 자가 쌓아 놓는 곳간이 아닌 나눔은 당연한 것이며, 내 것이었던 것이지만 오래지 않아 내 것이 아닌 것일 수 있는 물질적인 것들에 대하여 인도인들은 의미를 두지 않는다.

그것은 자연과 벗하며 살기에 소박할 수밖에 없는 것에서 비롯된 것 같다. 그래서 넉넉하지 않아도 마음의 수양으로 풍족함을 느끼는 그들의 정신세계를 이해하고 받아들이기에 어려움은 따르지만, 자신을 묶어 놓은 삶의 구속을 벗어던질 수 있는 세 가지의 만트라만으로도 가장 값진 교훈을 얻은 것 같다.

그리고 가장 실천적인 삶을 감동으로 담은 '인디아 어록 중(中)'에서 "눈에 눈물이 없으면 그 영혼에는 무지개가 없다."는 말처럼 진실로 감동하는 마음의 눈이 없다면 세상을 바라보는 그 의미가 없고, 아름다운 마음속에는 항상 무지개가 있으나, 그것을 실행하지 않는 삶에는 무지개가 뜨지 않는다는 말인 것 같다.

가장 가슴에 와 닿으며 내 삶의 크나큰 깨달음으로 남은 '가장 먼 거리'란 것은 그 자체로 해석하지 않아도 교훈이 된다.

그것은 리시케시의 강가에서 어느 날, 한 스와미와 얘길 나누었는데 그는 남인도 트리반드룸에서 왔으며, 리시케시까지 기차를 타고 오는 데 100시간 이상이 걸렸다고 한다. 놀라며 그런 먼 거리를 어떻게 왔느냐고 묻자 그는 말한다.

"그것보다 더 먼 거리가 있습니다. 세상에서 가장 먼 거리는 사람의 머리와 가슴까지의 30센티밖에 안 되는 거리입니다. 머리에서 가슴으로 이동하는 데 평생이 걸리는 사람도 있습니다." –(인디아 어록2 中에서 발췌)

이 책을 모두 읽고 나니 힘든 상황에서 나약해지기 쉬운 마음을 붙잡아 주고, 시기와 질투로 분노하여 평정심을 잃었을 때, 지탱할 계기가 되어 주는 것 같다.

거기에 나는 세 가지의 만트라를 통해 인도인들의 낙관적인 삶을 들여다보며 가지기 위한 행복보다 지금의 행복에 감사하려고 한다.

56. 몽크(The Monk)

① 저　　자 : 매튜 그레고리 루이스, 김문유 · 한지영 옮김.
② 분　　류 : 고딕소설
③ 출판사 : 현대문화센타
④ 쪽　　수 : 493

줄거리 및 감상

때 이른 폭염과 열대야가 나흘째 이어져 더위를 먹었는지 머리는 아프고 멍하더니 온몸이 부어 하루 종일 힘겨웠다. 풀벌레 울음소리만 따가운 햇살에 시위하듯 드높아 갔고, 그늘을 찾아 비 오듯 흘리는 땀방울을 훔쳐내는 사람들의 모습은 마치 불가마 속에 갇혀 숨쉬기 곤란한 허덕임을 상상하게 하였다.

방송에서는 국토순례를 하던 대학생 장정들이 쓰러져 그 중 한 명이 죽었다는 안타까운 소식과 더위에 시달리다 폐사한 닭, 숨을 헐떡이며 누워있는 돼지 등 그야말로 살인적인 더위로 인하여 지상의 모든 생명체는 널부러져 몸살을 앓고 있다.

이런 기후적인 악조건과 컨디션이 좋지 않은 상태에서도 중반부로 넘어가는 『몽크』에 심취되어 더위와 세상 돌아가는 것을 잠시나마 떨쳐내고자 하였다.

그런데 문학의 새로운 양상인 '**고딕소설**'–(고딕문학의 선구자로서의 고딕소설이란 대개 중세의 성곽을 배경으로 하여 지하 감옥으로 가득 찬 성, 음산한 지하통로, 유령이 나타났다 사라지는 등 초자연적인 현상이 일어난 중세의 성들을 소재로 쓴 소설들을 일컫는다.)을 대하며 '예술 지상주의 경향의 효시'라 할 수 있는 임노월의 『악마의 사랑』에서 새로운 여인에 매료되어 아내인 정순을 우물에 빠뜨려 죽이는 주인공처럼 욕망을 채우기 위한 인간의 어디까지가 탈을 쓴 악마의 보습이며, 그 끝은 어떠한지 이 책을 읽으며 다시 한 번 생각해 보았다.

버려진 아이 암브로시오는 수도원장이 데려다 키운 마드리드 마을에서 서른 살에 수도원장이 되어 설득력 있는 설교로 대중들의 우상이 된다.

그런 암브로시오를 흠모하는 수련수사 로사리오(마틸다)는 수도원장의 욕정을 시험대에 올리는 악마적인 여인으로 결국 암브로시오의 동정을 빼앗는다. 그 뒤부터 새로운 여인을 향한 욕정을 지울 수 없는 암브로시오에게 마틸다는 자신의 마법을 이용하여 다시금 그를 시험하려 음모를 꾸민다.

그러던 어느 날, 고해성사를 하는 청순한 안토니아라는 여인이 어머니 엘비라가 병이 깊으니 기도하여 달라고 부탁하자, 그녀의 모습에 반하여 수도원을 몰래 빠져나온 암브로시오는 수 차례 그녀의 집을 방문한다. 그러면서 떨칠 수 없는 욕정을 견디지 못하고 그녀를 범하려 한다.

그러나 뜻대로 되지 않자, 결국 마틸다의 마법을 이용하여 안토니아를 범하려는 순간 엘비라에게 들킨다. 그러자 엘비라를 죽인 살인자의 탈을 쓰고도 안토니아를 향한 암브로시오의 불타는 욕정은 끊을 수 없다. 그리하여 또다시 마틸다의 계획대로 마취제를 이용하여 수도원 지하무덤으로 안토니아를 데려가 범하고 만다.

수녀원장 또한 인간의 존엄한 사랑의 자유보다 명예만을 지키기 위해 한 여인에게 내린 가혹한 형벌을 대한다면 분노를 삭일 수 없으리라.

시스테르나스 후작인 라이몬드가 사랑하는 여인 아그네스는 친척의 음모로 헤어져 수녀원에서 생활하게 된다. 그들은 시간이 흐른 뒤 다시금 몰래 만나며, 수녀원에서 아그네스를 빼내오려 라이몬드와 그녀의 오빠 로렌조의 끝없는 시도에도 불구하고, 남자와 통정하여 임신까지 하게 된 아그네스를 용서할 수 없는 불명예라 생각한 수녀원장은 그녀를 지하의 감옥에 감금시킨다.

그러나 모든 사람들은 아그네스가 병을 얻어 죽은 것으로 알고 있으며, 그녀를 사랑하는 라이몬드 역시 그렇게 알고 슬픔에 잠긴다. 그런데 성 우르술라 수녀가 아그네스를 살해한 자들이 천벌을 받을 수 있도록 해달라는 편지를 라이몬드에게 보낸다.

그 편지 받은 라이몬드가 병사와 종교 재판소 관리들을 대동하여 수녀원을 찾자, 성 우르술라 수녀는 수녀원장이 아그네스에게 독약을 마시게 하여 살해되었다고 증언한다. 이에 성난 사람들은 폭도가 되어 수녀원장은 돌맞아 죽고, 수녀원은 화염 속에 아수라장이 된다.

그리하여 수녀들은 폭도들을 피해 로렌조와 함께 지하 무덤으로 숨어들어갔다 감옥에 갇힌 아그네스를 구해낸다. 그리고 이상하게 생각해 다시 지하무덤을 살피는 로렌조와 종교재판소 관리들의 소리를 듣게 된 암브로시오는 자신이 저지른 일이 탄로날까 봐 안토니아를 칼로 찌르고 도망친다.

암브로시오의 강론에서 첫눈에 반하여 결혼하고자 하였던 바로 그 안토니아가…. 로렌조는 그녀를 안고 깊은 슬픔에 젖는다. 하지만 로렌조에 의해 구출된 아그네스는 그토록 사랑하는 라이몬드와 행복한 결혼식을 올린다.

마침내 사건의 모든 진상이 밝혀지며 강간 · 살인 · 마법을 행한 죄로 붙잡혀 마틸다는 화형이 선고된다. 또한 무죄를 주장하는 암브로시오 역시 자신의 죽음을 예견하며 마틸다의 마법 책을 펼쳐 읽어내려가던 중, 악마 루시퍼가 나타나 영혼을 팔아 자유를 얻으라고 유혹한다. 그러자 신의 용서를 기다리며 포기하지 않겠다던 암브로시오는 창조주와 그 아들임을 부인하며 영혼을 악마에게 넘기고, 구원의 모든 권리를 포기한 채 탈옥하여 화형을 면하게 되었다고 생각한다.

하지만 그것은 마틸다를 이용하여 허영심과 자만으로 끝내는 욕정을 이겨내지 못한 어리석은 인간을 꾀어낸 악마의 늪이었던 것이다. 그리하여 영혼을 판 악마에게조차도 영원히 용서받을 수 없는 암브로시오는 처참한 죽음을 맞는다.

결국 암브로시오는 마법을 쓰는 마틸다의 유혹에 순결한 안토니아를 범하였고, 엘비라를 죽였다. 하지만 아이러니하게도 안토니아는 암브로시오 자신의 누이동생이었으며, 목 졸라 죽인 엘비라는 낳아주신 어머니였던 것이다.

이 작품은 1796년 발표 당시 신성을 모독하고 외설적이며, 도덕적으로 타락했다는 비평가들의 맹렬한 공격을 받았다 한다. 그 이유는 말하지 않아도 되겠지만, 우선 수도원장인 암브로시오는 모든 이의 존경을 받는 대상으로서 신의 사도다.

그런 그가 마틸다의 계략에 빠져든 것은 단지 자신의 내면에서 꿈틀거리는 욕정 때문만은 아니었다. 평범한 인간도 비록 갈등은 하나 양심에 비추어 죄짓는 것이라 판단하면 보다 확고한 의지로 이겨내는데, 암브로시오에게 있어서 설령 계략이었다손 치더라도 극복해낼 의지가 부족했던 것이 가장 큰 원인이라고 생각한다.

만약에 마틸다가 제안하는 모든 것을 처음부터 강력히 거부했다면 그녀는 더 이상 의미를 두지 않고 물러섰을 것이다. 그런데 유혹에 넘어온 그의 동정을 빼앗음으로 그에 대한 모든 믿음이 깨어져 얕잡아 본 마틸다는 암브로시오를 좌지우지했던 것이다. 그래서 최후에 자신의 혈육까지 죽이는 패륜으로 이어진 것은 실로 용서받지 못할 죄악이다. 거기에 죄는 미워하되 사람은 미워하지 말라는 마지막의 양심마저도 남겨두지 않고, 암브로시오는 신에게서조차 용서받지 못할 영혼을 팔고마는 결과를 초래했다.

이처럼 죄악의 길로 가는 것은 처음이 어렵지 그 다음은 점차 의식조차 하지 못하는 가운데 어둠 속으로 쉬이 빨려들 뿐이다. 고로 아무리 가는 길이 멀어도 길이 아니면 돌아서 가야하는 것이다. "마음먹고 너희는 욕망을 억제하라. 그렇지 않으면 죄와 그 검은 심부름꾼인 죽음이 너희를 덮칠 것이다."란 밀턴의 『실락원』에서 처럼 죄를 짓고도 죄의식을 느끼지 못하면 마침내 죽음을 불러일으킨다는 것을 깨닫게 한다.

수녀원장 또한 수녀로서 비록 통정을 하였으나, 진실로 사랑하는 사람과 함께 행복한 삶을 선택하려는 존엄한 인간의 권리를 박탈한 격이다. 거기에 암흑의 공포와 지옥을 상징하는 지하 감옥에 감금시킴으로 가장 무서운 형벌을 내린 셈이다. 무슨 자격으로…. 그것이 명예만을 생각한 결과라면 이 얼마나 가혹한 독단적인 행위란 말인가? 아그네스가 간절한 마음으로 사랑을 간구한 의사를 존중하여 좀더 너그럽게 받아들여 진정 그녀가 행복해지는 길을 열어주었어야 마땅한 이치라고 본다.

그래서 올바른 인성을 갖추지 못한 사람들 사이에서도 진실한 마음으로 대하지 않고, 가식과 위선적인 행동을 하는 사람이 있다면 점차 멀어지기 마련이다. 그 까닭은 진실이 배제된 포장에 불과하기 때문인데, 명예만을 중시한다면 존경하는 마음이 어찌 자연스레 우러나올 수 있겠는가?

이상과 같이 수도원장을 통해 인간이 어디까지 악마적일 수 있으며, 잔인한가를 보여줌으로써 악마의 유혹을 물리친다는 것이 얼마나 어렵고 힘든지를 깨닫게 해준다. 아울러 수녀원장을 통해서는 진실한 마음을 감추고 겉으로만 지켜내려는 명예란 것이 부질없음을 보여준 한 단면이다.

우리 주변이 깨끗하면 더러운 것은 빨리 눈에 띈다. 그러나 더러운 곳에 있는 깨끗한 것은 사람들의 의식 속에서 이미 인정하지 않아 모두 더러울 것이라 단정지어버리고 예의주시하지 않는다. 그러니 처음부터 잘못된 것은 과감히 물리치고, 설령 길을 잘못 든 상황이라면 더 깊은 늪에 빠지기 전에 한시라도 빨리 박차고 나올 수 있는 결단성이 있다면, 어떠한 상황이 닥쳐도 결코 자신을 포기하는 삶은 없을 것이라 자신한다.

아울러 우리 안에는 인간이라는 피가 뜨겁게 흐르고 있다. 온몸에 똑같이 피가 흐르지만, 이미 그 피가 식은 사람은 인간이 아니기에 햇살이 뜨겁던 오늘을 감사해야 되겠다. 자연도 뜨거운 가운데 곡식을 알지게 키우고 있기에….

※ 참 고

이 책은 저자가 「가디언」에 소개된 「산톤 바시사」에서 영감을 얻었으며, 독일 전역에서 회자되는 '피 흘리는 수녀', 「물의 왕(Water-king)」 3연에서 12연은 덴마크 민요를 그대로 따온 것으로 「벨레르마와 두란다르테」에서는 에스파냐 고전 시 일부 연을 인용했고, 밝히지 않은 다른 곳에서 빌려 쓴 부분도 있다고 저자는 밝힌다.

57. 장영실은 하늘을 보았다(2권)

① 저 자 : 김종록
② 분 류 : 소설
③ 출판사 : 랜덤하우스 중앙
④ 쪽 수 : 1권(294), 2권(311)

줄거리 및 감상

무더위에 지쳤으나 어둠이 내린 깊은 밤이 되면서 태양의 열기는 수그러들었다. 선풍기를 틀지 않아도 되기에 베란다 문을 활짝 열고 바라보는 앞산의 나뭇가지에 매달린 이파리가 바람결에 흔들리고 있다. 살랑살랑 불어주는 그 바람이 지친 하루를 위안이라도 하는 듯 다가선다.

그리고 덧없이 지나가는 시간 속에 고요한 밤하늘의 별을 본다.

어둠 속에 떠 있는 별, 어둠을 뚫고서 얼굴을 내민 침묵의 별이 떠 있는 가슴은 까맣게 타버림으로 그 빛을 안을 수 있는 것인지? 타버린 까만 가슴이 아니면 담을 수 없는 밤하늘의 별이 오늘따라 유난히 내 삶의 뒤안길에 처연히 떠 있다.

이처럼 감상에 젖어 바라보는 밤하늘은 삶에 지치고 벗어날 수 없는 분노와 고통, 아픔과 좌절 속에 원망마저 속 시원하게 털어놓을 수 없는 모습으로 그저 새까맣게만 보일 뿐이다. 그러나 무엇인가로 희망을 얻을 수 있기를 간절히 기원하는 하늘이기도 한데, 세상사 잘못 돌아가고 있음을 한탄하는 어느 선지자도 있었으니, 아마도 세종과 장영실이 보았던 하늘이 아니었을까?

장영실의 업적과 그의 삶은 우리 과학의 역사에 횃불을 밝히어 모르는 사람이 없다. 그런 장영실은 관기官妓인 어머니 자향과 전법 판서를 지낸 장성휘 사이에서 태어난 유복자였다. 그 당시에 관기는 천인이라서 어머니의 신분을 따라 관노가 되어야만 했던 영실이다. 하지만 어릴 때부터 총명했던 그는 이미 5세 때 "소나무는 마음속으로 동그란 나이를 먹고, 대나무는 속을 비운 채 밖으로 나이를 먹네."라는 시를 지었을 정도이다. 그런 영실에게 가르침을 주어 평생 스승으로 삼았던 범어사의 벽송선사와 갈처사는 이천과도 인연이 있어 이천에 의해 1412년 -태종(12년)- 에 내노(궁에서 일하는 남자 종)가 되어 영실은 입궐하게 된다.

갈처사는 "샘물은 빈부와 지위 · 재덕 · 선악을 따지거나 가리지 않고 누구든 목마른 사람에게 베풀어 준다."는 가르침을 영실에게 준다. 아마도 영실의 재능을 귀히 여겼기에 그랬던 것이며, 신분을 막론하고 평등한 인간의 존엄성을 토대로 미래를 열어가는 데 매진하라는 뜻도 깊게 내포되어져 있는 것 같다.

한편 태종은 양녕대군을 세자로 책봉했으나, 여색을 밝히고 언행이 방자하여 폐하여지고, 셋째인 충녕대군이 세자에 즉위하게 되는데 훗날 빛나는 업적을 남긴 세종이다. 그런데 영실이 21세 때 얼음에 불을 붙이는 것을 보게 된 16세의 충녕대군이 그의 재능을 인정하여 유능한 인재로 책임을 맡기면서 둘은 필연이 된다.

그 후 왕이 된 세종은 우선 중국 명나라의 역서가 북경과 한양의 경도와 위도의 차이로(경도 15° 차이) 우리 실정에 중국의 역서가 적합지 않음을 알고 역법의 독립을 꾀하고자 한다. 하지만 그것은 중국의 속국인 조선으로서는 독립선언과도 같은 것이기에 비밀리 사절단 일행이 되어 영실은 막중한 임무를 띠고 중국 유학길에 나선다.

그 당시 중국은 남경 관상대와 황궁에 있는 북경 관상대가 있어 영실은 그것을 보기 위해 변장하고 들어갔다 발각되어 옥에 갇히나, 어린 시절 알고 지낸 미진의 도움으로 구사일생하여 돌아온다. 그러자 세종은 신하의 반대를 물리치고 영실을 정 5품 별좌의 자리에 앉히고, 궁녀와 혼례를 치르도록 하여 독창적인 고유의 역법을 만드는 데 매진하도록 한다.

그런데 가장 가슴 아프게 다가서는 것은 「조선신천상열차분야지도」란 천문도를 돌에 새겨서 궁궐 간의대 아래에 세우는데, 근정전 앞에 세우지 못함은 중국 사신을 의식해서며, 사초史草에도 남기지 말 것을 명하는 세종의 심정이었다.

그러나 비밀리에 부쳤던 천문도는 중국 사신들에 의해 발각되어 황제의 칙서에는 '모반', '생흔', '그른 짓'이라는 경고의 문구가 있어 세종은 노여워하는 황제에게 굴욕감을 느끼나, 사대의 예를 최대한 갖추어 사신을 보낼 수밖에 없어 비통悲痛해 한다. 거기에다 천문 관계를 감찰나온 왕흠과 오양의 중국 사신은 천문도와 관련 오만방자함 속에 돌에 새긴 천문도 하나를 중국으로 가져가자 세종은 울었다.

이러한 상황 속에서 등창, 소갈증(당뇨) 등으로 심신이 지쳐버린 세종을 위해 온천수가 질병에 좋다 하여 강원도 이천으로 가마를 타고 가던 중에 가마가 부서지며, 가마의 제작 · 감독을 맡은 조순생을 비롯한 장영실, 임효돈, 최효남 등은 불충의 죄로 벌을 받게 된다. 그 후 점차 시간이 지나며 가마 제작에 참여했던 사람들은 복권되나, 영실만은 끝내 부르지 않은 세종의 진정한 마음은 언급이 되지 않았다.

그렇게 세월은 흘러 문종은 등창으로 요절, 단종은 수양대군에 사약을 받으며 세종과 장영실의 꿈은 더 이상 맥을 잇지 못하고, 광활한 우주 속으로 사라져버린 것이다. 훗날 북학파에 의해 북경을 통하여 서양 천문학을 수용하나, 대한민국은 일제 때 교토를 중심으로 정한 표준시를 쓰고 있다는데…. 실로 안타까운 현실이다.

관노 출신에서 책방도령의 방자를 시작으로 정4품에까지 올랐으나, 끝내 장영실을 부르지 않은 세종의 뜻은 무엇일까? 장영실을 얼마나 아꼈는지, 그것은 궁녀와 혼인하도록 한 것만 보아도 짐작하고도 남음이 있는데 말이다.

더구나 세종의 갈증을 해갈시켜주는 존재로서 장영실은 우물과도 같았으며, 두 번의 중국 유학을 통한 '실사구시實事求是'의 중요성을 인식하고 실천하려 했으나, 그것은 자주적인 국가의 권력과 힘이 부족한 중국의 속국屬國이었기에 원대한 업적은 더 이상 날개를 펴지 못한 안타까움이 자리한다.

그러나 시대적인 불운을 극복한 과학자로서 빛나는 업적을 세운 장영실을 부르지 못함은 정치적으로나, 국가 간의 교류 속에서 세종으로서는 분명한 이유가 있었을 것이다. 그것은 아마도 중국이 장영실의 존재를 두려워하였기에 어쩔 수 없이 세종은 찢어지는 가슴을 부여잡고, 더 이상 진전시키는 것에 많은 위험이 따랐기에 부를 수 없었으리라고 나는 생각한다.

아울러 아무리 훌륭하고 완벽한 것이어서 남의 나라의 것을 그대로 받아들여 활용하려 하여도 실정에 맞지 않으면 수정 · 보완하는 것은 당연한 것이듯, 독자적인 노력으로 새롭게 재탄생시키려 불사른 투지의 삶이 얼마나 보람 있는 일인가?

그 중요한 사실을 세종과 장영실의 노력을 통해 재인식하는 계기가 되었다.

심리학에서 그림자(shadow)를 '무의식의 어둠 속에 있는 자신의 분신'이라고 그 개념을 정의하였다. 그래서 "그림자를 떼어내려 하나, 그늘에 들면 그림자는 없어지고, 멈추면 죽어서 가는 길."이라고 장영실이 말한 것처럼 장영실은 자신의 몸에서 떼어낼 수 없는 그림자를 자신의 분신인 천문도를 완성하려는 숙명을 안고, 자신의 전부를 불태우고자 했던 것이다. 그러나 그런 열망에도 불구하고, 속국인 조선이 중국의 벽을 넘지 못했다.

오늘도 자주적인 국가의 업적을 실현하지 못한 안타까운 마음으로 어디에선가 장영실은 하늘을 바라보고 있지 않을까? 피우지 못한 꿈의 조각을 띄우고서….

그래서 오늘따라 바라보는 밤하늘이 애잔하게 나의 마음을 붙잡는다.

나 또한 이루지 못한 열망들로 인한 사심私心이 아닐까?

다시금 마음을 다잡으며 내가 하는 일에 최선을 다하리란 다짐을 이 책을 읽고 굳건히 한다.

58. 쇼샤(Shosha)

① 저　자 : 아이직 B.싱어, 정영문 옮김
② 분　류 : 소설
③ 출판사 : 다른 우리
④ 쪽　수 : 399

줄거리 및 감상

제1, 2차 세계대전 당시마다 유대인들의 대량학살과 수용소의 감금은 그야말로 삶과 죽음의 갈림길에서 공포와 혼란은 말할 것도 없었다. 그래서 무엇을 취하고 버리는 '선택'이란 한순간이 내포하고 있는 의미가 절박하면서도 아픔 그 자체였던 것처럼 이 소설은 독일 나치의 침공이 시작되기 직전에 놓인 바르샤바 유대인의 사회상을 담아 체험적으로 쓰여진다.

그래서일까? 『쇼샤』는 아이작 B. 싱어가 가장 좋아하는 자신의 소설이라 한다.

'사라예보 암살사건'(1914년 6월 28일 오스트리아 황태자의 암살사건으로 제 1차 세계대전이 발발하는 계기가 됨)이 일어나면서 전쟁이 발발하게 되기까지 사재기를 하는 여자들에 비하여 어머니는 도덕을 가르치는 책을 읽느라 바쁘다. 그리고 랍비였던 아버지에게 유대인들은 더 이상 돈을 지불하지 않아 경제적으로 힘들어진다.

한편 바르샤바 유대인의 거리는 수천의 피난민들로 북새통을 이룬다.

그리고 독일군의 공격과 러시아 반격의 공포 속에 주인공 아론 그라이딩거는 1917년 바르샤바를 떠나 오스트리아 점령하의 마을로 이사를 한다.

전쟁 속의 폐허와 굶주림, 전염병, 공산주의자들의 데모, 도둑과 창녀들로 들끓는 유대인의 거리에 갈 수 없으나, 작가가 되고자 하는 아론 그라이딩거는 그리하여 작가클럽에 나간다. 그곳에서 파이텔존 박사를 예찬하는 셀리아와 그녀의 남편 하이믈을 만나는데 바보스럽고, 성장이 멈춘 아이처럼 보살핌을 받지 않으면 안 되었으나, 그녀의 문학에 대한 열정은 깊다. 거기에 또 다른 인연이 된 미국인 작가 샘 드라이만과 미국인 여배우 베티 슬로님을 만나며 그라이딩거의 삶은 예견된 운명의 순탄한 곡선을 탄다.

하지만 백만장자인 샘의 도움으로 희곡을 써서 무대에 올리나 성공을 거두지 못하고, 전쟁 발발의 위험은 점차 옥죄듯 다가선다.

한편 어렸을 때 이웃에 사는 쇼샤 라는 바보스러운 아이를 좋아했던 그라이딩거는 솔로몬 왕좌에 앉게 되면 그녀를 아내로 삼겠다고 했다. 그래서 그녀에게 만큼은 비밀이 없었고, 그 어린 시절의 약속을 잊지 않고, 언제나 그녀를 가슴에 품으며 살아간다. 그런데 20년 만에 우연히 만나게 된 쇼샤를 향한 한결같은 그라이딩거의 사랑은 다시금 새롭게 피어난다.

그러던 어느 날, 살 날이 얼마 남지 않은 샘은 베티에게 유산을 물려줄 테니 유대인 학대가 시작되기 전에 결혼하여 미국으로 떠나라는 제안을 받는다. 그러나 샘의 제안을 거절하고 쇼샤와 결혼하여 알콩달콩 행복한 시간도 잠시, 베티의 신원보증으로 그라이딩거만이 무사히 폴란드를 탈출하여 뉴욕에 정착한다.

쇼샤를 비롯한 그녀의 어머니 바셸라, 자신의 어머니와 동생 등은 폴란드에서 유대인이라는 이유로 모두 죽고 만다.

아이작 B. 싱어는 폴란드 태생의 세계적인 작가로 전통적인 유대식 교육을 받았으나, 랍비보다 작가가 되길 원했다 한다. 그리고 1943년 미국의 시민권을 얻어 동유럽 유대인들의 언어인 이디시어로 작품을 썼고, 1978년 노벨문학상을 수상한다.

이처럼 아이작 B. 싱어가 가장 좋아하는 자신의 소설일 수밖에 없음은 소설 속의 상황을 미루어 짐작해 보면 알 수 있다. 그래서 주인공으로 등장하는 그라이딩거는 작가 자신의 운명과도 같은 삶을 대역한 인물로 혼자만이 살아남아 그토록 원하는 작가의 길을 걷지만, 유대인이란 핏줄을 영원히 거역할 수 없는 가운데 희생된 가족과 사랑하는 여인 쇼샤를 잊지 못한다.

열차가 길을 잃을 수도 있다며 불안해하던 천진한 쇼샤, 그녀의 그 모든 것을 후회 없이, 아낌없이 사랑한 아론 그라이딩거 둘 사이는 전쟁 속에 빚어진 슬프고 아픈 이별이었으나, 이 세상에서 가장 사랑받으며 행복했던 쇼샤이다.

이 작품에서처럼 살면서 중대한 일을 놓고 선택해야 하는 귀로의 상황에서 갈등을 해보았을 것이다. 신중하게 몇 년을, 몇십 년을 아니면 순간의 선택일지라도 그 선택으로 인한 삶은 천차만별일 수 있다.

이기적인 안락함, 아니면 모든 것을 희생한 맹목적인 선택, 아니면 생사를 갈라놓은 절박함, 무엇이 시험이며 인간에게 선택을 강요하는가?

잔인하기 짝 없는 운명이지만, 아낌없는 사랑 하나 만큼은 전쟁과 불안, 혼란 속에서도 아름답게 싹튼 것 같다. 무엇보다 쇼샤를 향한 그라이딩거의 사랑은 어떠한 조건이 아닌 순수한 마음을 따른 것이기에 진정 아름다웠다고 말할 수 있겠다.

그리하여 사랑은 조건이 아니라 내가 얼마나 상대를 사랑하느냐에 따라서 목숨을 건 선택일지라도 진정 행복한 것이기에 지금 조건에 흔들린다거나, 방향을 잃은 사랑이 있다면 쇼샤를 향한 그라이딩거의 용기 있는 사랑의 선택을 본받아 후회 없는 행복이 이어지길 빌어마지 않는다.

59. 목로주점(L'ASSOMMOIR)

① 저　자 : 에밀 졸라, 용경식 옮김
② 분　류 : 소설
③ 출판사 : 하서
④ 쪽　수 : 500

줄거리 및 감상

어떠한 일에 열정을 다하여 마무리지어 놓은 허탈감이랄까? 폭염이 계속되고, 목감기마저 앓으면서 점점 지쳐가는 가운데 나태함까지, 나의 시간들이 제몫을 다하지 못한 하루인 것만 같았다.

그런데 '목로주점'하면 제일 먼저 가요가 생각이 난다. -멋들어진 친구 내 오랜 친구야. 언제라도 그곳에서 껄껄껄 웃던… 이왕이면 더 큰 잔에 술을 따르고… 목로주점 흙바람 벽엔 삼십 촉 백열등이 그네를 탄다. 그네를 탄다 아아~~.

이렇게 목로주점은 가난한 서민들이 허심탄회한 대화를 나누고, 호주머니 사정으로 넉넉한 안주는 아니지만 부딪칠 수 있는 큰 잔이 있으면 되는 화려하지 않기에 한없이 소박한 곳이었다. 하지만 나의 젊은 시절엔 포장마차가 목로주점 역할을 하였고, 지금은 경기의 한파에 소주와 삼겹살이 서민들의 고달픈 하루를 달래준다.

정말, 아무것도 필요 없었다. 시달린 하루를 옆자리에 앉히고, 별 볼일 없는 일상의 삶에 세상 돌아가는 논쟁을 하고, 사소한 것들에서 잊혀져가는 안타까운 것들에까지 의미를 부여하는 곳…. 그런 서민들의 삶과 애환이 녹아나는 목로주점을 사랑하는 사람들은 과연 이 책의 제목에서 어떤 추억을 생각해낼까?

주인공 제르베즈는 절름발이 세탁녀로 모자 기술자 랑티에와 시골에서 생활하며 14세에 아이를 낳는다. 하지만 어머니의 유산을 물려받아 파리로 이사하여 흥청망청 모두 써버리고 빈털터리로 뒷골목에서 힘겨운 생활을 한다.

거기에다 백수로 전락한 랑티에는 가정을 버리고 베르지니의 여동생과 도망친다. 그래서 두 아이의 엄마인 제르베즈는 세탁 일을 하며 생계를 이어가다, 함석장이 쿠포의 구애로 결혼하여 딸 나나를 낳고 행복한 나날을 보낸다.

그러나 열심히 일하여 모은 돈으로 가게를 보러 가던 날, 지붕에서 일하던 쿠포가 딸 나나를 향해 손짓하다 떨어져 제르베즈의 극진한 간호로 회복되나, 예전의 성실함을 찾을 수 없이 빈둥거리는 쿠포의 약값으로 모은 돈을 모두 쓰고 만다.

다행히도 이웃에 살던 대장장이 구제가 돈을 빌려주어 가게를 차린 제르베즈는 악착같이 일하여 세탁소는 성업을 이루나, 쿠포는 여전히 무위도식無爲徒食하며 술주정뱅이가 되어간다. 이렇듯 쿠포의 타락한 생활은 계속되고, 랑티에가 주변에 나타났다는 공포를 잊으려 제르베즈는 구제가 일하는 철공장의 망치 소리를 들으며 위안을 얻기도 한다.

그러던 어느 날, 쿠포는 제르베즈의 전 남편 랑티에를 데리고 들어와 세 사람의 알 수 없는 동거 생활이 시작된다.

한편 세탁소는 점점 어려워가나 랑티에는 쿠포 부부에 기식하고, 여전히 술을 마시는 쿠포가 결국 건강까지 잃게 되자 제르베즈는 절망에 빠진다.

거기에다 여공이 된 딸 나나는 허영과 욕망이 가득 차 가출하여 버리자 제르베즈는 삶의 의미를 잃어버린 채 목로주점을 찾으며 점점 술에 젖어간다.

랑티에로부터 버림을 받고, 무능력한 쿠포의 알코올 중독으로 굶주림에 허덕이던 그녀는 밤거리에서 구걸하다 구제를 만나 모멸감을 느낀다.

결국 쿠포는 병원에서 알코올중독으로 죽고, 제르베즈는 길거리를 미친 사람처럼 헤매다 죽는다. 장의사 바주즈 영감이 가엾은 그녀의 시신을 거두어 준다.

순박한 시골 아낙네로 파리에 이주하여 자신의 침대에 누워 죽고 싶다던 하찮은 소망마저 이룰 수 없었던 허망한 제르베즈의 죽음이다. 첫 남편에게는 버림을 받았고, 쿠포를 만나 잠시의 행복한 시절을 보냈을 뿐이다. 몸이 부서져라 그녀는 노동자로 열심히 일했고, 행복을 지키기 위하여 누구보다 몸부림쳤다.

그러나 가족이라 여기는 시누이 로리웨와 르라 부인은 동생인 쿠포의 성공마저 질투하였으며, 열심히 사는 제르베즈를 멸시하는 것도 부족해 험담만 하였을 뿐이다. 그래서 그녀가 정작 힘겨울 때 의지할 만한 가족은 없었다. 또한 딸 나나마저 매춘부 생활을 하다 가출하자, 제르베즈는 더 이상 자신의 삶을 끌고나갈 아무런 희망이 없었다.

목로주점은 노동자들이 힘겨운 하루의 일과를 마치고 찾아가는 휴식이 되는 보편적인 장소였다. 그렇지만 노동자들의 삶 역시도 제르베즈처럼 희망을 잃은 채, 타락해져가는 시대상을 반영하여 파리 노동자들에 대한 '파리 풍속 소설'이란 부제로 세상에 나왔을 때, 비난의 소용돌이에 휩싸인 것은 노동자 계층의 비참한 삶과 저속한 면을 묘사했기 때문이라는 것이다.

이 소설 속에서는 랑티에가 가정을 버리고 베르지니의 여동생과 떠나자, 빨래터에서 제르베즈와 베르지니의 싸움은 온몸을 부딪쳐 맞붙는 육박전을 방불케 한다. 언사 또한 저속하게 쓰여 이를 뒷받침 해준다. 그리고 아내를 발로 차서 죽이고, 집안 살림을 도맡아 하는 가엾은 딸을 묶어 구타하는 것도 모자라 난로에 달군 돈을 집어 빵을 사오라 하는 비정한 아버지 비자르 영감도 그러하다.

하지만 그토록 비정한 아버지임에도 자신의 죽음을 예견하고, 집안을 말끔히 정리한 랄라의 죽음을 가슴 아파하는 제르베즈를 통하여 학대와 구타 속에서 살아가는 19C 파리 하층 노동자 계급의 비참한 생활상을 들여다볼 수가 있다.

아울러 노동자 계급의 제르베즈의 타락을 부추긴 남편은 한 가정을 온전히 지켜내지 못한 방탕한 삶이 자식의 대에까지 이어져 사랑이 결여된 거리의 여자가 되어버린 나나까지 한 가계의 몰락을 보듯 씁쓸하기 그지없다.

이처럼 뒷골목 빈민층 노동자들의 어두운 모습이 잘 드러나 있으며, 19C 자연주의 문학의 대표작이라는 평가를 받는 이 책 속에서 찾아야 할 것은 아무리 힘겨운 환경에 처해 있을지라도 자신의 삶을 포기하면 안 된다는 것이다.

아버지 부재의 어려움 속에서 소녀 가장의 역할을 의연히 해내며, 칼잠을 자면서까지 어둠에서 빛을 건져 올리려 하였던 『魂불』의 작가 최명희 님.

난소암에 걸렸어도 병을 알리지 않고 "어둠은 빛보다 어둡지 않다."란 명언을 남겼듯, 아무리 어렵고 힘든 상황에서 헤맬지라도 어둠은 결코 빛보다 어둡지 않다란 사실을 기억한다면 자신의 오늘이 소중하게 다가설 것이다.

또한 하늘에 빛나는 것은 별이지만, 짙은 어둠이 없다면 결코 반짝이는 별을 볼 수 없음과 같이 생의 난관을 뚫고 나오려는 의지의 힘과 버리지 않는 희망이 있다면, 내일의 아침 해는 밝게 떠오를 것이라 나는 확신한다.

60. 내쫓긴 아이들

① 저　자 : 엘프리데 옐리네크, 김연수 옮김, 이병애 감수
② 분　류 : 소설
③ 출판사 : 문학사상사
④ 쪽　수 : 382

줄거리 및 감상

고등학교 1학년인 아들이 여름방학 동안 오전에만 보충수업을 받기에 주말을 통해 친구들과 1박 2일 놀러 간다는 오늘 아침 필요한 물건들을 챙겨 주었다. 그러나 아들의 문자에는 친구들이 수업을 받지 않고 가기에 어쩔 수 없으니 학교에 연락해 달라는 것이다. 말이 되는가? 계획이 변경된 것을 모른다는 사실도 인정할 수 없었고, 혹시 나의 허락을 받아내기 위해 거짓말을 했던 것인지….

순간 분노가 치밀었다. 그래서 아들에게 전화하여 한바탕 큰소리로 혼내다 "내 아들인 것이 엄마는 싫다."라고 말해버렸다. 그리고 학교에 연락은 하든지 말든지 알아서 하라 하고 전화를 끊었다.

함께 놀러 간다는 친구들까지 못됐다 들먹였으니, 아들은 나에게 내쫓긴 것이 아니었을까? 부모로서 바라보는 자식이 미흡한 것은 그렇다 치고, 어리석게까지 느껴져 터뜨린 분노가 좀더 잘하길 바라는 욕심에서 시작된 것이었다. 그래서 아들이 처한 상황을 순리적으로 잘 해결해가는 교육을 시키는 것도 중요하리란 나만의 생각 때문에 더욱 내 자신에게 화가 나서 언성을 높인 것이다. 이런 일이 있고 이 책을 손에 드니 제목만큼이나 무겁게 짓누르는 내용들이 오늘 아침 아들과 결부된 까닭에 나의 생각은 한없이 깊어져만 갔다.

1950년대 말 오스트리아의 수도 빈 도심에서 4인조 청소년 갱단의 강도 사건이 일어난다. 이 사건의 주모자 격인 18세 정도의 라이너는 문학을 좋아하여 심취하는 편이다. 그의 쌍둥이 여동생 안나는 빈 음악학교에서 피아노를 배우는데 모든 사람을 향한 분노가 들끓고, 부모가 부유하여 오히려 망가진 소피는 이 사건에서 구경꾼으로 스포츠를 즐긴다. 이렇게 셋은 고등학교 학생인데 이들보다 한두 살 위인 한스는 행동대원인 젊은 노동자로 학생이 되고픈 간절한 희망을 가지고 있다.

이처럼 4명의 청소년들이 저지른 비행은 제2차 세계대전이 막을 내린 1945년과 1950년대 말의 강도사건에 비추어 볼 때, 어린 시절 자라나면서 기성세대가 앓고 있는 전쟁 후의 사회적인 불안과 병폐가 그들의 인격 형성에 영향을 미쳤기 때문이다. 그것을 뒷받침해주는 라이너와 안나의 아버지는 전쟁에서 한 쪽 다리를 잃은 상이군인으로 수용소의 굴뚝이나 화장터를 통해 독일이 그어 놓은 편협한 윤리의 경계들을 매일 넘나들며 예술사진을 찍고 있다 하였다. 그래서 아내에게 옷을 벗도록하여 나체 사진을 찍는 것은 아내가 불구인 자신을 멀리하여 부정한 행동을 할까 봐 그런다는 것이다. 이와 같이 전쟁의 패망 후부터는 적에 향하던 분노가 가족에게 향하여 희생양으로 삼는 환경 속에서 사춘기 두 아이들의 인격 형성에 아버지의 행동은 그대로 영향을 미쳤을 것이다.

또한 한스의 아버지는 1950년 빈에서 사회 민주주의를 위해 노동자를 대변하는 사람이었다. 그러나 비밀리에 아버지가 살해당한 것을 보고자란 한스의 행동은 폭력적일 수밖에 없었고, 아버지처럼 노동 운동을 하는 계기가 된 것이다.

그리하여 무고한 사람들의 지갑을 빼앗고, 모의된 범행을 4명의 청소년은 양심의 가책을 느끼지 못하며 저지른다.

한편 폭력을 일삼고 남자의 권위의식 속에 어머니의 자유를 옭아매는 아버지에 대한 혐오로 자동차를 몰고 동반 자살하려던 라이너는 멈춘다. 하지만 어린 날 가난했기에 신부로부터 당한 수모와 불평등한 처우에 대한 분노를 떨쳐내지 못하고, 급기야 라이너는 이성을 잃어 권총으로 동생 안나와 어머니를 죽이고, 아버지는 도끼로 잔인하게 죽여 토막까지 내는 패륜을 저지르고 만다. 라이너의 이와 같은 살인이 자행된 것은 아버지와 사회에 대한 불만들이 쌓여 빚어낸 비극이었던 것이다.

소피 역시 정상적인 성격은 아니며, 자신의 집으로 불러들인 한스에게 옷을 벗게 한 뒤, 그를 고문함으로써 그것이 자유로 받아들여질 것을 강요하고, 자위행위까지 하게 하여 쫓아낸다.

이와 같이 자유주의를 부정하고 폭력적 방법에 의한 독재를 주장하며, 지배자에 대한 절대적인 복종을 강요하는 파시즘(fascism).

그래서 진정한 자유의 의미조차 통하지 않는 지배자로서 나약한 사람들을 구속하는 행위를 하는 파시즘은 이탈리아어인 파쇼(fascio)에서 나온 말로 원래는 묶음束이란 뜻이었으나, 결속, 단결의 뜻으로 전용되어 18C 말부터 누적되어온 사회적 불안과 제1차 세계대전 후의 공황 및 전승국 · 패전국을 막론하고, 정치 · 사회적 불안에서 초래된 각종의 혁명적 기운에서 찾아볼 수 있다 한다.

이렇듯 근대사회의 위기적 양상은 '파시즘'이 배경이 된다는데, 정치체제의 안정과 균형의 파괴, 기존 정치 세력이 사태를 수습할 능력을 상실할 경우 무정부적인 진공상태를 메우기 위하여 '파시즘'이 등장한단다. 무질서와 불안 속에 1919년 이탈리아 무솔리니가 주장한 것으로 유명한 이 '파시즘'의 형태를 그대로 모방한 청소년의 비행은 실로 끔찍한 결과를 초래하였다.

덧붙여 세상에 눈을 뜨는 아이들의 해맑은 모습에 스며드는 비도덕적인 남성의 권위의식으로 인한 희생양. 그것은 옐리네크의 또 다른 『욕망』이란 작품에도 잘 드러나 있다. 육체적 사랑 속의 방황도 그렇듯이 정신과 육체의 건전한 합일점이 없는 불안정한 시대 속의 비행 청소년, 그들은 길을 찾지 못하는 미로에 있으나, 뚫고 나오는 것 또한 자신이다. 하여 더욱 명심해야 되는 것으로 부모가 자녀에게 보이는 말과 행동 지체가 그대로 자녀들에게 영향을 미친다는 것을 알 수 있다.

따라서 각 시대마다 정신세계의 깊은 뿌리가 되는 '사상'을 불완전한 청소년들이 받아들이도록 이끈 것은 기성세대의 잘못된 교육의 결과인 것처럼 그 책임은 성인들의 몫인 것이다. 또한 모방심리로 어른의 행동을 본받고, 부당한 대우라 생각할 때 즉시 행동으로 옮기는 청소년들의 특성상 인내력이 요구되며, 부모는 자식의 거울이란 사실을 절실히 느꼈다. 그래서 학교와 사회, 가정 내의 인성人性 교육은 국가의 기둥을 바로 세우는 아주 중요한 기초 작업이기에 올바른 가치관을 형성할 수 있도록 이끌어주는 것이 의무이며 책임이라 여긴다.

그런데 어찌하여 오늘 아침 나의 분노를 이유로 아들에게 그토록 험악한 말을 하고 만 것인가? 아들은 사태를 수습한 뒤 죄송하다는 문자를 보내왔다. 그러나 진실로 미안한 마음은 오히려 부모로서 금할 길이 없다. 이렇게 생활 속에서 부모는 자식을 위한다는 이유만으로 혹시 나처럼 상처를 주는 말을 한 것은 아닌지 뒤돌아볼 일이다.

그리고 내가 느끼지 못하는 사이 내 자식이 나와 똑같은 행동을 하고 있다는 것을 어느 날 문득 안다면 그 때의 기분은 어떨까? 좀더 신중하게 판단하여 아이들을 훈육해야 되겠다는 반성은 이 책을 통해 더욱 절실하였기에 아이들이 세상 밖으로 내쫓기지 않도록 아이의 입장이 되어 이해하려 애쓰리라 결심했다.

61. 부서진 사월

① 저　자 : 이스마일 카다레, 유정희 옮김
② 분　류 : 소설
③ 출판사 : 문학동네
④ 쪽　수 : 263

줄거리 및 감상

바람이 비를 몰고 온다. 먹구름은 바람과 비의 경계선상에서 우두커니 지켜볼 뿐이다. 그러나 먹구름도 비를 내리게 한다. 비가 휩쓸고 간 거리가 휑하다 못해 스산하여 차라리 눈을 감았지만, 바람은 어디로 사라진 것일까? 누가 바람을 만들어 비를 몰고 온 것이며, 먹구름을 걸쳐놓은 것인지 모른다.

이처럼 알 수 없는 자연현상에도 그 경계는 방관하듯 하지만, 모두 연계된 자신의 임무를 수행하는데 하물며 인간에게 있어 삶과 죽음의 찰나인 순간의 경계선에 서 있다면 느끼는 마음이 공포일까? 자포자기일까? 고통일까? 미련들로 인한 돌파구를 찾는 잔인한 몸부림, 아니면 침묵일까?

뼈와 살이 자신을 지탱하고 있다면 그 육체는 이미 자신의 것이 아니고, 살아있다는 것과 살아도 살아있는 것이 아닌 그 사이에 서 있는 죽음의 경계선상….

그리하여 삶과 죽음의 복수가 복수를 부르는 전설의 알바니아의 '카눈'(관습법을 모아놓은 법규집으로 오스만 제국에서 샤리아(이슬람법)를 보완하기 위해 시행된 것으로 '규칙'을 뜻하는 그리스어 kanôn'에서 유래됨) 은 상식으로 이해가 안 되는 섬뜩함 속의 충격으로 다가왔다.

이러한 관습법 '카눈'에 따라 형의 복수를 위해 베리샤 가家의 26세 청년이며, 주인공인 그조르그는 제프 크리예키스를 총살한다.

그런데 이 복수극의 시발은 시장 한복판에서 죽임을 당한 남자의 가족들이 살인자를 추격하자, 그 살인자가 몸을 피해 들어선 곳이 바로 희생자의 집이었던 것이다. 그조르그 할아버지 때부터 그리하여 70여 년이 흐르는 동안 베리샤 가家와 크리예키스 가家 사이의 복수에 복수를 부르는 희생의 무덤은 무려 42개에 이른다.

우선 살인을 하게 되면 30일간의 휴전이 있고, 그 이후에는 희생자의 집 안에서 복수극이 벌어진다. 이러한 가운데 반드시 '피의 세금'을 내어야 하는 것도 '카눈'에 의해 정해진 규칙으로 그조르그는 '피의 세금'을 내기 위해 오로쉬 성을 향한다. 성을 향하는 길에 결혼한 신부가 남편 곁을 떠나려 한다면 즉시 죽일 수 있도록 신부 부모들이 '혼수탄약통'을 들려 보낸 것을 본다. 형용할 수 없으나, 이 또한 관습법에 의한 알프스 북부 산악지방에 있는 것으로 끔찍한 일이 아닐 수 없는 것이다.

그런데 오로쉬 성에 세금을 내고 집으로 향하던 그조르그의 창백한 모습을 보는 베시안 보릅시와 그의 아내 디안. 그들은 북부 고원지대에 여행 온 사람들로 그조르그란 청년에게 아내인 디안은 연민을 느끼게 된다.

한편 고뇌 속에서 죽은 사람들의 무덤을 바라보며, 휴전이 끝나는 4월 17일을 생각하던 그조르그는 자신이 무의미하게 죽어갈 삶의 무게를 짊어지고 여행을 떠난다. 그조르그 역시도 스치듯 지나쳐버린 디안을 죽기 전에 만나보기 위하여 헤맨다. 디안 또한 피의 세금을 내고 스쳐간 그조르그의 휴전이 얼마 남지 않았음을 알고, 유폐 탑 안으로 몰래 들어갔으나 만나지 못한다. 그렇게 그조르그와 디안은 서로가 엇갈려 결국 만나지 못한 가운데 휴전이 끝남과 동시에 그조르그는 죽게 된다.

셰익스피어의 4대 비극을 연상케 하듯 이스마일 카다레는 셰익스피어와 '아이스킬로스'(그리스의 비극 시인. 기원전 525-456)란 시인에 열중했다 한다.

그래서였을까? 피의 회수를 위해 죽은 사람이 입은 얼룩진 옷이 누렇게 될 때까지 걸어두고서 비장한 각오를 하지 않으면 안 되었던 비극의 주인공….

우연히 스친 디안을 만나보고 싶었으나, 안타깝게 그것마저도 이루어지지 않은 그야말로 그조르그에게 있어 촌각의 시간은 잔인할 뿐이었다. 그런 그조르그는 죽을 사람임을 표시하듯 팔에 검은 상장喪章을 달고 다니며, 카눈에 의하여 자유로운 의지란 없음을 반발하려는 생각이 들자, "나는 자유로운가?"라며 자문自問한다.

그러나 그 생각의 끝을 떨쳐내어도 아무런 답을 찾지 못한 채 관습법에 따라 희생된다. 살아있다는 자체가 고통이며 업보이고, 의지와 아무런 상관없이 따르며 받아들여야 했던 무시무시한 카눈에 의하여 그조르그가 죽어간 '부서진 사월' 피의 세금을 내기 위해 창고에 대기 중인 살인자들은 그 유폐 탑에 은신하며 생명을 유지하는데, 비단 그조르그만의 복수극이 아닌 많은 사람들 사이에서도 복수극이 벌어졌음을 알 수 있어 다시 한 번 경악하지 않을 수 없다.

소크라테스가 "악법도 법이다."라고 했으나, 불운을 짊어지고 한 치의 양보와 타협점을 찾으려는 노력 없이 피의 세금을 거두어들이는 피의 장부들과 피의 병에 걸려버렸다는 관리인까지 모두 죄악이 아닐 수 없다.

"개똥밭에 굴러도 이승이 낫다." 라는 속담이 있다. 그것은 아무리 얼룩진 삶이라도 살아있음으로 그 의미가 깊은 생명의 소중함을 강조한 것인 듯하다. 그런데 예견된 죽음이라면 그것은 막을 방법이 있지 않았을까? 그래서 그조르그가 자신의 죽음을 기다린 시간은 신이라도 거부할 수 없는 운명으로 받아들였다는 사실이 차라리 악마의 장난이었다면….

주인공 그조르그가 바라보았을 세상이 그렇게 잔인한 사월이 되어 하늘에서 지상에 부서져 내린다. 마음을 다잡고 오늘을 마무리하려고 해도 무거운 구름이 나를 감싸버린 느낌으로 멍해진 책 속의 텅 빈 하루가 내 마음을 잔인하게 부숴 놓는다. 무엇이라고 형언할 수 없는 혼란 속에서 땀방울만 쏟아내며….

62. 태어나지 않은 아이를 위한 기도

① 저　자 : 임레 케르테스, 정진석 옮김
② 분　류 : 소설
③ 출판사 : 다른 우리
④ 쪽　수 : 227

줄거리 및 감상

새벽의 검은 우유 우리는 그것을 저녁에 마신다.
우리는 정오와 아침에 그것을 마신다. 우리는 그것을 밤에 마신다.
우리는 마시고 또 마신다.
우리는 하늘에 무덤 하나를 판다. 거기에는 사람들이 비좁게 누울 필요가 없으리.
한 남자가 집안에 살고 있다. 그는 뱀과 더불어 논다. 그는 편지를 쓴다.
그는 날이 어두워지면 독일로 편지를 쓴다. 너의 금빛 머리털 마가렛트.
그는 그렇게 쓰고 집밖으로 나간다. 그리고는 별들이 반짝인다.
그는 자기의 사냥개를 휘파람으로 불러낸다.
그는 자기의 유대인을 휘파람으로 불러낸다. 지상에 무덤 하나를 파게 한다.
그는 우리에게 명령한다. 자 무도곡을 연주하라.

새벽의 검은 우유 우리는 너를 밤에 마신다.
우리는 너를 아침과 정오에 마신다. 우리는 너를 저녁에 마신다.
우리는 마시고 또 마신다.
한 남자가 집안에 살고 있다. 그는 뱀과 더불어 논다. 그는 편지를 쓴다.

그는 날이 어두워지면 독일로 편지를 쓴다. 너의 금빛 머리털 마가렛트.
나의 잿빛 머리 술라미트 우리는 하늘에 무덤 하나를 판다.
그곳에선 좁지 않게 누울 수 있으리.

그는 고함을 지른다. 더 달콤하게 죽음을 연주하라 죽음은 독일 출신의 거장.
그는 고함을 지른다. 더 둔중하게 켜라.
그러면 너희들은 연기가 되어 공중으로 올라간다.
그리고 너희들은 구름 속에 무덤을 하나씩 갖게 된다. 거기에는
사람들이 비좁게 누울 필요가 없으리.

≪「죽음의 푸가」 중에서≫

『운명』이란 작품으로 2002년 노벨문학상을 받는데 '운명'의 3부작 『운명』, 『좌절』, 『태어나지 않은 아이를 위한 기도』 이처럼 세 작품의 연관성으로 인하여 모두 읽지 않을 수가 없었다.

유대인이란 운명의 정체성 앞에서 운명의 3부작 완결 편에 해당하는 『태어나지 않은 아이를 위한 기도』야말로 숙연해지지 않을 수 없는 책이었다.

첫 장에 파울 첼란의 '죽음의 푸가'는 아우슈비츠로 상징되는 독일 나치하의 유대인 박해, 홀로코스트의 역사적 현실을 다룬 독일 현대시 중 대표작으로 손꼽히며, 흔히 독일 나치즘의 만행을 고발한 피카소의 명화 게르니카와 비견된다고 역자 후기에 쓰여 있다.

첼란은 독일계 루마니아 태생 유대인으로 1940년 나치의 강제수용소에 끌려간 후에 프랑스 파리로 망명하여 1970년 죽을 때까지 그의 삶과 문학을 관통하는 주요 체험이 된단다. 독일어는 첼란에게 '모국어'이자 '살인자의 언어'로 처녀 시집 『양귀비와 기억』에 실린 「죽음의 푸가」를 이해하지 않고서는 이 책을 읽어가기에 어려움이 있을 듯싶다.

이 책에서도 역시 화자인 '나'는 작가와 번역가로 생계를 유지하는 저자 자신인 셈이다. 노년의 작가로 헝가리 중부산맥의 한 휴양소에서 철학자

오블라트 박사와 담소를 나누던 중에 "혹 아이가 있나요?"라는 질문에 본능적으로 "아니오." 라고 대답한다. 그래서 작품 속에 본능과 반대로 작용하는 것에 대하여 강하게 '안 돼.' 란 말이 자주 등장하는데, 그것은 부모의 이혼과 5년 동안 엄격한 규율 속에서 기숙사 생활을 하였던 청소년기, 그리고 권위적인 선생님과 아버지의 결여된 사랑, 이러한 경험들로 아버지의 권위가 살아있는 가부장제 속의 군주가 아버지라면, 아버지의 형상처럼 보였다는 아우슈비츠인 것이다.

짧은 결혼 생활에서(이미 남의 아내가 되어버린 전 부인) 아내는 아이를 가지길 원하지만, '나'의 답변은 "유대인이길 거부할지 모르는 아이를 낳지 않겠다."란 것이다.

유대인이기에 경험할 수밖에 없었던 날을 비추어 구사일생으로 살아남아 존재하는 자신과 똑같은 경험을 자식에게 겪게 할 수 없다는 강한 답변이 그래서 '안 돼.', '아니오' 속에 내포되어 있는 것이다.

작품 원제에 붙어있는 커디쉬(kaddis)란 원래 유대인들이 장례식장에서 죽은 이의 영혼을 야훼께 부탁한다는 의미로 부르는 노래라고 한다. 이 작품 속에서 임레 케르테스가 부르고 있는 커디쉬는 그리하여 자신의 태어나지 않은 자식을, 아니 정확히 말하여 낳을 수 없는 자신의 아이를 위한 영혼의 노래를 아이러니하게 담아내고 있다. 그래서 자신이 살아온 환경 속에서 아버지의 존재로 느끼며 아우슈비츠를 체험했던 모든 고통의 상황을 떨쳐내기 위하여 '삽으로 하늘에 무덤을 판다.'고 파울 첼란의 시 「죽음의 푸가」를 인용한다. 그리고 지식이라는 기억과 펜은 나의 삽이라는 것 등을 통하여 글 쓰는 작업의 고통이 배어 있다.

또한 좁은 아파트의 삶을 "구름 속에는 강제수용소의 죄수처럼 내가 볼펜으로 파낸 무덤이 있다."라고 말한다.

그래서 수용소에서의 처절한 기억을 아무리 떨쳐내려 몸부림을 쳐봐도 떠올릴 수밖에 없는 것은 작가이기에 그래야만 되는 것이고, "내 글쓰기의 목적은 최대한의 고통, 거의 정말 견딜 수 없는 고통을 찾는 것이다."라고 말하듯이 유대인이었기에 갈 수밖에 없었던 수용소의 체험과 진상을 작가로서 책임과 의무감으로 세상에 생생하게 고발하는 것이다.

결과적으로 "아우슈비츠는 오늘날에도 존재하고 있으며 독일인은 언제든지 돌아올 수 있다."는 것인데, 언제까지 과거의 조각들을 꺼내어 맞추는 직업이 지속될지 자신도 알지 못하며, 현재를 살아가는 우리에게 위의 말을 남긴다.

이처럼 체험해보지 아니한 세대들이 어찌 그 고통과 두려움을 상상할 수 있을까?

심연의 세계에서 자기의 성찰과 오늘의 삶을 힘겹게 살고 있는 순간을 고백적으로 기록하며 본능에 의한 답변과 선택, 그것이 유대인이길 거부할지 모르는 아이를 낳지 않겠다로 응집시켜 놓은 최고의 정점인 듯하다.

그리고 아우슈비츠 수용소에서 부다페스트로 무사히 돌아왔을 때, 이미 예전의 도시가 아닌 곳에서 이방인일 수밖에 없었던 『운명』이란 작품 속에서의 가슴 시린 기억도, 오직 작가로서 길을 걷는 고뇌 속에서 다시금 떠올릴 수밖에 없어 힘겨운 삶이 녹아있는 작품 『좌절』에서도 모두 딛고 일어섰으나, 결코 아우슈비츠 수용소를 경험한 1세대로 영원히 씻을 수 없는 고통과 후유증이 『태어나지 않은 아이를 위한 기도』로 이어진 듯하다.

행복하게 산 삶은 침묵으로 보내며 '펜은 나의 삽'이라면서 손에서 펜을 놓지 않고, 마음에서 무덤을 파내는 삽이야말로 작가 정신으로 투철한 인생의 긴 행로를 벗어나지 않았던 그 투지와 의지의 힘에서 비롯된 것이다. 그것은 비단 어느 누구의 운명과도 같은 삶이 아니었기에 역사 속에서 그 아픔을 간과해서는 안 되리라 생각한다. 아울러 숙명은 타고난 것이지만, 운명은 개척해 나가는 것이라고들 한다. 그래서 얼마든지 자신의 의지로 견뎌내야만 하는 일들을 과거의 경험으로 운명 안에 갇혀버린다면 무슨 의미가 있겠는가?

63. 벌거벗은 해

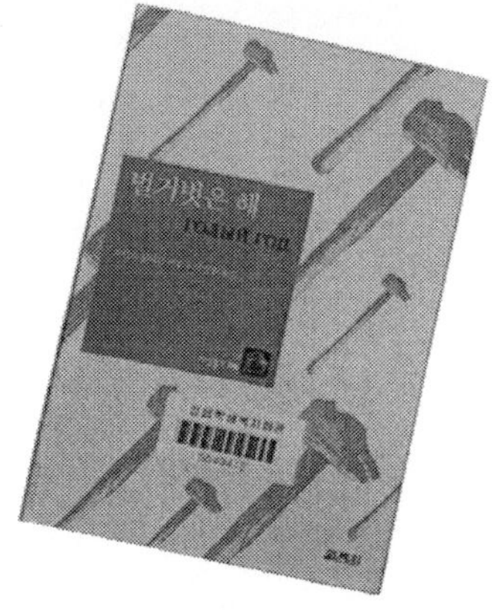

① 저　자 : 보리스 필냐크, 석영중 옮김
② 분　류 : 소설
③ 출판사 : 열림원
④ 쪽　수 : 299

줄거리 및 감상

머릿속에 남은 것이 과연 무엇인가?

까만 밤에 벌거벗은 해라면 그 모습을 어찌 볼 수 있으며, 낮이면 당연히 벗어버린 해에게서 무엇을 알아내야 하는지? 무엇조차 찾을 수 없는 이 책을 읽으며 몇 번이나 그냥 덮어버릴까 생각한지 모른다.

그러다가 어떻게 해서든지 하나라도 건져야겠다는 일념으로 이 책이 1921년에 출간되었다는 것을 알고, 1920년대 무렵의 러시아 역사를 알면 조금은 도움이 되지 않을까 하여 인터넷을 검색하다 당시의 러시아 혁명을 접하게 되었다.

러시아 혁명은 대다수 농노 생활을 하던 사람들이 산업혁명으로 노동자가 되어 낮은 임금에 맞서 평화적으로 시위를 벌였으나, 무차별 사격을 가한 3월 혁명(1917년). 그리고 제1차 세계대전 참전 후 정치 · 경제 · 사회적 혼란 속에 소비에트 노동자, 군인, 병사들이 임시정부를 수립하나, 재정의 바닥은 11월 혁명으로 이어져 레닌 · 볼셰비키에 의한 임시정부가 붕괴되며 공산정부가 수립된다.

이로써 제1차 세계대전에서 보여준 제정의 무능과 전쟁의 패배로 혁명은 불가피한 가운데, 첫째 러시아 군대는 서부 유럽의 군사적 상대가 안 됨을 입증하는 것이었으며, 둘째 전쟁으로 인한 국가 재정의 파탄 속에 혁명은 벌어질 수밖에 없었다는 것이다.

이러한 당시의 러시아 역사의 소용돌이 속에서 이 작품은 공작의 가문 오르드이닌 가家를 통하여 1920년 당시 러시아의 사회적 현상을 실감나게 조명해 놓았음을 알 수 있었다.

오르드이닌 가家의 아들 글레브는 유럽의 불평등과 부르주아적 가치관은 기계문명에 사로잡힌 거대한 무덤이며, 유럽의 문화를 수용한 러시아 또한 사멸의 길을 달려왔다 생각한다. 그래서 표트르 대제의 유럽화 정책 이전의 오염되지 않은 문화로 되돌려 놓으려 한다.

그리고 글레브 형과 대조적인 보리스는 혁명을 '인생의 발톱에 걸려든 장기의 패' 정도로 생각하며 25세 검사가 되나, 처녀를 겁탈한 것도 모자라 돈을 강탈하고 아버지를 때리는 패륜을 저지르다 매독에 걸려 권총 자살을 하고 만다.

그러나 오르드이닌 가家의 가장 현실적인 나탈리아는 사랑하는 남자로부터 임신한 몸으로 버림받은 약사지만, 혁명을 위해 죽음을 불사하면서 빵을 주는 사람은 농민이라며 노동자 편에서 싸운다. 그렇지만 이들의 아버지인 공작 오르드이닌은 방탕하다 혁명 후 수도승이 되어 신앙생활에만 전념하고, 어머니는 혁명에 관한 아무것도 이해하지 못한 암흑 속에서 오르드이닌 가家는 몰락하게 되는데 그것은 구시대의 몰락을 상징하는 것이라고 한다.

이처럼 러시아가 유럽의 새로운 문화를 수용하여 혼란을 겪는 사회적 현상들을 지켜보며 글레브는 비통해 하나, 혼자의 힘으로 돌려놓을 수 없는 역사는 이미 흘러가고 말았다. 그리고 보리스는 혁명의 무모함을 인식한 방관자로 자신의 삶마저도 세상에 내던진 타락한 삶을 마무리짓는 반면, 시대적인 상황을 올바르게 직관한 자기의식을 행동으로 옮기는 가장 현실적인 나탈리아의 선택은 그나마 러시아의 현실에 던지는 희망의 메시지가 된다.

여기에서 작품 해설을 인용하면 "오르드이닌 가의 사람들 이외에도 이 작품에는 무정부주의자들, 분리파 사람들, 그리고 볼셰비키를 대표하는 여러 인물들이 등장하는데 그들을 통해 노출된 혁명은 무지와 혼동과 전통의 파괴로 특징되어진다."라고 한다. 그래서 관리직에 익숙하지 못한 농부 출신의 빈농 위원장 이반 콜로투로프, 체포 영장 사본을 찍어내는 올렌카 쿤즈는 혁명 속에 태어난 민주화의 결실이라고 한다.

역사는 세월을 따라 흘러가며 변화하지만, 혁명은 그 역사의 한 일부분일 수도 있는 불변성을 보리스는 "100만 년 전에도 밤은 있었고 지금도 밤이 있고 100만 년 후에도 밤이 있을 거야."라고 말한다. 그래서 보리스는 더 이상 의미를 부여할 수 없는 혁명을 부정하는 입장에 섰던 것이다.

결과적으로 러시아의 혁명은 오르드이닌 가家의 가족에서 드러난 것처럼 찬성하는 글레브, 반대의 입장인 보리스, 혁명의 전사로 직접 나서는 나탈리아, 혁명이 무엇인지조차 인지하지 못하는 어머니, 이도저도 아닌 현실을 떠나버린 아버지를 통해 각기 다른 관점으로 혁명을 바라보는 당시 사람들의 의식이 잘 드러나 있음을 알 수 있다.

또한 혁명에 의한 새로운 시각으로 달라진 내일의 모습을 인정하지 않는 마술사 예고르카가 "500년 전에도 그물은 있었지."라고 무심히 말하듯이 혁명에도 불구하고 드러난 많은 사람들의 혼동된 생각들은 올바른 정립이 되지 않는 '벌거벗은 해'가 되지 않았을까 한다.

책의 내용 절반조차도 이해하지 못하고 남겨둔 공백을 닷새가 지나서야 메웠다.

흩어져버린 시각視覺의 조각들을 맞추기에 너무나도 힘겨웠고, 등장인물들을 쫓아가다 내용을 되찾으며 혼란스러웠지만, 러시아의 혁명이 낳은 부조화 속에 민주화를 향한 발돋움의 일면을 본 것만으로 만족한다.

때론 책을 읽다보면 각 나라의 역사 속에 흐르는 시대적 배경이 되는 사건들과 사회적으로 대두되는 문제점을 안고 있는 정치 · 경제 · 사회상 등을 이해하는 것이 필수이며 먼저인 것도 있다. 그래서 책의 줄거리를 이해하는 측면에서 세계사에 약한 나이기에 그때그때 찾아보는 것은 이제 습관이 되었는데, 이 또한 독서에서 빠뜨리면 안 되는 중요한 일이기도 하다.

한계에 부딪혔기에 작품해설을 많이 인용하였으며, 최대한 이해하려 하였던 나의 노력 앞에 스스로 칭찬을 해본다.

쪼그리고 앉았다 다리를 쭉 펴고 편안한 마음으로 책장을 덮은 깊은 밤에….

64. 신도 버린 사람들

① 저　자 : 나렌드라 자다브, 강수정 옮김
② 분　류 : 자전적 소설
③ 출판사 : 김영사
④ 쪽　수 : 364

줄거리 및 감상

얼마 전 정치권에서 불교계를 겨냥한 '종교 편향'에 관한 발언이 문제가 되어 스님을 비롯한 신도들이 항의하는 집회가 있었다. 공인으로서 편향된 발언을 하였다는 것은 이미 자신의 성품과 자질을 실격당한 것이나 진배없는 처사다. 그래서 그로 인해 빚어진 파문을 잠재우려는 방편으로 대통령의 공식적인 사과와 어청수 경찰서장의 사퇴를 강력히 요구하였으나, 정부의 반응은 한나라당 의원들의 어르기식 방문만 있었을 뿐이다.

나는 종교가 없기에 종교 편향 문제를 그렇게 심각하게 받아들이지는 않았지만, 분명한 것은 종교 편향의 파문은 점차 커지고 있다는 것이다.

"호미로 막으려다 가래로 막는다."라는 우리 속담이 있듯이 일이 커지기 전에 성의 있는 태도로 자신의 잘못을 시인하고, 사과를 정중히 했으면 쉽게 해결되었을 것을 항의 집회까지 벌어지는 사태를 불러일으킨 것은 분명 잘못된 처사라고 본다. 작은 피해를 보지 않으려다 오히려 큰 피해를 불러일으킨 격이 되었다. 그래서 지위의 고하를 막론하고, 자신이 잘못한 일에 대해서 시인하여 사과하는 것은 당연하며, 특히 언론이나 공식적인 석상에서 자유로운 종교를 거론하는 행위와 편향은 없어야 될 것이다. 또한 이를 계기로 좀더 신중한 발언을 하도록 각성하는 계기가 되었으면 한다.

이처럼 마음과 마음의 거리가 멀어져버리면 사소한 것들도 눈엣가시처럼 보일 수도 있다. 그러나 그 마음과 마음의 거리를 좁히기 위한 노력과 진실한 마음이 있다면 타협점을 찾는 것은 그리 어려운 문제는 아닐 것 같다. 그래서 돌아서버린 사람들이 서로가 화해하는 마음가짐으로 『신도 버린 사람들』이란 이 책을 읽는다면, 지금 종교 편향에 따른 집회와 정중한 사과는 오히려 행복한 요구가 될 것이며, 해결의 실마리를 쉬이 찾을 수 있지 않을까 싶다.

인도의 '카스트 제도'에서 불가촉천민이라 불렸던 '달리트'(억압받는 사람들)들은 인간이 인간으로서 대우받을 권리를 찾기 위해 3,500년에 걸쳐 처절하게 싸웠다고 한다. 장구한 세월의 그늘 속에서 빛을 보지 못한 달리트의 삶을 들여다보면 실로 지금의 자유로운 행복의 가치가 어떠한지 현재의 삶에 감사하는 마음마저 느낄 것이다.

『신도 버린 사람들』은 저자의 아버지 다무와 어머니 소누의 삶을 들려준 이야기로 엮은 것이다. 그리고 저자의 부모님의 생애를 통하여 성공한 아들이 걸어온 길과 손녀의 덧붙이는 말까지 한다면 3대의 달리트 신분이란 계급을 타파한 노력의 결실이기에 몇 배를 더한 감동으로 다가온다.

"신은 나를 버렸지만, 나는 세상 모든 것을 가질 수 있었다!"란 말과 함께….

아버지 다무는 불가촉천민으로 태어나 상층 카스트의 몸에 손이 닿는 것조차 불경스러울까, 시체에도 손을 댈 수 없는 상황에서 불복종한다는 이유로 얻어맞는다.

그리고 예스카르 의무(마하르들에게 부과된 마을의 의무)를 다하며 구걸해서 먹고 살지만, 인간답게 살 권리와 자유로운 삶을 언제나 간구한다.

하지만 믿기지 않는 것은 신성한 곳이 더럽혀진다는 이유로 그림자도 드리울 수 없어 힌두 사원에는 들어갈 수 없고, 우물물도 마실 수 없으며, 더러운 발자국을 지우기 위해 허리춤에 빗자루를 매달고 다니는 달리트들의 삶이다. 이러한 삶을 살면서도 다무는 인간으로서 권리는 구걸하지 않고 투쟁한다.

그리하여 1927년 바바 사헤브(사헤브 : 주인, 상관을 일컫는 말)를 선두로 불가촉천민의 반란에 가담하여 저수지 사용 허락을 받아낸다. 또한 바바 사헤브는 「마누법전」 −1500년 전에 쓰여 진− 을 노예장부라 하면서 억압의 상징이라 비난하자, 다무는 그의 열렬한 지지자가 되어 인간의 존엄성과 억압의 족쇄를 풀어 자유로워야할 자식들의 미래를 위해 싸운다.

그러다 일자리를 잃어버린 어려운 환경 속에서도 부당한 처우에 맞서 "푼돈에 영혼을 파느니 차라리 굶는 편이 나아요."라고 아내에게 당당히 말한다.

열두 살도 채 되지 않아 다무의 아내가 된 소누는 그런 남편의 뜻에 따르며 4남 2녀를 낳는데 그 중 자다브는 막내아들로 태어난다.

다행히 철도회사의 정비열차 수리공이 된 다무는 '인간의 존엄성마저 박탈해버린 종교의 울타리 안에서 살아야만 하는가?' 라고 주장하는 바바 사헤브를 따라 힌두교의 카스트가 없는 평등과 자비의 불교로 아내를 설득하여 1956년 개종한다.

올바름을 실천으로 보여주며 당당한 사람으로 자라도록 교육에 힘쓰신 부모님 덕분에 자다브는 인도 정부의 장학금을 받아 미국에서 경제학 박사가 되어 인도 준비 은행에 근무하며, 에디오피아 정부 재정 자문으로 발령받는다.

이러한 자다브의 성공이 있기까지 깨어있는 아버지 다무의 투쟁과 올바른 선택, 거기에 과일과 채소 장사로 열심히 일하신 어머니의 지극한 사랑이 밑거름이 되었기 때문이다. 거기에다 각별한 부모 밑에서 자라 성공한 자다브가 한없이 자랑스러운 연로하신 아버지 다무는 암 진단을 받은 상황에서도 아들에게 "미국이 네 피부를 희게 만들지 못하더니, 아프리카도 너를 까맣게 만들지 않았구나!"라고 농담까지 하시는 것이다.

영국의 통치에 저항하는 인도 국민의회를 지지하기 위해 시민불복종 운동을 선언한 간디와 이에 평화롭고 합법적인 시위를 하라는 바바 사헤브는 당시 추종하는 사람이 두 파로 갈라졌으나, 영국의 식민지에서 독립하고 불가촉 제도는 법적으로 폐지되어 카스트에 따른 차별을 금지하는 시행령의 공포를 1947년 얻어낸 것은 부당한 행위에 대한 권리를 찾기 위해 헌신의 노력을 기울인 결실이라 말할 수 있다.

"무지개가 뜨려면 비와 햇살이 모두 있어야 한다."는 다무의 말처럼 권리를 찾는다는 것은 그만한 노력의 땀방울이 있어야 가능한 것이라 생각한다.

3,500년이 넘는 동안 사라지지 아니한 인도의 카스트 제도로 인하여 힌두 사원에조차도 출입할 수 없었던 불가촉천민은 신마저도 버린 그야말로 짐승만도 못한 사람들이었다. 그러나 인간은 모두 평등한 삶을 누릴 권리를 갖고 태어나며, 인간은 자유롭게 종교를 선택하여 믿는 신은 또한 모두의 신이어야 되는 것이다. 그리하여 천민이란 신분을 딛고 일어서서 '인도의 살아있는 영웅'이 된 나렌드라 자다브의 성공은 쾌거가 아닐 수 없다. 그가 성공하기까지 그 밑거름이 되어준 아버지 다무는 교육의 중요성을 강조하였듯 배움이야말로 새로운 미래를 여는 밑거름이라 생각한다.

그리고 인도 경제의 낙후 원인은 카스트 제도에서 비롯되었다 하였듯 우리나라 조선의 신분제 또한 똑같은 결과를 낳지 않았나 싶다. 모든 사람이 평등한 세상이 민주주의의 밑바탕이라면, 그에 따른 권리와 의무를 다하고 누려야 하는 것도 평등해야 하지 않을까?

하지만 퇴색해버린 불공정한 판단과 권리를 주장하는 힘 없는 사람들의 목소리는 무시해 버리고, 권력으로 눌러버리는 반쪽 뿐인 우리의 민주주의의 형태에서 약자인 서민들이 서야 할 자리는 어디일까?

목소리를 더하여 아무리 소리쳐도 들으려 하지 않고, 외면해버리는 사람들을 향해 '신문고'라도 울리고 싶은 심정뿐이다. 그런데 기가 막히게도 또

다른 권력을 쥐어잡기 위해 줄서기에 급급하고, 자리다툼만 하는 정부의 관리들과 국회의원들에게 토로하고 싶다.

서민들의 눈에 흐르는 피눈물을 닦아주지는 못할망정 이제는 제발 눈 가리고 아웅! 하는 일은 그만하라고….

속내가 다 비치고 있으니.

65. 농담

① 저 자 : 밀란 쿤데라, 방미경 옮김
② 분 류 : 소설
③ 출판사 : 민음사
④ 쪽 수 : 432

줄거리 및 감상

체제와 이념의 시대적인 정신으로 세뇌되어진 젊은 날을 진정으로 사랑했던 소중한 기억도 시대가 변하여 세상을 끌어나가는 주체도 점차 물갈이를 하였다. 그것은 분명 과도기에 놓인 사람들에겐 설자리가 없는 방황일 수밖에 없는 것 같다.

그러나 그러한 속에서도 자신이 살아온 그 시대를 거역하지 않는 삶을 위하여 목숨을 내던질 정도로 정의감이 넘치는 사람이 몇이나 있을까? 또한 시대의 흐름을 거역하고 새로운 시대를 개척해나가는 변화의 물결은 어디에서 오는 것일까? 구시대가 가면 새로운 시대가 분명히 열리듯, 안주하지 않으며 새로운 삶을 모색하여 변화에 동참한다는 것의 의미가 나를 잃는 것이라 생각하였다면 진통은 심할 것이다. 그래서 역행하지 않는 흐름을 빨리 파악한다는 것에 내포된 의미가 무엇인지? 너무나 어렵고 난해할 뿐이다. 그대로 머무르자니, 따르자니의 문제가 아닌 진정 가치 있는 선택, 그것이 무엇인지? 세상의 흐름만이 그 해답을 갖고 있지 않을까!

한 사람의 가벼운 농담으로 인한 가혹한 형벌, 그리고 형벌의 주체가 되는 사람들을 향한 증오와 복수심 뒤에 남는 것은 자신의 살을 깎는 또 다른 아픔이 된다는 사실을 기억해보면서 그 동안 살아온 날들 속에 어느 누군가에게 남겼을 -의도적이지는 않았으나, 아니 의도적일 수도 있었을- 상처와 아픔을 조금이나마 씻어줄 수 있다면 하는 심정으로 이 책을 읽었다.

제7부로 되어 있는 이 책은 1인칭 관찰자 시점으로 나뉘어진 제1부에서 7부마다 글쓴이의 주체가 각각 화자가 되어 엮어져 있다. 처음엔 등장인물과 화자조차 제대로 파악이 되지 않아 혼란스러웠는데, 제3부를 읽으면서 그것을 깨닫게 되었다.

이처럼 화자가 각기 달라서 이해하는 데 많은 어려움이 있었으나, 독특한 방식으로 전개되는 내용을 파악하기 위해서 정신을 바짝 차리지 않으면 안 되기에 집중력이 더없이 필요하다. 그리고 각 화자마다 자신의 입장에서 서술이 되어져 심오한 정신세계의 세밀함도 모자라 ( )안에 부가적인 상황에 따른 묘사의 설명은 감탄을 금치 못하게 한다. 밀란 쿤데라만의 날카로운 심리의 묘사, 그것은 어쩌면 아무나 따라할 수 없는 그만의 역량이라 생각한다.

주인공 루드빅 얀은 여러 해가 지난 후 고향을 찾는다. 그리하여 젊음의 혈기가 넘치던 대학 시절, 악단의 단원 창립 멤버로 인간이 평등하게 사는 이상적인 세상을 꿈꾸었던 그 때, 자신의 삶을 송두리째 바꾸어버린 사건을 회상한다.

어느 날, 마르케타라는 여인에게 "낙관주의는 인류의 아편이다! 건전한 정신은 어리석음의 악취를 풍긴다. 트로츠키 만세!"란 농담의 글을 보낸다. 그런데 농담으로 보낸 편지를 보고 대학의 동료 제마넥은 당에 적대적인 인물이라며, 당에서 축출시키려 회의를 열어 루드빅은 속해 있던 공산당과 학교에서 쫓겨나 군에 입대한다. 하지만 군인으로서 훈련과 임무가 아닌 탄광에서 '검정 표지'에 속한다는 불순자로 도망칠 수 없는 공포 속에 처참한 생활을 한다.

그러던 중 휴가를 받고 오스트라바 도시에 들러 공장 노동자로 일하는 루치에라는 여인을 만나 힘든 상황의 활력을 얻으며 진실한 사랑을 하게 된다.

의붓아버지로부터 도망친 불행한 루치에의 소박함에 계속 이끌리게 된 루드빅은 병영에서 탈출까지 하여 그녀와 육체적인 사랑을 원하지만, 거부하던 그녀는 떠나버린다.

그렇게 세월은 흘러 과학 기술자로 연구소에서 일하던 루드빅은 '왕들의 기마행렬'이란 민속 축제에 나타나, 파벨 제마넥의 아내인 헬레나를 만나서 의도적으로 다가간다. 그리하여 헬레나를 정복하고, 제마넥에게 복수한 듯 희열을 느낀다.

그러한 가운데 대학에서 마르크스 레닌주의 강의를 하는 제마넥과 헬레나의 결혼 생활은 순탄하지 못해 루드빅을 향한 헬레나의 열정적인 사랑이 시작되려 한다. 하지만 헬레나는 남편과 루드빅이 친구 사이임을 알면서 루드빅에게 사랑의 복수를 하려 자살까지 시도한다. 그러나 그것은 쇼였을 뿐 진정으로 제마넥이 용서를 빌기를 바라면서도 결코 화해를 받아들일 수 없다는 루드빅이다.

한편 루드빅의 친구였던 야로슬라브는 그가 당에서 쫓겨날 당시, 부당한 처벌을 했다는 것은 인정하면서도 도와줄 수 없었던 상황에 있었지만, 진정 그의 행복을 바라는 우정만큼은 변함이 없다. 그래서 연주회에서 야로슬라브는 악단의 창립 멤버인 오늘의 명예 연주자라 루드빅을 소개한다. 그리고 연주회는 계속되지만, 혼신의 힘을 다해 달려온 길에서 귀향의 의미는 죽음 이전에 끝났을 수도 있는 것이라며, 내출혈로 쓰러져버린 야로슬라브를 보면서 루드빅은 전율한다.

여기에서 저자는 1956년 체코의 술렁이며 변화되어가는 공산당 체제를 언급하고 있다. 체코는 1939년 나치스의 침공으로 독일의 통치를 받으나, 1945년 제2차 세계대전에서 독일의 패망 이후 소련이 점령하게 된다.

그리고 1956년 소련 내에서 흐루시초프에 의한 스탈린 격하 운동이 일어난 후에도 체코에서는 스탈린주의자인 노보트니 정권의 보수 정책이 계속되자, 1960년대의 정체된 경제에 대해 국민의 불만이 높아졌다. 1968년 공산주의에서 벗어나려는 노력과 변화의 '프라하의 봄'이라 하는 개혁의 바람이 다른 나라에 확산되는 것이 두려운 소련은 체코를 무력 침공하여 다시금 공산주의 독재 정권이 수립된다. '프라하의 봄'은 이처럼 공산 위성국인 체코가 민주화 운동을 통한 소련의 지배를 잠시 벗어난 때로 한국전쟁, 천안문사태, 베트남전쟁 등과 비슷한 민주화 운동이었다.

1988년 고르바초프에 의해 소련의 개혁이 시작되며, 그해 11월 민주세력 단체인 시민포럼이 중심이 되어 민주화 개혁 요구 시위가 대규모로 발생하여 12월 공산 정권이 퇴진, 시민혁명이 성공한 뒤 1989년 시민포럼 지도자 바츨라프 하벨이라는 비공산주의자 대통령 취임으로 체코는 영원한 '프라하의 봄'을 맞게 된다.

그래서 피 한 방울 흘리지 않고 얻어낸 체코의 민주화를 "우리는 평화적으로 혁명을 이루어냈다. 이는 벨벳혁명이다."라고 말한 데서 비롯하여 이와 같은 무혈혁명을 '벨벳혁명'이라 부르게 된다.

이처럼 체코의 역사를 되짚어 보며, 공산주의 정권 속에 사람의 운명마저 결정되어지는 것들에 루드빅이 공산주의에 이끌려 매혹을 느끼게 된 동기를 "내 시대의 (또는 그렇다고 믿었던) 역사의 수레바퀴였다."라고 말한다. 그 수레바퀴는 그렇게 시대를 지배하였고, 사소한 장난에 불과했던 농담이 담긴 엽서로 공산당과 학교에서마저 쫓겨나게 된 까닭이 제마넥으로 비롯되었다고 하기엔 변명처럼 느껴진다.

그런데 그의 아내인 헬레나를 범하고, 유린함으로 주인공 루드빅의 증오와 복수극은 끝났다지만, 여기에서 짚고 넘어가지 않으면 안 되는 것이 있다.

그것은 오스트라바 도시에서 떠나 서부 보헤미아의 국영농장에서 일하던 루치에가 코스트카를 만나며, 그의 정부가 되면서 알아낸 새로운 사실로 루드빅과 육체적 사랑을 거부한 것은 집단 성폭행 당한 것으로 인한 상처와 순결하지 못함으로 두려워해야만 했던 성의 부정적인 측면 때문이었다는 것이다. 그리하여 루치에의 삶에서 유린당한 것이라도 육체적인 사랑을 원하였던 루드빅 자신에게는 죄가 없음인가?

그리고 마르크스-레닌주의를 강의하던 제마넥의 공산주의 이론은 변화의 바람이 부는 역사의 흐름 속에서 세대교체가 이루어지는 젊은 학생들에게 시들해져버린 것처럼, 영원한 이론과 체제에 무장된 공산주의를 향한 맹목 속에 살아남은 자의 모습 또한 루드빅에게는 통쾌한 것이 아닐 수 없겠다. 하지만 루드빅은 자신에게 온당치 못한 일을 하였던 것에 대한 복수로 제마넥의 아내까지 끌어들인 것은 비열한 행동이며, 사내답지 못한 비도덕적인 행위기에 지탄받아 마땅하다.

"사람은 어떠한 계기를 통해 분노와 증오를 느끼고 그러한 감정을 한 개인에게 집중시켜 보지만 이러한 분노와 증오는 근본적으로는 자신과의 다른 세상 전체에 대한 것인데 세상 전체를 상대로 이러한 감정을 표출하는 것은 너무나 초인적인 행동이기 때문에 개인에 집중한다."라고 쿤데라가 언급했지만, 세상을 향해 부르짖고 싶어도 나오지 않는 목소리일지라도, 또한 역사의 소용돌이치는 삶이 있었을지라도 용서할 수 있었다면 좋았을 것을….

이처럼 『농담』 안에 비춰진 주인공의 삶을 따르다보니 인간의 삶 자체가 크고 작은 일이지만, 똑같은 결과를 초래하는 일들에 비중을 어디에 두느냐에 따라서 그 뼈저림이 다를 것이란 생각이다. 그래서 한 인간의 농담으로 인해 세상 밖으로 밀려난 운명이 되었듯 공산정권이 체코 국민들을 유린한 것에 대해서도 농담이었다 말할 수 있을지?

혼란스럽다. 루드빅이 복수를 하고 나서 혼란스러워 했던 것처럼….

66. 풀 한 포기 다치지 않기를

① 저　자 : 클로드 안쉰 토머스, 황학구 옮김
② 분　류 : 자서전
③ 출판사 : 정신세계사
④ 쪽　수 : 192

줄거리 및 감상

실오라기처럼 가는 줄기에 의지하여 떡잎을 나누고 이끼 사이로 움돋는 가녀린 풀 한 포기가 고개를 내밀었다. 말이 생명이지 여리디 여린 그 생명이 돋아난 것에도 말할 수 없는 경이로움이 자리한다. 그런데 만물의 영장이라는 인간에게 있어 생명의 존귀함을 배제시킨 사악함으로 전쟁과 폭력을 일삼는 그 속에서 짓밟혀 처절한 죽음을 맞고, 얼룩진 상처는 씻어낼 수 없는 고통을 남겼을 뿐이다.

폭력적으로 대했던 어머니와 아버지의 억압 속에서 감정을 터트리는 방법으로 '사랑은 곧 폭력'이라 생각하며, 강자만이 승리한다는 것을 어린 시절부터 배우고 자랐던 저자는 17세에 미 육군에 입대한다. 그리고 18세에 베트남전에 지원하여 전쟁터에 병사들을 실어나르고, 환자의 응급 후송과 군수품 보급을 하는 헬리콥터 기장으로 27개의 훈장과 많은 상을 받는다. 이처럼 전쟁터에서의 화려한 공적은 오히려 그의 삶을 나락으로 치닫게 한다.

전역하였으나 사회생활에 적응하지 못하고, 전쟁의 공포에 휩싸여 술과 마약, 섹스 등 부랑자 생활을 한다. 또한 권총이 없으면 불안하여 생활이 되지 않고, 전쟁에 참전했던 후유증으로 자살의 유혹을 떨칠 수 없는 고통의 나날은 약물 중독과 알코올 중독 증상으로 고스란히 이어진다.

그러던 중 1983년 재활프로그램에 참가하여 중독에서 벗어난 저자는 실로 충격적인 사회적 병폐를 토로한다.

그것은 미국의 베트남 개입은 1975년에 끝났으나, 베트남에서 죽은 58,000여 명 외에 베트남에 복무했던 100,000명 이상의 미국인이 자살한 것으로 추정되며, 미국 노숙자 인구 중 40~60%가 베트남 참전 군인들이란 것이다.

이렇듯 전쟁에 참전했던 사람들의 정신적인 공황상태는 삶을 나락으로 이끌어갔고, 그 충격은 실로 크나큰 고통의 연속이 되어 자살을 부추기니, 사회적으로는 폭력과 전쟁의 씨앗을 품고 있는 것이 아닐 수 없다.

그들과 같이 똑같은 경험을 한 베트남 참전자였던 저자는 중독에서 벗어나, 베트남 불교 수련회에 참가하게 되면서 갱생의 길을 찾는다.

미국인들이 베트남 참전자라 바라보는 따가운 시선이 아니라, 베트남인들과 공동체 생활 속에서 그들에게 진정한 사랑을 느끼며 폭력, 미움, 절망, 아픔 등을 이겨낸다. 가장 큰 힘이 되어준 틱낫한 스님과 짠콩 스님을 통해 불교와 접하며, 정신적인 지주로 삼은 '정념正念의 종소리'를 통하여 상처로 얼룩진 마음의 평화를 얻고 탁발하여 수행자가 된다.

그리하여 아우슈비츠 수용소를 출발하여 동유럽 · 아시아를 거쳐 베트남까지 도보로 평화순례를 하면서 전쟁의 소용돌이 속에서 생긴 상처들을 치유하고자 "전쟁(폭력)의 뿌리는 우리의 본성 속에 있다. 그것은 우리 모두의 내면에서 일어난다."는 것과 "평화는 갈등 안에 있는 폭력의 부재다."라며 무지한 이들을 향하여 경각심을 불러일으키도록 한다.

한편 심각한 총기사고로 인한 죽음 앞에 미국 내의 폭력은 전쟁이 아닐 수 없는 것이라며, 이 세상의 폭력을 없애기 위해 걷고 또 걷는다. 그것은 몸소 겪은 전쟁과 폭력으로 인한 현주소의 뼈아픈 경험을 세상에 알리고,

비폭력을 부르짖으며 진정한 용서와 이 세상의 평화를 위한 수행에 정진하는 목표이기도 하다.

이처럼 미국의 베트남전 참전자들의 삶을 통해서도 알 수 있듯 전쟁은 끝났을지라도 그 파급은 여전히 그들의 가슴에 남아 씻을 수 없는 고통을 주고 있다는 사실이 안타까울 뿐이다. 죽이지 않으면 살 수 없고, 살기 위해 죽여야만 했던 인간으로서 가장 큰 죄악에 빠지게 하였던 전쟁. 그로 인하여 순수한 영혼마저 병들게 하였던 후유증 속에서 벗어나지 못한 나락의 길 이었으나, 경험을 통해 체험했던 뼈저림을 알리고, 인류의 평화를 위해 수행자가 된 저자를 통하여 값진 교훈은 더 이상의 아픔이 없는 세상을 만들기까지 모두가 노력하지 않으면 안 된다는 것이다.

틱낫한 스님을 통해 베트남에서 죽인 사람들을 위해 무엇을 해야 할지를 생각하여 교훈으로 삼는 그 가르침은 "그저 수행하게. 자네가 걸을 때는, 학대받고 착취당하고 탄압받고 불구가 되고 상처받고 또 어떤 상황에서든 목숨을 잃은 모든 이를 위해 걷는 것이기 때문이지."로 세상의 얼룩진 상처를 발걸음으로 다독이는 것이다.

폭력과 공격으로 피해를 입은 자들을 위해, 참전자들 모두를 위해 걷는 수행은 치유만이 아닌 이 세상의 평화를 기원하는 간절함이 함께 한다.

이와 같이 값진 수행을 통해 세계의 평화를 기원하기 위한 도보 평화순례를 하는 진정한 마음의 갈망이 이루어져야 되는데, 지금도 지구상에 전쟁 중인 나라들이 있으니….

눈앞에 보이는 죽음도 그러한데 잠재된 그 후유증이 어떻게 치료될까?

폭력이 폭력을 부르는 악순환의 연속성을 배제하지 않을 수 없기에 가장 지탄해야할 전쟁이 없는 평화의 날을 기원하나, 아직도 빗발치는 사선의 경계에서 공포와 주검으로 물든 아픔의 상처를 생각하니 슬프지 않을 수 없다. 전쟁을 겪어보지 않은 세대가 지금 남의 땅, 아주 먼 곳에서 벌어지는 전쟁으로 인한 무모한 희생과 폐허의 장면을 본다. 보도를 통한 것이 전부이나, 부상병들 중 아무것도 모르는 천진한 어린아이들의 울부짖음은 아직도 귓전에 남아 있다.

그래서 오직 하나, 인류의 평화를 위해 오체투지五體投地를 행하는 간절한 마음이 하늘에 닿아, 이제는 지구상에 난무하는 폭력과 전쟁의 아픔이 없는 행복한 낙원이 되었으면 하는 바람뿐이다.

67. 자기만의 방

① 저　자 : 버지니아 울프, 이미애 옮김
② 분　류 : 수필
③ 출판사 : 도서출판 예문
④ 쪽　수 : 181

줄거리 및 감상

행복한 웃음소리가 끊이질 않고, 포근한 평화가 넘치는 한 가정의 온전한 모습을 담아낼 수 있는 것은 지켜가려는 온가족의 노력과 화합하는 마음이 있지 않으면 안 된다. 서로를 존중하며 배려하고, 의지할 수 있는 믿음과 책임에 따르는 의무를 다하는 노력과 인내심, 또한 아픔과 고통을 함께 나누어가는 가운데 소중한 것들을 지켜가는 것이야말로 바람직한 가정의 모습이다. 그러나 무엇이 문제인가?

이혼율의 급증과 자살 등 그것들은 이제 남의 일이 아닌 듯싶다. 가정의 틀 안에 갇혀버린 여성들과 자유분방한 남성들의 세계에서 합일점을 찾지 못하는 가치관의 차이로 인해 말 그대로 성격차이가 가장 큰 이혼의 비중을 차지한 것에서 시작되어 지금은 경제적 어려움도 이혼을 부추긴다.

거기에 당당히 사회생활을 하는 여성들이 자신의 능력 속에서 구속받지 않으려는 이기심에서도 가정의 불화가 생기고 있는데 만약, 집안 살림만 하면서 살아온 주부들에게 이혼이란 세상 밖의 나락에 떨어져 어찌 살아가야 하는지 막막한 일이 될 것이다. 그래서 이 책을 읽으며 과연 남성으로부터 벗어나야만 하는 여성이 된다면 무엇을 준비해 두어야 하는지?

'페미니즘'문학의 한 축을 이루고, 여성의 각성을 부르짖는 버지니아 울프의 설득력 있는 주장과 호소력이 강한 메시지를 통해 깊이 생각해 보았다.

'여성은 어떤 존재인가?'란 문제를 먼저 제시하였듯, 페미니즘의 선두자로 자리매김할 수 있었던 것은 여성들을 주제로 한 책들을 수없이 탐독하며, 남성 안에 갇혀 사는 여성들을 안타깝게 생각하는 것에서 시작된다. 남성들이 여성을 희생시킨 그 속에서 정작 남자들은 자신감과 우월감을 찾고, 소유욕으로 욕망을 태워 여성을 억압하는 습성이 남성들 스스로를 비인간화시켜 제국주의적 약탈을 했다는 것이다.

그래서 남성의 우월주의를 잘 표현한 것 중에서 포우프가 말한 "대부분의 여성들은 전혀 성격을 가지고 있지 않다."와 라 브뤼에르의 "여성은 극단적이다. 그들은 남성보다 우월하거나 또는 저열하다."란 말을 인용하고 있다.

나폴레옹 또한 여성은 교육을 받을 수 없다고 생각했다는 것에서도 알 수 있듯이 16C 영국 여성은 남편을 주인으로 삼아 교육의 기회를 갖지 못하고, 창조적 능력을 지닌 여성들은 이단시되면서 여성들이 쓴 작품은 그래서 익명으로 발표할 수밖에 없었다고 강조한다.

아울러 영국 문학사에서 『오만과 편견』의 저자 제인 오스틴이 속박 속에서 정신적 불구가 되지 않았다면, 더 훌륭한 작품을 남겼을 것이라며 몹시 안타까워했다.

그 원인으로 정말로 쓰고 싶은 책조차 마음대로 쓸 수 없어 상상력이 배제되어 버렸기에 만약에 여성들이 자신의 재능을 펼칠 수 있는 여건이 되어 교제와 여행이, 그리고 가장 안타깝게 주장하는 나만의 방이 있었다면 제인 오스틴처럼 원고를 숨겨가며 몰래 쓰지는 않았을 것이라 한다.

또한 샤로트 브론테가 돈이 있었다면 자신의 소설 저작권을 팔아넘기지 않았을 것이며, 목사의 딸로 허용된 내용만의 글을 쓰지 않았을 것이란 안타까움을 여운으로 남긴다. 덧붙여서 마아가레트 공작부인의 책에서 "여성은 박쥐나 올빼미같이 장님으로 살고 짐승처럼 노동하며 벌레같이 죽는다….” 라는 말을 인용하면서 남성들의 억압과 상상력의 배제, 더 큰 세상을 향한 진취적인 발전을 꾀하려는 삶 자체가 허용되지 않았음으로 여성들에게 돈과 자기만의 방이 있었다면 창작은 활발하였을 것이라고 강력히 주장한다.

그러하기에 만약 셰익스피어에게 그에 못지않은 능력을(재능) 지닌 여동생이 있었다면 오빠처럼 명성을 누릴 기회를 가질 수 있었을까? 란 반문을 남긴다.

이처럼 여성의 능력을 사회적으로 인정받지 못하는 시대적인 양상이 있었지만, 그 삶에 안주해버린 주체가 여성이기에 각성하고 일어설 수 있는 힘을 길러야 하며, 사회적으로도 여성을 바라보는 시각의 변화를 주창하기 위하여 첫째 돈의 의미는 당당한 여성의 자립이며, 둘째 자기만의 방은 자유로운 창작을 할 수 있는 나만의 공간이기에 이 두 가지를 강조한 것이다.

결론적으로 사회의 제약과 부자유, 경제적 뒷받침이 없는 갇혀버린 것에 대하여 여성들이 남긴 작품의 한계성에서 더 나은 자기만의 공간이 허용되었더라면, 그것을 버지니아 울프는 가장 개탄해 한다. 그래서 버지니아 울프는 여성들이 각성하여 갇혀버린 공간을 뚫고 당당히 세상에 나설 수 있는 역량을 스스로가 키위기 위한 돈과 자기만의 방을 강력히 호소하는 것이다.

정규교육은 받지 않았으나, 아버지를 통해 당대의 지성인들과 자유롭게 교제하며, 문학적 소양을 키운 소설가이자 비평가로 잘 알려진 버지니아 울프는 남편과 함께 출판사를 설립하여 활발한 출판을 했으나, 안타깝게도 1941년 자살로 생을 마감한다. 비록 문학 속에서 여성의 현주소를 가장 잘 인식하였던 그녀의 생은 자살로 끝났지만, 감옥의 뜰에서 살고 있는 여성을 향한 남성의 잘못된 우월감에서 비롯된 성의 차별이 아닌 동등한 평등을 부르짖은 것은 당시의 사회에 값진 의미를 부여한 여성 선각자였음을 알 수 있다.

이 책을 통하여 특히 모성애를 앞세워 자식의 미래에만 투자하는 우리나라 여성들이 있다면, 틀을 깨고 밖으로 나와 자신의 발전을 위한 무엇인가를 꼭 찾아서 자기 개발에도 투자할 수 있는 계기를 만들었으면 한다. 남자들 또한 여성을 존중해 주며 한 가지의 일에 매진하여 더욱 보람된 삶을 열어갈 수 있도록 이끌어주는 배려가 있다면, 여성들의 숨겨진 능력은 최대한 발휘될 것이라 생각한다.

이러한 조건이 설령 아니더라도 자신의 소중한 삶을 사는 주체로서 아내, 어머니란 이름 속에 묻어두지 말고, 온전히 자신만을 위한 보람찬 시간을 잠시라도 갖는다면 훨씬 하루가 즐겁고 보람차며 행복해질 것이라 자신한다.

68. 게걸음으로 가다

① 저 자 : 귄터 그라스, 장희창 옮김
② 분 류 : 소설
③ 출판사 : 민음사
④ 쪽 수 : 272

줄거리 및 감상

역사의 뒤안길에 그늘진 비밀과 진실이 파묻혀버렸다면 우리는 어떻게 할까?

또한 경험한 사람으로부터 전해 듣는 이야기의 전말을 어디까지 파헤쳐 세상에 드러내 보일 것인가? 그리고 가해자였기에 침묵할 수밖에 없는 가운데 50여 년이 지났으나, 그 공백을 깨고 증언하는 작가의 의도는 어디에 있는지 깊이 생각해 보지 않을 수 없다.

화자인 파울 포크리프케는 저널리스트로 '구스틀로프 호'가 침몰하던 배에서 툴라의 아들로 태어났다. 어머니 툴라는 구스틀로프 호의 참상과 비극을 아들에게 귀가 따갑도록 들려주나 그는 중립을 유지하려고 애쓴다.

그리하여 어머니와 갈등을 빚는데 화자의 아들 콘트라(코니)는 구스틀로프 호가 침몰 당시, 생존했던 할머니의 영향을 받아 나치 이념의 추종자였던 구스틀로프를 존경하며, '슈베린 동지회'라는 단체를 내세운 웹사이트에서 나치 이념을 열심히 연구하여 전파한다.

한편 어린 시절부터 병약하여 의학 공부를 하던 유고슬라비아 출신의 유대인 다비드 프랑크푸르터는 어느 날, 히틀러의 측근이었던 빌 헬름 구스틀로프를 살해한다.

유대인을 학대하는 독일인을 보면서 유대인이기에 의도적인 것이었다고 말하지만, 우울증도 심각했던 그는 세계대전의 중립국이었던 스위스 법정에서 살인죄를 받고 1936년 스위스 교도소에 수감된다.

그 후 히틀러는 죽은 구스틀로프을 기념하기 위하여 그의 이름을 따서 여객선을 만드는데 그 배는 계급별 차별이 없는 베를린, 루르지역, 하노버, 브레멘 등지에서 온 노동자와 직원을 포함한 휴양객들에게 편안하고 안락한 여행을 즐길 수 있도록 한다.

그러나 제2차 세계대전이 발발하자 전쟁을 위해 구스틀로프 호를 병원선으로 개조하여 부상자들을 후송한다. 그런데 1943년 독일군은 모든 전선에서 밀리게 되면서 병원선 구스틀로프 호는 피난선이 되고 만다. 그리하여 동프로이센 피난민들은 러시아 군인들을 패해서 달아난 소녀와 부인네들로 피난민과 부상병을 가득 태운 구스틀로프 호는 1945년 1월 30일 02:16 단치히 북서쪽 발트해 연안에서 소련의 잠수함장 마리네스코의 지휘 하에 발사된 세 발의 어뢰를 맞고 침몰한다.

1만 2천여 명에 가까운 죽음의 희생자는 여자와 아이들 중상자였기에 소련은 침몰에 대한 언급을 회피하며, 급기야는 함장 마리네스코를 근무 태만으로 퇴직시키고, 3년간 강제노동 수용소로 보낸다. 그 후로 스탈린이 죽자 마리네스코는 잠수함의 영웅으로 복권된다.

한편 할머니의 증언을 토대로 의식을 일깨운 콘트라는 나치 이념의 상징이 되어주는 구스틀로프를 추종하기에 구스틀로프 호의 진실이 세상에 알려지기를 바란다. 그래서 다비드라는 ID를 사용하는 젊은이를 구스틀로프의 고향인 슈베린에서 만난다. 하지만 구스틀로프 호 순교자의 비석에 침을 뱉자, 추모 장소를 모독한 분노를 이기지 못한 콘트라는 "나는 쏘았어요. 내가 독일인이기 때문에." 라며 총살하고 자수한다. 그런데 다비드의 원래 이름은 볼프강 슈트렘플린으로 다비드 프랑크푸르터를 존경했던 사람이었던 것이다.

이처럼 콘트라는 양심과 진실에 대한 불굴의 의지로 독일에 대한 범할 수 없는 자존심 때문에 볼프강 슈트렘플린을 죽였다고 말한다. 그리고 구스틀로프 호의 순교자들과 유대인에 암살되었던 빌 헬름 구스틀로프를 상기하기 위해서라도 기념비를 세우자 한다.

여객선으로 만들어졌다 제2차 세계대전 당시에는 병원선이 되어 급기야는 피난선이 되었던 불운의 구스틀로프 호의 참상은 해난사고 중 가장 많은 1만 이천여 명의 인명을 앗아갔다. 이런 엄청난 인명의 안타까운 죽음의 현장에서 희생된 사람들은 꽃도 피워보지 못한 어린아이들과 나약한 여자들 그리고 부상자란 사실이다. 아울러 영하 18도의 냉얼음 속에 그 많은 사람들이 수장되었던 가장 큰 원인은 구명보트조차 다루는 데 미숙한 수병들과 네 명의 함장들이 자신의 목숨을 지키기에 급급했다는 사실도 한 몫을 더한다.

전쟁의 가해자였기에 감추려했던 구스틀로프 호의 참상은 오랜 시간이 지난 오늘날에야 살아서 증언한 사람들에 의해 진실이 밝혀지긴 했다. 하지만 그 희생에 따른 독일 정부는 아무런 언급도 하지 않고, 빌 헬름 구스틀로프의 유골 항아리가 묻힌 자리에 유스호스텔이 지어졌다는 것은 말없는 역사를 그대로 방치한 채 묻어버리려 했던 것이 아니고 무엇이란 말인가. 그런데 다시 되살아난 나치 이념의 추종자 콘트라가 독일의 자존심을 걸고 행한 살인을 보면서, 전쟁을 일으킨 주체로서 억울하게 희생당한 자국민의 넋을 어찌 외면했단 말인가?

하여 숨겨진 역사의 잘못된 행위이기는 하나 무고한 생명을 기리기 위해서 기념비라도 세우자고 콘트라가 주장하는 것이 빈 하늘에 메마른 목소리로 울부짖는 것 같아 그저 안타까울 따름이다.

또한 소련 정부가 침몰시킨 구스틀로프 호에 승선한 사람들의 죽음에 대한 책임으로 마리네스코 함장을 오히려 강제노동 수용소로 보낸 것은 시대적인 비난을 모면하기 위한 방편이었을 뿐이다. 새로운 정권으로 교체된 시기에 맞춰 영웅으로 등극했다는 것은 소련 정부 역시도 희생자들에 대한 일말의 죄책감도 없었다고 볼 수 있다.

여기에서 다시 한 번 개탄하지 않을 수 없는 것은 구스틀로프 호에 승선한 어린이와 부상자, 여인들이 대부분인 상황에서 어찌 선원들은 자신의 목숨만을 부지하기 위해 소중한 생명을 냉얼음에 수장시킨 것인지 도저히 인간으로서 납득이 가지 않는다. 분명히 구스틀로프 호의 선원들과 함장은 그에 상응하는 죗값을 톡톡히 치러야 될 것이다.

이와 같은 일이 다시금 되풀이되어서는 안 되는 무고한 희생 앞에 역사는 오랜 시간이 흘렀어도 침묵으로 일관하고 있다. 어느 누구도 책임지려 하지 않으며, 억울한 그 희생을 대신할 수 없었던 진실은 그래서 투명성이 배제된 채로 오랫동안 묻혀 있었던 것이다. 이처럼 전쟁 속에서 가해자도 피해자도 없이 서로가 책임을 회피하여 묻어둔 것은 안타까운 희생자들을 두 번 죽이는 것으로, 이제라도 나서서 희생된 넋이 편히 쉴 수 있도록 혼백이라도 건져서 편안히 잠들도록 하는 것이 인간의 도리가 아니겠는가?

69. 생존자의 회고록

① 저　자 : 도리스 레싱, 이선주 옮김
② 분　류 : 소설
③ 출판사 : (주)황금가지
④ 쪽　수 : 325

줄거리 및 감상

하루하루 바쁘게 살아가는 사람들의 틈바구니 속에서 결실을 맺은 농부님 네의 수고를 잠시나마 잊게 하는 각종 행사가 이 가을 하늘을 더욱 파랗게 물들였다.

주름진 얼굴이 검게 그을려져 있으나, 밝은 표정으로 하루를 흥겹게 보내는 모습 사이로 살아갈 터전이 있다는 희망을 안고 산다는 것이 그러하듯 쉬이 내려놓을 수 없는 삶의 무게가 느껴지기도 하였다.

문득 도리스 레싱의 『생존자의 회고록』을 꺼내어 읽다보니 나의 생존을 위한 '독서'가 주는 의미 있는 날들을 또다시 뒤돌아보게 하였다.

『런던 스케치』를 읽으면서 그의 작품 세계는 페미니즘, 사회주의와 자본주의, 인종차별, 생명과학, 신비주의 등에서 특히 신비주의란 초점에 맞추어 이 작품을 이해하려 하였다. 도리스 레싱은 영국의 식민지였던 남부 로데지아(지금의 짐바브웨)에서 영국인 부모 아래 태어나 성장했으나, 불행한 가운데 13세에 학교를 그만두고 독학으로 공부하여 작가가 되었고, 1949년 영국 런던으로 떠나기까지 약 30세인 것으로 볼 때, 작가의 경험이 이 작품 속에 잘 드러나 있으리란 추측을 해보았다.

원래는 부유층이 살았으나 모두 떠나가 버리고, 노동자 계급의 빈곤층이 거주하는 지역의 아파트에서 화자인 '나'는 사회의 전반적인 현상을 지켜본다. 그리고 뉴스를 수집하는 사람으로 머물며 "내 개인적인 경험이 얼마나 공통된 것이고 얼마나 많은 사람들이 공유하는 경험이었는지 그때는 알지 못했다."라며 이 소설은 전개된다.

'나'는 나라의 남 · 동쪽을 떠나 북 · 서쪽을 향하여 이주하는 도시의 많은 사람들 패거리가 인도人道에 모여 있는 광경을 아파트 유리창을 통해 바라본다.

그러던 어느 날, 에밀리라는 14세 소녀의 후견인이 된 '나'는 그녀와 함께 살게 되면서 그녀를 통해 사회의 전반적인 현상을 직 · 간접으로 경험하게 된다.

언제나 함께 하며 애정을 쏟던 에밀리의 전부일지도 모르는 개 휴고, 그러나 가난과 피로에 지쳐 도시를 떠나 시골 북쪽으로 향하는 젊은 패거리들 속에서 대장처럼 보이는 남자 제럴드를 알게 되며, 그녀는 패거리의 일원이 되어 제럴드를 사랑하게 된다. 그러한 속에서 배우지도 못하고 버려진 아이들은 무지와 무관심으로 방치되어 있기에 아이들을 보호하려는 제럴드와 에밀리는 함께 살기 위한 공간을 마련하고자, 정부 당국에 요청하나 거절당하고 만다. 그래도 힘을 합하여 텃밭을 일구며 희망의 샘물을 길어 올리려 한다.

하지만 거리의 아이들은 손쓸 수조차 없을 정도로 불량아였고, 겨우 8, 9세의 어린이였기에 타락해가는 무방비 상태의 아이들을 구해내려 제럴드는 안간힘을 쓴다. 그런데 이러한 현상들을 뻔히 알면서도 작품 속의 '그들'은 방치할 뿐이다. 교수 화이트 부부가 마지막으로 떠나가며 텅 비어버린 아파트, 그리고 황량한 거리에 모여들었던 집단 이주자들의 모습은 더 이상 보이지 않는다. 마지막 남은 아이들 중 살인을 저지른 네 살의 데니스를 끝까지 보호해주려는 제럴드인데 그마저 위협한다.

결국 예전의 단란하고 행복했던 시절들은 텅 빈 공간 속에서 사라졌으나, 에밀리가 사랑하는 제럴드와 개 휴고가 있어 붕괴되어버린 세계에서 다른 세계로 향하는 그곳의 마지막 생존자로서 산 증인의 자격을 안고 그들은 도시를 떠난다.

여기에서 사회의 흐름을 타고 집단 이주하는 사람들이 떠나버린 곳에 남겨진 아이들의 비참한 현실은 '부엌은 바닥의 절반이 석면 시트였고, … 구할 수 있는 어떤 연료로든 그 위에서 불을 피울 수 있도록 된 커다란 방이었다.'에서도 알 수 있다.

또한 언급한 많은 표현들의 '그것', '그들'의 의미는 속수무책 속에 있는 무지, 속수무책의 인식을 가리키는 단어로서의 '그것'은 인간의 무능함을 가리키는 단어이기도 할까? 라고 반문한다. 그리고 '그들'은 사회의 현상을 방치하는 '그것'을 모두 흡수해버린 것보다 더 나쁘게 표현하였다.

집단 이주를 하여 텅 비어버린 도시의 모습이 황량한 상태가 되기까지 무엇이 원인이 되어 벌어진 현상인지 자세한 언급은 하지 않았다. 다만 봄부터 추운 겨울이 다가온 혹독함까지 1년이란 시간적 배경을 드러내긴 하였으나, 이와 같은 현상이 왜 일어난 것인지 그것은 독자의 상상에 맡기고 있다.

그래서 답답한 생각이 들긴 하지만, 원래 부유층이 머물던 아파트였으나 나중에는 빈곤층의 노동자들이 거주하였다가, 그 빈곤층의 사람들마저 모여서 집단 이주를 해야만 했던 것은 먹고살 길이 없기에 다른 곳으로 이주할 수밖에 없었던 사회적인 현상이었던 것 같다.

그리고 최후의 사람들이 정부의 당국에 건의했던 것도 무마시킬 정도로 매몰차게 행한 것들로 미루어보건대 그곳에서 쫓아내려는 방편이 아니었을까?

도시란 공간적 배경이 있기는 했으나, 남 · 동쪽을 떠나 북 · 서쪽으로 이주하였던 것이 드러나 있음과 작품의 전개는 함께 했던 공통된 '경험'이란 언급을 통하여 작가 자신이 태어난 소설 속 배경의 도시는 남부의 어느 곳이 아닐까?

그래서 영국의 식민지였던 남부의 로데지아에서 성장한 도리스 레싱이기에 그곳에서 쫓겨나는 자신의 모습이기도 하면서 최후에까지 생존을 위한 처절한 몸부림을 지켜본 결과가 아니었을까 추정해본다.

이 책을 통해 가장 화가 치미는 것은 자라나는 아이들의 생존을 위협하는 방치로 인하여 무지 속에서 어린 아이들이 자행하는 폭력석인 행위이다. 그 아이들을 지켜보며 그들을 생존의 위협으로부터 건지려 했던 제럴드. 그가 비록 많은 여자들과 관계를 맺었으나, 끝까지 어린아이들의 보호자가 되고자 했던 사실이 방치한 당국에 비하면 정의로웠다 할 수 있다.

또한 마지막까지 에밀리의 곁을 함께 하며 떠나가는 그들은 혹독한 추위도 견디어내었다. 부패한 관리 계급의 방치에도 꿋꿋했던 그들은 어떠한 난관도 함께 헤쳐갈 충분한 의지가 있었고, 화자인 '나'는 버려진 아이들의 생존 문제, 정부로부터 어떠한 통제와 지원도 받지 못한 무방비 상태의 현실을 고발자로서 충분한 임무를 수행한 것이라 할 수 있겠다.

70. 로드 짐(2권)

① 저　자 : 조셉 콘래드, 이상옥 옮김
② 분　류 : 소설
③ 출판사 : 민음사
④ 쪽　수 : 1권(328), 2권(323)

줄거리 및 감상

자기 자신에게 주어진 임무를 망각하지 않으며 완수해내는 '책임감'과 어떠한 상황 앞에서건 양심의 심판을 받을 수 있는 '도덕적인 양심' 이 두 가지는 공유하고 있음에도 위험에 처한 순간의 공포감이랄까?

책임을 다하지 아니한 한순간의 잘못된 선택을 함으로 그 멍에를 안고 힘겹게 살아간다는 것이 얼마나 힘겨운 것인지 참으로 잔인하게 다가왔다. 그래서 '20C 현대소설의 시작을 알린 기념비적 작품'인 조셉 콘래드의 『로드 짐』을 통하여 진정한 용기란 무엇이며, 가치 있는 삶이 무엇인지 좀더 폭넓은 사고와 냉철한 시각으로 들여다보았다.

목사 집안의 아들로 태어났으나, 미래를 동경하던 로드 짐은 선박용품 상회의 점원을 시작으로 상선을 위한 훈련을 통해 1등 항해사가 되어 바다로 나간다.

그러나 부상을 당하여 동양의 어느 항구에 입원하게 되자 고국 행을 버리고, 순례자 등 800여 명을 태운 '파트나 호'의 항해사가 되어 다시금 바다로 나간다. 그런데 배의 결함으로 침몰 위험에 처하자 승객들의 안전은 뒤로한 채 동료 선원들과 구명정에 뛰어내려 목숨을 건진다. 이처럼 승객들의 안전을 방임한 채 목숨을 건진 로드 짐은 파트나 호가 프랑스 군함에 무사히 예인되었음을 나중에서야 알고, 도덕적인 양심의 가책에 시달린다.

그러한 가운데 구명정을 타고 살아난 파트나 호의 동료 선원들은 그 일에 대해 청문을 하려는 해난 심판소의 부름에 나가지 않고 도피해 버린다. 그러나 로드 짐은 주위의 권유에도 불구하고, 심판을 받아 선원 수칙에 맞는 조처를 취하지 않은 이유로 항해사 자격증을 박탈당한다.

그 후로 로드 짐은 로빈슨 선장으로부터 아편 밀수와 물개잡이를 하자는 제의를 받으나 물리치고, 무역회사를 하는 상인 스타인을 알게 되며 파투산으로 향하여 가서 동남아 일대를 체류한다.

그렇게 2년이 흐른 뒤 원주민의 우두머리인 도라민의 목숨을 구해준 스타인의 우정에 대한 인연일까? 로드 짐은 도라민 부족으로 들어가 적대 세력들과 싸워 승리로 이끈 공으로 통치자가 된다. 그리하여 평화로운 부족과의 생활도 잠시, 비겁하고 수치스러웠던 '파트나 호'에서 행한 로드 짐의 일은 바깥세상에서 찾아오는 사람들에 의하여 회자되어지면서 스쿠너 범선을 훔친 브라운 해적 일당의 습격을 받는다. 그러나 호의를 베풀어 로드 짐은 브라운 일당을 믿고 무기까지 내어주며 무사히 돌려보낸다.

그런데 로드 짐이 베푼 호의까지 무시한 해적 브라운 일당은 로드 짐을 배신하고, 몰래 섬에 상륙하여 그 일당은 도라민 추장의 아들을 피살한다.

이러한 상황에서 로드 짐을 사랑하는 여인 주얼은 도망치자 권유를 하나 완강히 뿌리치고, 자신의 선택에 대한 책임만큼은 저버리지 않는다. 결국 로드 짐은 추장의 아들이 피살된 것에 대한 책임을 지고 도라민의 총에 맞아 죽고 만다.

이처럼 로드 짐은 승객의 목숨을 외면한 것에 대한 선원 자격 박탈, 도라민 추장 아들의 피살과 부족을 위험에 처하게 한 책임, 이 두 가지를 모두 회피하지 않음으로 결국에는 자신의 목숨을 내어놓는다.

바다를 동경하고 넓은 세상을 향한 꿈들을 제대로 펴보지도 못한 상태에서 침몰의 위기 속에 갈등하다, 자신만이 목숨을 구한 것에 대하여 불이익을 당할 줄 알면서도 로드 짐은 도망치지 않았다. 자신이 행한 모든 일에 대한 책임을 지고 겸허히 받아들임으로 로드 짐은 죽음을 맞는다는 아이러니한 이야기다.

“다른 사람이 믿어주려는 순간 내 신념이 무한한 힘을 얻는다는 것은 확실하다.” 라고 노발리스의 말을 인용한 것처럼 로드 짐의 신념에 당당하게 힘을 불어넣은 것은 불의와는 타협하지 않고, 어떠한 유혹에도 자신으로 인해 빚어진 일들에 대한 책임만큼은 감내하려 했던 정의로운 믿음에 의한 결과라고 본다.

그래서 오랫동안 동남아를 체류하며 복잡하게 얽히고설키어 자신의 이익에만 급급한 사람들로부터 벗어나 진실한 사람들이 사는 곳, 의리를 알고 우정을 아는 도라민 부족으로 들어간 것이 아닐까 한다.

그러나 동남아 부족의 통치자가 되어 바깥세상에서 빚어진 일에 대한 수치심과 양심의 가책을 짊어지고 살아가는 그 지워지지 않는 꼬리표와도 같은 약점을 악용하는 코넬리우스의 비겁함을 보면서 울분이 일었다.

이처럼 로드 짐의 삶은 순탄하지 못했으나 떳떳한 것이었다 말할 수 있겠다.

우리도 로드 짐처럼 순간의 잘못된 판단을 내려 도리상 양심의 가책을 느끼며, 그에 상응하는 조처를 겸허히 받아들일 수 있을까? 순간의 잘못된 행동을 하여 죄를 지었을지라도 어떻게 하면 벌을 조금이나마 덜 받을까 궁리하는 것이 인지상정인데….

그렇다면 로드 짐과 같은 사람이 현대 사회에 과연 몇이나 될까?

쌀 직불금에서 보았듯 고위 관리들의 눈먼 처사나, 기회만을 엿보다가 한입에 삼켜버리는 요즈음 세태의 기회주의자들처럼 부도덕한 자들의 행동과 비교해볼 때, 로드 짐은 그야말로 가장 도덕적이며 양심적인 사람이 아닐 수 없다.

가난한 소작농의 피를 빨아먹는 것도 모자라 땀방울의 값진 의미마저 송두리째 삼켜버린 고위 관리들. 그들의 뱃속이 지금쯤 요동치지 않을까?

힘겨운 농사일을 하면서 흘린 땀방울을 모두 모아서 한입에 털어 삼켰으니 말이다. 그래서 자신이 뿌린 대로 거두어들일 줄 알고, 땀 흘린 만큼을 소중히 담을 수 있는 가장 진실한 마음을 가진 사람들이 많은 세상이 되었으면 한다.

71. 가시고기

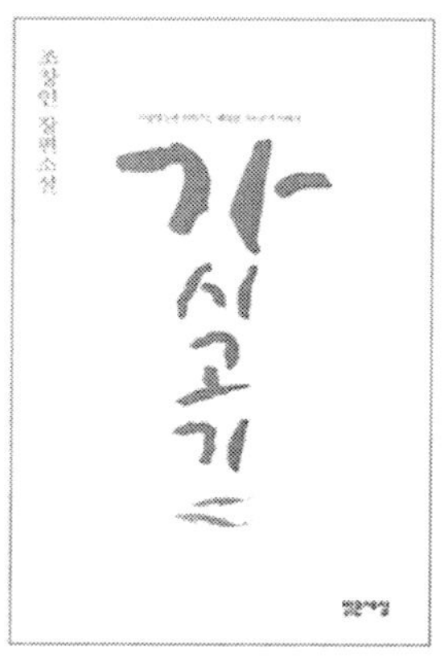

① 저　자 : 조창인
② 분　류 : 소설
③ 출판사 : 밝은 세상
④ 쪽　수 : 286

줄거리 및 감상

'가정의 달' 그리고 '신록의 계절' 흔히들 이렇게 말하는 5월의 타이틀에 맞게 TV에서도 그렇고 우리 주변 또한 가족의 소중함을 일깨워주는 행사들로 가득하다. 어린이날이 지나고 내일이 어버이 날이다. 그래서 이 책을 읽으면서 나를 위해 정성을 다하신 부모님을 생각하고, 자식을 위해 내가 무엇들을 어떻게 하면서 미래의 꿈을 보다 튼실하고 보람되게 이끌어 줄까 하면서 '생生'이란 '자식'이란 '부모'란 삼각관계를 맺어 보았다. 그런데 이처럼 끈끈하게 엮이어 떨어질 수 없는 관계를 불가분의 관계라 하듯, 역시나 자식과 부모가 함께 영위해 나가는 생이란 길에서 맺어진 삼각관계는 뗄 수 없는 것이기에 그것으로 인하여 '가족'의 행복은 비로소 시작되는 것이 아닐까?

이 소설은 작가의 친구가 겪은 실화를 토대로 하여 쓰여졌다 한다. 그래서 그 감동의 순간을 한시도 떨칠 수 없으며, 우리의 정서에 맞는 눈물샘을 자극하여 울지 않고서는 책장을 넘길 엄두조차 내지 못하도록 만들어 매 순간을 가슴으로 뜨겁게 받아들였다.

10세의 다움이는 백혈병에 걸려 2년여 투병 중이다.

어머니는 이혼 후 프랑스로 그림 공부하러 재혼하여 떠나고, 아버지 정호연은 시인으로 출판사의 일을 하며 아들의 투병을 눈물로 삭혀 낸다.

그런 와중에 IMF가 터져 출판계는 위기를 모면할 수 없게 되자, 불어나는 아들의 병원비를 마련하기 위하여 동분서주 해보아도 허사일 뿐이다.

아들은 항시 자신을 위해 고생하는 아버지를 너무나도 사랑하며, 떠나버린 엄마에 대한 미움이라기보다 보고픔 마저도 아버지께 죄가 되리란 의젓함으로 부자간의 끈끈한 혈연의 정이 돈독해져 간다. 그러면서 같은 병실에서 치료 받던 아이들이 돌아오지 않고 퇴원하는 사람들을 지켜보며, 투병하는 은미에게 꽃핀을 선물하고 싶어 하는 다움이는 그저 가슴에 묻어둘 뿐이다.

이처럼 어려운 나라의 경제도 그렇지만 날이 갈수록 불어나 감당할 수 없는 병원비와 더 이상 희망을 가질 수 없다는 병원 측의 말을 들은 호연은 다움이를 데리고 강원도 사락골로 들어간다. 그 곳에 사는 피 노인의 집에 기거하며 약초와 뱀을 고아서 아들을 돌보지만, 다움의 병세는 더욱 악화되어 병원으로 옮기자, 귀국한 아내는 환자인 아들을 방치했다는 원망과 골수이식에 필요한 병원비를 내겠다고 제안하나 호연은 거절한다.

그 후로 아들의 병원비를 마련하고자 하는 중, 우연히 신장 매매 이야기를 듣고 검사를 하는데 무슨 운명인가? 간암인 것이다. 신장을 팔 수 없는 상황에 놓인 호연은 결국 각막을 팔아 아들의 골수 이식에 필요한 돈을 마련하고, 이상하게 생각하는 아들에게 눈병이 낫을 뿐이라 한다.

마침내 아들의 수술은 성공적으로 마치나, 간암으로 죽음이 얼마 남지 않은 호연은 자신의 상황을 숨긴 채, 이혼한 아내를 만나 후배와 결혼하게 되어 아들을 포기한다며 다움이를 엄마에게 맡긴다. 그리고 호연은 아들과 추억이 서린 사락골에서 결국 가시고기의 운명처럼 부성애를 뒤로 한 채 행복하게 떠난다.

암컷이 알을 낳고 떠나버리면 부화가 될 때까지 한시도 떠나지 않으며 외부의 공격으로부터 알을 지켜내고, 부화하여 모두 떠나면 돌 틈에 머리를 박고 죽는 가시고기. 그 아빠 가시고기의 삶이 인간에게 아니, 부성 속에 깊이 뿌리를 내려 너무나도 슬픈 사연. 그리하여 생전의 아픔과 슬픔의 공간에 새겨진 말없는 고백이 가슴에 남은 하나의 생명을 구하기 위해 열망하는 것도 하나인 간절함이 눈물겹다.

흔히들 자식을 품에 안고 젖을 물리는 모성애만이 깊은 것으로 인식하는 경향이 있으나, 부성애 또한 겉으로 드러내지 않을 뿐, 자식을 향한 부모의 마음은 한결같음을 다시 한 번 생각하게 하여 감사한 마음을 가슴에 새길 수 있는 계기가 되어 주었다.

이 책을 통하여 1996년 '함께하는 사회 함께 사는 세상'이란 매스컴을 통한 캠페인이 벌어져 외국으로 입양되었다, 고국에서 성공적으로 골수이식을 받고 새로운 삶을 활기차게 열어가는 성덕 바우만이 소개되며, 골수이식의 아름다운 실천을 위한 국민들의 각성을 불러일으켰다. 그러나 이 소설에서도 알 수 있듯 일본 여성 '미도리'를 통하여 다움의 골수이식이 성공했다는 것에 부끄러움을 금할 길이 없다. 많은 사람들이 입으로만 부르짖으며, 겉으로만 봉사하는 사랑이 화려한 포장지에 가려진 일면들로 인하여 남의 나라의 골수를 통하여 한 소중한 생명을 구했다는 수치감은 나를 자극하였다.

특히 유교儒敎의 영향으로 효경孝經에 실린 공자의 가르침에서 '신체발부수지부모身體髮膚受之父母'(신체와 터럭과 살갗은 부모에게서 받은 것이다.)라 했다. 그래서 부모에게서 물려받은 몸을 소중히 여기는 것이 효의 시작이라고 하는 생각이 뿌리 깊이 내리고 있기에 우리나라의 장기기증은행은 채워지지 않고 있는 것이 현실이다.

그런데 단지 의식의 차이로 인하여 아까운 생명의 불이 꺼진다는 것을 생각해 볼 때, 내가 건강하다는 증거로라도 장기기증은 꼭 필요한 것이라 생각한다. 장례문화도 많이 바뀌어 화장火葬후 납골묘에 모시는데, 이제는 우리나라의 장례문화의 변화에서도 알 수 있듯 장기 기증은 계속 늘어날 것으로 본다. 특히나 가족 중에 긴박한 상황에 처하여 장기기증의 중요성을 깨달은 사람들에 불과했던 것이 이제는 매스컴을 통해 많이 접하다 보니, 그 필요성을 절실히 느끼는 것도 계기가 되어준 것 같다.

그래서 우두커니 앉아서 내 일이 아닌 남의 일일 뿐이라고 방관했던 시간들의 반성이 앞선다. 건강한 내가 기회가 되면 골수이식을 하리라 다짐하면서 우선은 안구를 기증할 수 있는 자세한 것을 인터넷을 통해 검색하여 보았다. 남편과 함께 의논하여 그것을 시작으로 골수 기증도 할 계획이다. 이 계획은 나 자신과의 중대한 약속이다. 얼굴도 모르는 사람에게 신장까지 이식해 주는 사람도 있는데, 자못 부끄럽지만 작은 실천이라도 꼭 할 것을 다짐한다. 이것은 나의 양심과 서약하는 것인 만큼 실천은 이미 내 의지와 상관없는 당연한 것이다.

72. 제인 에어

① 저　자 : 샬로트 브론테, 김제 옮김
② 분　류 : 소설
③ 출판사 : 두풍
④ 쪽　수 : 339

줄거리 및 감상

생을 살아가다보면 뜻하지 않게 크고 작은 시련試鍊이 닥쳐오지만, 그 시련을 겪어내며 보듬어가는 삶의 애착은 어떠한 상황에서도 견딜 수 있는 자생력을 키워 오히려 사람을 강인하게 만든다. 그래서 시련이란 것은 어떤 시기에 다가오든 거부할 수 없는 것이기에 부딪혀 싸우지 않으면 안 된다. 혼자서 극복하는 시련이라면 몇 배의 힘이 들겠지만, 사랑하는 가족과 함께라면 극복하려는 의지의 힘은 배가 된다.

그러나 사랑하고 있다는 이유만으로 남 · 녀 사이에 혼자만의 희생이 따르는 길이라면, 과연 연인관계에 있는 사람들 중 조건 없이 사랑을 유지해 나갈 사람이 몇이나 될까? 그래서 고난과 역경을 견디며 자신의 의지로 열어가는 열정적인 삶에 따뜻한 마음이 일구어낸 사랑의 진정한 실천이 귀감이 되는 것은 당연하다.

더욱이 부와 명예들로 화려하게 포장된 사랑을 쫓아가는 것이 아닌 까닭에 제인의 사랑은 현대를 살아가는 우리에게 교훈이 되고도 남음이 있겠다.

아버지가 목사인 가정에서 태어난 제인은 부모님이 병으로 돌아가시는 바람에 외삼촌댁에서 자란다. 그런데 외숙모 리드 부인이 제인을 미워하자 반항하다 자선학교에 입학하여 굶주림과 혹독한 추위에 시달린다.

하지만 자매처럼 지내는 친구 헬렌과 서로를 의지하던 어느 날, 헬렌은 제인과 나눈 아름답고 포근한 추억을 뒤로한 채 폐병에 걸려 죽는다. 그 후로 제인은 기숙학교에서 근무하며 좋아하던 템플 선생님마저 결혼하여 떠나버리자, 자신이 원하는 것이 무엇일까? 고민하다 돈필드 저택에 아델의 가정교사로 간다.

저택의 주인 로체스터는 성품이 올곧고 따뜻한 마음을 지닌 제인에게 순탄치 않은 자신의 과거를 털어놓으며 가까워진다. 그러다 로체스터의 방에 불이 난 것을 알고 제인이 달려가 무사히 빠져나온 그는 생명의 은인이라며 제인에게 청혼을 한다. 그러자 고민하던 제인은 점을 보는데 "행복은 바로 코앞에 있어…. 운명의 신이 재료를 산산이 흩뜨려 놓았을 뿐이지. 한 번 그걸 주워 모아 보구려, 굉장한 행복이 올 테니."라는 점쟁이의 점괘를 듣고 결혼을 승낙한다.

그러나 로체스터의 전부인 메이슨이 나타나 결혼은 무산되고, 로체스터의 설득에도 그를 사랑하는 마음을 뒤로 한 채 제인은 돈필드를 떠난다.

빈털터리로 돈필드를 떠나서 일자리를 찾아 헤매던 제인은 절망의 끝에서 다행히 목사 댁에 머물며, 고아와 가난한 아이들을 위한 학교에서 봉사한다. 그러던 중 외숙모의 목숨이 위급하다는 연락을 받고 찾아가는데 친척 중에서 제인에게 엄청난 유산을 남긴 사실을 알게 된다. 제인은 물려받은 유산으로 안락한 삶이 보장되고, 이종사촌인 세인트 목사가 결혼하여 인도로 떠나자는 설득에 결혼을 약속한 후, 인도로 향하기 전 돈 필드 저택을 찾는다. 그런데 저택은 불타버린 폐허 속에 로체스터는 그 사고로 눈은 보이지 않고, 한 쪽 팔이 절단된 채 불구자의 모습으로 변해버린 것이다.

결국 제인은 눈앞의 현실을 받아들이기 위해 자신의 모든 계획을 접고, 로체스터와 결혼하여 불구가 된 그에게 헌신 봉사하는 사랑의 힘으로 아들을 낳고, 로체스터는 마침내 시력을 되찾아 행복한 가정을 일군다.

완전한 제인의 사랑이 아니었다면 불가능했을 행복은 하늘이 감동한 그 자체라 아니할 수 없다. 어느 누가 자신의 약속된 미래를 버리고 보잘것없이 불구가 된 사람을 선택할 수 있을까?

그런데 로체스터 역시도 제인을 열렬히 사랑했기에 돈필드를 떠나는 그녀를 설득함에도 불구하고, 빈털터리로 저택을 홀연히 떠난 것은 왜였을까?

또한 물려받은 엄청난 유산과 젊음이 넘치는 제인이 스무 살이나 위면서 불구가 되고, 경제적 부를 잃어버린 로체스터와 결혼한 가장 결정적인 요인은 무엇일까?

제인이 돈필드를 떠난 것은 사랑하는 마음이 부족해서가 아니라, 로체스터를 떠날 당시는 자신이 아니더라도 그가 새로이 행복해질 수 있다는 것을 알고 있었기에 진정으로 그의 행복을 비는 아름다운 마음에서였을 것이다. 그런데 제인이 다시 로체스터를 찾았을 때는 이미 불행의 나락으로 떨어져 자신이 아니라면 어느 누구도 그의 곁에서 보살펴줄 사람이 없다는 것을 잘 알고 있었기 때문이라 생각한다.

이렇듯 제인이 로체스터를 향해 변함없는 사랑을 간직하고 있었기에 불꽃 같은 사랑의 징검다리는 모든 것이 제자리로 돌아오는 길을 열어준 결과 행복은 비로소 다시 시작된 것이다.

이와 같이 세상은 눈에 보이는 것만이 전부는 아니다. 우리는 살아가면서 눈에 보이지 않는다는 이유로 진정 소중한 것들을 놓칠 때가 많다. 왜냐하면 편안함과 화려함에 물들고 길들여져 진정한 마음의 눈을 가질 수 없기 때문이다.

그래서 제인을 통해서도 사랑이란 것은 차지한다는 개념의 소유가 아니듯, 어떠한 시련이 닥치더라도 함께 극복하는 가운데 샘솟는 것이리라. 그 반면에 조건에 맞는 선택은 마음속 깊은 곳에 숨어 보이지 않는 어둠을 만들고 있기에 결코 온전한 사랑이 될 수는 없다. 구석진 곳에서 화려함은 죽고, 가슴에 차오르는 상처로 힘들지라도 참사랑의 길이 아니면, 결코 헤쳐 나갈 수 없다는 교훈을 다시금 가슴에 새긴다.

중년의 내 나이에 참으로 인간의 따뜻한 온정이 넘치는 순수한 사랑을 아름답게 불태워 행복한 결말을 맺는 이 책을 다시 읽으니 오롯이 순수한 세계로 들어선 느낌이다.

그래서 일까? 아름다운 꽃을 피운 『제인 에어』는 작가 자신의 자서전적인 삶을 그린 작품으로 150년이 지나도록 전세계 젊은 독자들의 가슴을 뛰게 만든 로맨스 소설의 고전으로 사랑을 받고 있다 한다.

또한 『폭풍의 언덕』의 저자인 에밀리 브론테와는 자매로 공동시집을 펴내기도 했으며, 아버지의 부목사인 아서 벨 니콜스와 결혼했으나, 임신 상태에서 병이 겹쳐 39세란 젊은 나이로 죽음을 맞은 샬로트 브론테의 짧은 생애가 안타까울 뿐이다.

– 솔로몬 –

채소를 먹고 서로 사랑하는 것이 살찐 소를 잡아 먹고 서로 미워하는 것보다 낫다.

73. 마더테레사

① 저 자 : 신흥범 엮음, 사진 게어리 우즈 외
② 분 류 : 전기문
③ 출판사 : 두레
④ 쪽 수 : 232

줄거리 및 감상

오랜만에 내리는 봄비다. 전날 그렇게도 따가운 햇살이더니 그 열기를 식히기 위한 것일까? 온 대지가 촉촉이 젖을 만큼 충분한 비를 내려준다. 적기에 내리는 봄비는 특히나 농사일을 시작하는 못자리와 고추 모종에 단비가 되기에 농부님들께는 가장 감사할 일이다.

나의 학창 시절도 적기에 내리는 봄비처럼 감사해야 할 가르침을 주신 선생님이 계신다. 그 분은 국어 선생님으로 '먹구름 뒤에도 태양은 빛난다.'는 말씀을 내게 해주셨다. 그 말씀이 어찌나 가슴에 와 닿던지 학창 시절 나의 좌우명으로 삼아 마음 깊이 새겼던 기억이 난다.

이렇게 한 마디의 교훈적인 말인데도 인생을 살면서 크나큰 도움이 되어주는데, 몸과 마음을 다하여 실천적인 삶을 살아온 사람의 생애를 통한다면 그 감동이 몇 배가 될까? 란 생각을 해보는 이른 새벽, 아이들이 시험 기간이라 늦게까지 공부하고 꿀잠에 빠진 고요 속에서 겉표지에 환하게 웃고 있는 수녀님의 주름진 얼굴에 드러난 이를 보았다. 흑백이지만 까맣게 그을린 평화로운 모습엔 세상사의 어떤 시름을 내려놓아도 감싸안아줄 것 같았다.

그래서 경건한 마음으로 수녀님의 생애를 감히 책으로나마 따라가 보았다.

생존 당시 '살아있는 성인' 과 '가난한 이들의 어머니' 로 불러지던 수녀님은 1910년 8월 26일 구 유고슬라비아의 마케도니아에 있는 스코프예에서 부유한 가정의 2녀 1남의 막내로 태어나 아그네스 곤자라는 세례명을 받는다. 1928년 18세에 수녀가 되어 수련생활을 하기 위해 인도로 파견되며 수녀님은 인도인을 위한 첫발을 내딛기 시작한다.

'복음삼덕福音三德'인 청빈淸貧, 정결貞潔, 순명順命을 서약하고, '테레사' 라는 수도명을 받아 제2차 세계대전의 부상병들과 자연재해의 대기근으로 죽어가는 가난한 인도인들 속으로 들어선다. 그러나 힌두교와 이슬람교도들의 갈등 사태로 6천 명의 목숨을 잃고 인도는 독립했으나, 종교는 둘로 나뉘어진 그 속에서 '부르심의 하나님의 뜻'이란 소명召命을 받들며, 1948년 수도원 외 임시거주 허가를 교황청으로부터 받아 '벵갈리 테레사' 수녀님은 하나님 사업에 본격적으로 뛰어든다.

먼저 병들고 가난한 사람들을 위한 의학지식과 경험을 쌓아가며 학교와 무료진료소를 운영하던 어느 날, 나무 아래 웅크린 사람이 비에 젖어 죽은 것을 보고 인간이 인간답게 존엄을 잃지 않고 죽을 수 있는 장소를 고민하다, '죽어가는 사람들의 집'을 만들기로 다짐하며 1949년 인도 국적으로 귀화한다.

그리하여 인도인들의 삶 속으로 깊이 파고들어가 '**사랑의 선교회**'란 수도회를 마련하고, 가난한 사람은 누구인가에 대하여 '굶주리고 외로운 사람, 무지한 사람, 헐벗고 사랑받지 못하는 사람, 인간의 존엄성을 박탈당한 인종차별, 떠돌이, 영혼이 갇힌 사람'등이라 했다. 그리고 가장 큰 병은 결핵, 나병이 아니라 이웃의 무관심이 가장 큰 악이라 했다.

1952년에는 '**죽어가는 사람들의 집**'을 열어 지극 정성을 다하여 돌봄으로 회생하여 나가는 사람들이 반이나 되었다한다.

이처럼 언제나 애정과 관심으로 쉼 없이 부딪히는 문제점들을 해결해 나가며, 버려진 아이들과 정박아, 장애아들을 위해 '때묻지 않은 어린이집'을 1955년에 열어 입양과 해외 후원사로 교육비 원조를 받는다. 그러나 입양에 따른 오해를 하는 사람들에게 '진심은 통하는 것인데 어찌 순탄한 길만 걸으려 하겠는가.'며 의지를 불태우는 노력 앞에 세상은 아무 말이 없었다고 한다.

한시도 자신을 위한 안락한 휴식을 취하지 않는 수녀님은 보다 낮은 곳으로 향하는 마음으로 급기야 나병환자들까지 돌보기 위해 이동 진료차로 순회하며, 모금활동을 통하여 나병환자들의 공동체인 '간디지 프렘 니바스'(간디의 사랑의 집이란 뜻)를 세워 문을 연다.

그 후 교황이 방문하여 기증한 승용차를 팔고, 1961년 정부로부터 땅을 기증 받아 나환자의 치료와 재활, 자급자족할 수 있는 기틀을 마련해준다.

이제 수녀님은 인도에만 국한된 활동이 아닌 해외로 눈을 돌려 1965년 로마의 빈민가와 오스트리아 두 곳에 집을 설립하는데 '알코올, 마약중독자를 위한 집'이었으며, 교도소로부터 구출된 소녀들의 집인 '산티 단'무료 급식소를 연다.

이러한 혁혁한 공헌에 1969년 테레사 협력자 국제협회 헌장을 만들어 에티오피아의 가뭄으로 인한 식량난을 전세계에 알리며, 우리나라에는 1981년과 1985년 두 차례 방한하여 나환자촌 '성 라자로 마을'을 들르셨다.

인종, 종교, 국적을 뛰어넘는 헌신적인 봉사와 사랑의 실천으로 1979년 노벨평화상을 받는 소감에서 "내가 노벨평화상을 받은 것은 가난한 사람들 때문이었습니다…. 가난한 사람들은 우리의 형제자매라는 것, 우리는 그들을 사랑으로 대할 의무가 있다는 것을 일깨워 주었습니다." 라시며, 가난은 나눔으로 해결된다고 강조하셨다. 이것은 간디가 말한 "그대가 행동에 혼란을 느낄 때는 그것이 가장 가난한 사람의 입장에 서 있는가를 먼저 생각하라."는 것과 일맥상통한 얘기다.

그리고 힌두교도들을 크리스트교로 개종시키려 한다는 오해에도 사랑의 실천으로 그들의 마음을 움직였고, 새벽 5시에 일어나 밤 10시에 잠자리 드는 시간까지 기도는 수녀님의 힘이요, 근원이었으며, 믿음이었다.

또한 1991년 5월 방글라데시 사이클론 강타로 30만 명이 목숨을 잃었을 때, 심장병 치료 요양 중에도 현지로 달려가셨고, "내 병원비 때문에 가난한 사람들이 치료받지 못해 고통당하고 있다. 내가 돌보던 가난한 사람들처럼 죽게해 달라."시며, 1997년 9월 5일 87세 심장질환으로 서거하여 9월 13일 인도 국장으로 사랑의 선교회 본부 '마더 하우스'에 안치되었다.

현대의 가장 큰 병이 나병, 에이즈, 암, 폐결핵이 아니라 소외된 사람들이라 강조하시며, 일생을 가난과 질병, 기아 등으로 시달리는 사람들을 돌보는 전세계의 어머니이신 테레사 수녀님의 일생을 따라가 보건대 내 얼굴이 붉어짐을 느꼈다.

크리스트 안의 실천적인 삶 속에서 나병환자의 손에 입맞추며 그들의 몸을 씻겨주고, 죽어가는 에이즈 환자를 끌어안아주는 사랑을 어찌 평범한 사람이 할 수 있는 일이었으리. 자식을 사랑하는 부모의 마음을 넘어 신의 영역이라고 말할 수밖에 없는 마음은 '마더 테레사 님'의 삶에 그저 고개 숙여 존경할 따름이며, 나의 삶을 돌아보는 경건함만 자리할 뿐이다.

여기에 무슨 말이 더 필요할까?

살신성인殺身成仁의 삶을 살아오신 수녀님의 일생에 비추어 무엇 하나 나도 나의 삶 속에서 실천하고 있다면, 그것이 낮은 곳으로 향해가는 계기가 되어주길 내 마음속에 부끄럽게 새겨놓을 뿐이다.

– 수녀님의 명함 카드에 인쇄된 말씀 –

침묵의 열매는 기도이고 / 기도의 열매는 신앙입니다. /신앙의 열매는 사랑이고 사랑의 열매는 봉사입니다. / 그리고 봉사의 열매는 평화입니다 '

74. 관촌수필

① 저　자 : 이문구
② 분　류 : 소설전집
③ 출판사 : 나남출판
④ 쪽　수 : 584

줄거리 및 감상

저자 이문구와 책명조차 들어본 적 없는 문외한의 내가 이 책을 접할 수 있었던 것은 TV프로그램 '골든 벨'의 50번째 마지막 문제로 다루어졌기 때문이다. 도전한 학생은 실패하여 아쉬웠지만, 메모해 두었다가 나는 다음날 도서관에서 대출했다. 이렇게 인연이 되어 손에 들고 꼼꼼히 읽으며 우리 문학의 아름다운 매력을 최명희 님의 작품 『魂불』다음으로 언어의 마술에 걸린 듯 빠져들어 갔다. 그래서 메모도 게을리하지 않았다. 특히 부사어의 구수함이 입술에서 감도는 듯 했으며, 쉼 없는 필 끝의 경이로움에 그만 매료되어 버렸다.

이 책을 모르고 지나쳤다면 이토록 아름다운 문장들을 어찌 감상할 수 있었으리. 그러면서 번역된 외국 작품들과 비교도 하여 보았다. 하지만 이처럼 고결한 문체의 문장과 작품들은 찾을 길 없는 아니, 감히 흉내조차 낼 수 없는 우리의 언어만이 표현할 수 있는 독창성에 정독하는 즐거움도 가미시켜졌다. 그리고 축복된 언어의 자긍심을 가슴 깊이 새겼다. 또한 독특한 언어의 유순한 기품이 살아 숨쉬고, 세밀한 관찰과 섬세한 묘사로 때론 여성스러움을 느낄 수 있었다.

더욱이 해방 이후부터 6 · 25를 지나 충남 보령시 관촌마을에서 자란 저자이기에 충청도의 느슨한 사투리는 정감어리게 다가왔다. 순박한 시골 사람들이 살아가는 모습이 우리의 정서에 살아 숨쉬나, 결코 순탄치만은 않았던 농촌 생활의 고달픈 현실의 모습이 고스란히 담긴 『관촌수필』은 수필이 아닌 소설이다.

「장천리長川里 소태나무」에서 다루어진 필만이 짓는 들깨의 잎에 농약을 너무 많이 주어 팔 수 없는 양심으로 자신의 일을 실패하는 것과 「장동리 싸리나무」에서 춘란을 캐어가는 등산객들이 있지만, 저수지를 내다보는 것이 취미인 하석귀가 커튼을 걷은 달빛을 보면서 "어느 구름이 그 너른 별밭을 쓸고 갔는지 하늘 기슭 어디에도 쭉정별 하나 보이지 않는 중에 얼레빗을 본뜬 것 같은 하현달이 세상을 혼자 독차지 하고 있었다."라는 표현은 흔히 쓰지 않는 단어로 고유한 전통의 맛이 숨어 있다. 또한 "달빛에 피어날 대로 피어난 수심은 얼음판에 눈이 내려도 함박눈이 내린 양으로 훤하고 넓었다. 그리고 풀을 먹이고 다리미질을 하여 깔아 놓은 이불잇같이 먼빛으로 고르롭게 반들거렸다."에서는 자못 여성의 손길이 필요한 섬세함의 표현을 통해 심도 있는 감상을 하면서 마음이 차분해진 느낌이었다. 더불어 철새들과 나무 물풀, 진달래 꽃 등 전원의 향취가 코끝에 닿는 정겨움이 묻어났다.

「유자소전」-(1991)에서는 입담 좋은 유자가 제대 후, 총수의 운전을 하게 되며 그 총수의 연못에 비단 잉어는 자신의 3~4개월의 월급에 달하는 값으로 이는 사회의 전반적인 빈부 격차에 따른 비판이었다. 부의 축적의 한계가 어디까지일지 모르지만, 열심히 일하는 사람들에게는 맥 빠지는 일이 아닐 수 없을 것 같은 생각이 들었다.

「우리 동네 유씨」-(1979)는 신품종 볍씨를 심었으나, 늦장마와 병으로 농사를 망쳐 농협 빚과 피해보상에 따른 실사의 과정에서 드러나는 모순을 보면서 대기업의 융자와 부당한 정부의 처방을 맞물려 놓는다. 그리고 김장

배추와 채소값 하락으로 생활은 힘들지만 '이쁜이 계'를 하는 아줌마들은 농촌의 삶과 상반된 분위기를 이끌어가고 있다. "가물면 벌레가 속 끓이구 비 오면 병균이 속썩여두 제 품 안 따지구 죄용히 사는 게 농군인디, 올 같은 모진 해에 발톱 길 새 읎이 뛰어 제우 추수라구 해놓으니 그 다음이 뭐여? 베 한 가마 수메금이 꼬춧가루 두 근 값에두 밑돌으니, 농사지어 버렁 빠진 것을 어느 방침에 가서 한가헐 거여." 이렇듯 힘들게 농사를 지어도 제값을 받지 못하는 농촌 생활의 고달픈 현실이 사실적으로 묘사되어 나의 속도 덩달아 끓었다. 과연 어느 누가 나서서 이러한 농촌의 현실을 대변해 줄지 자기 밥그릇만 채우기 급급한 사람들을 원망할 뿐….

「**우리 동네**」 −(1978)에서는 고등학생들의 데모를 보며 "데모야 선생이 가르치나 민생고가 시키는 거지."로 볼 때, 직접 피부로 느낄 수 있어 더 이상의 설명은 필요치 않을 듯하다. 그런데 모내기철 동원된 학생들의 무료 봉사라지만 자장면을 대접하고 나면 모두 허사인데 선거의 바람이 허탈한 마음에 싸늘한 바람이 되어 마을을 향해 불어올 뿐이다.

「**우리 동네 황씨**」 −(1977) −으악새 우는 사연 (부제)− 는 농촌의 한여름 밤 "복생아. 다 먹었걸랑 게 붙어 앉어 저기 허지 말구. 저기네 오양 옆댕이 가서 보릿꼬생이나 한 삼태미 퍼오너라. 예 앉어보니께 모기가 상여 매는 소리 헌다. 얼름……." 삼복더위, 보릿대를 태워 모기를 쫓았던 어린 시절의 모습이 연상되며, TV가 생기고 연속극에 빠진 아내(여치, 베짱이, 반딧불이, 땅개비, 쓰르라미, 소금쟁이, 방개) 등은 사라지고 (모기, 날파리, 송충이, 거머리) 정작 사라져주길 바라는 것들의 극성을 토로하는 부분은 내 마음속의 다스림을 빗대었다. 그 무더위 속에 모기를 쫓으며 세상 돌아가는 이야기에 술잔을 비우며, 시간가는 줄 모르는 순박함이 눈 감으면 선연히 떠오르는 나의 어린 시절과도 같은 농촌의 풍경이다. '모기가 상여 매는 소리'는 그만큼 많은 모기 떼가 극성을 피운다는 것을 의인화하여 참 인상적으로 다가왔다.

「**해벽**海壁」-(1972)은 작은 섬마을 사포 곶에 해운 개척과 개발로 패항 조처에 따른 간척 공사를 함으로 보상 문제 속에 조가(조등만)는 어협의 조합장으로 사포 곶의 미래를 위해 수산고등학교를 세워 번영과 근대화를 위해 노력하였건만…. 미군 부대가 들어오며 처녀를 농간하는 실태를 보면서 "모자만 새걸루 쓴다고 허여서 그 사람 몸뚱이가 새물내가 나느냐…."라는 근본의 중요성 속에 미군 병사로 피해 입은 영감의 몰매와 죽음 등 온전히 지켜가고자 하는 것들이 개발 속으로 묻혀간다. 소중한 것들이 개발이란 미명아래 흔적조차 없이 기억마저도 함께 사라져버린 새만금 사업을 생각나게 만들었다.

상상할 수조차 없는 기발한 표현은 되씹듯 읽어보니 입가에 미소가 절로 난다. "코고는 소리가 똑 동짓달 소리개보구 짖어 쌓는 까끄매(까마귀) 우는 소릴세 그랴…." 참으로 조용한 겨울밤, 개 짖는 소리를 생각해보면 코고는 소리가 얼마나 클지? 정작 잠들지 못하는 긴긴밤 코고는 소리라도 정겹게 듣는 농촌사람들의 마음만은 후덕함을 엿볼 수 있었다.

「**공산토월**」-관촌수필5-에서 16세 소년이 과도로 택시기사를 살해 후 1,800원을 빼앗고, 가장 먹고픈 것이 쌀밥, 콜라, 포도란다. 이 기막힌 기사가 실린 신문을 읽은 저자이며 화자인 '나'는 비통한 마음 금할 길 없다.

라디오 장만하기가 송아지 한 마리 사들이기보다 갑절은 어렵던 시절. 아버지와 '나'를 보살펴주며 궂은일을 도맡아 주었던 석공이 백혈병이 걸린다. 그러자 석공은 "살아야 한다. 아니 죽어야 한다. 내가 살면 여러 식구를 죽인다. 아니 내가 살아야 여러 식구를 먹여 살린다. 논밭 죄 팔아서라도 나를 고쳐다오. 그러지 말라, 더 이상 빚지지 말고 나를 버려다오. 헌데 꼭 1년만 더 살고 싶다. 아니다, 지금 죽어야 자식들이 중학교라도 다닐 수 있다. 나는 포기했으니 마지막 소원을 들어 제발 물이나 한 모금 마시게 해다오."

이처럼 죽음이 드리워진 그림자. 그러나 살고자 하는 욕망 뒤에 병원비로 가세가 기울면? 처자의 미래를 생각하며 죽음을 운명으로 받아들이는 석공을 보며 '나'는 울었다. 란 내용으로 근면 성실하게 일하며 살아온 석공의 고칠 수 없는 병처럼 가난도 고칠 수 없는 병과도 같이 느껴졌다. 그래서 그 가난을 등허리에 차고 뼈가 으스러져라 일했던 우리 부모님을 생각해보니 아픈 가슴에 쓰라린 눈물이 고여 나 역시도 울었다.

「**녹수청산**」 – 관촌수필4 – 에서 개구쟁이에다 말썽꾸러기였던 대복이와 나의(저자) 어린 시절을 추억한다. 자라며 대복은 도둑질을 하고 참봉의 손녀 순심을 덮쳤다. 그런데 6 · 25 전쟁의 혼란 속에 순심은 공산당이었는지 숨어 지내고, 대복이 영장받고 떠나는 길을 먼발치에서 바라본다.(전날 순심은 대복이 수색하는 방에서 만나 밀고하지 않는다 했는데) "나는 아직도 알지 못한다. 입덧 증상이 어떤 것인지를 그리고 우연히 지나다가 순심이를 발견하고 경찰서에 일러바친 자가 누구였는지도…."

누구였을까? 대복의 못된 심성이라면 그럴 수도 있겠다. 하지만 '나'는 알지 못하는 입덧 증상이나 이미 대복의 아이를 임신한 것인지도 모르기 때문이다.

그러나 순심을 밀고한 자를 저자만이 알고 있다. 그래서 답답한 마음이 들 수도 있겠지만, 한 마을에 사는 사람끼리 서로를 불신할 수밖에 없도록 만든 6 · 25전쟁이 밀고자일 뿐, 가해자일 뿐….

「**일락서산**」 – (1972 현대문학)은 추석을 맞아 '나'는 할아버지 성묘를 간다. 그러면서 학문에 대한 열정으로 지극 정성을 다하여 '나'를 가르치고 훈육하던 어린 시절을 회상한다. 부르주아에 빠진 아버지의 일면이 잠시 서술되고, 어머니에 대한 정성스런 사랑을 회상하며 쓴 글로 근대화의 물결 속에 변해버린 고향의 모습이 '나'를 실향민으로 만들어버렸다는 안타까운 모습이 잘 드러나 있다.

「**암소**」 – (1970 월간중앙)에서 선출은 머슴살이해서 모은 돈으로 황씨에게 장기 고리를 주었으나, 군 입대 후 황씨의 사정이 여의치 않아 암소 새끼를 키워 새끼를 배었는데 술에 취해 죽었다는 유머러스한 이야기다.

「장난감 풍선」 -(1970 현대문학)에서는 선거판에 으레 등장하는 상호 비방과 당선 후, 취직자리를 얻으려는 것이 관례였던 것에 비추어 알력이 난무했듯 공식은 어떻게 취직자리라도 얻으려 하나 폭력 두목의 기선제압에 맥없이 수그러든다.

모두 열두 편의 작품을 가슴으로 읽었다. 사라지는 언어들이 더욱 정감어리게 다가온 것은 할아버지 · 할머니의 사투리가 섞인 구수한 입담에 우리의 정서가 녹아 있는 이야기였기 때문이다. 가식 없는 그대로 사람 살아가는 세상의 모습을 담아내어 모두 이웃하는 정겨운 사람들과 어우른 삶이 돋보였다. '장천리 소태나무'에서처럼 양심이 있는 농부의 가장 진솔한 마음을 읽을 수 있었으며, '유자소전'에서 드러난 것과 같이 빈부의 격차를 실감나게 하는 사회적인 현상에 따른 비판은 각성하게 만들었다. 아울러 부당한 정부의 처신으로 속 끓는 민심을, 죽음에 임박해서도 치료 한 번 제대로 받지 못하는 현상과 소년이 살인하여 먹고픈 가장 기본적인 것을 다룬 '공산토월'에서는 아린 가슴을 부여잡게 했다.

그리고 한국전쟁으로 인한 아픔이 아물지 않은 오랜 상처는 치료해도 흉터로 남아 사라지지 않음을 다시 한 번 상기시켜 주었다.

이와 같이 우리 정서를 가득 담은 농촌의 전원에 비추어볼 때, 내가 겪은 것도 있었으며 그 다음 옛 어른을 통해서 들어본 적도 있음직한 우리의 모습이다. 그래서 눈감으면 선히 떠오르는 것들이 『관촌수필』에 담겨 때론 숙연해지기도 한 것 같다. 또한 음독音讀하면서 읽다보니 읽으면 읽을수록 입가에 맴도는 언어의 마술에라도 걸린 듯하였다.

그래서 일까?

토속적인 삶에 녹아나 있는 애환의 뿌리는 깊으나, 고단한 삶에도 피어난 아름다운 꽃잎을 문학에 담음으로 여름날에는 쉬어갈 무성한 한 그루의 나무를 굳건히 키워내었던 아련한 길. 그 길을 따라 걸으면 어디선가 아버지의 모습을 볼 수 있을 것 같아 가슴이 뭉클해졌다.

75. 악마의 사랑

① 저　자 : 임노월, 방민호 엮음
② 분　류 : 단편소설집
③ 출판사 : 향연
④ 쪽　수 : 183

줄거리 및 감상

사랑하는 마음이 가득한 세상은 분명 아름다울 것이다. 그런데 눈에 보이는 사랑만이 지켜갈 수 있는 것이라면….

인간의 마음속 깊은 곳에 숨겨놓은 애끓는 마음의 장난을 누가 대신할 수 있으리!

「**처염**悽艶」은 A라는 여인의 아름다움에 반하여 급기야 꿈을 꾼다. 꿈속에 그 여인을 만나려 담을 넘었다 모자를 떨어뜨려 돌려주러 온 A라는 여인을 품에 안은 화자인 '나'는 "오 A여 세상은 왜 이렇게도 섧기만 한가."라고 하니, 그녀는 "우리가 서로 이름 모를 땅에 오기 때문이지요." 라고 답한다. 무량한 죽음의 나라라며 꿈속에서 깨어난 '나'는 급기야 사랑하는 A로 병이 나고 "여자는 사내에게 꿈이요, 또한 그림자다."란 타고르 시의 구절을 인용한다.

「**악몽**」에서 S라는 여인을 두고 화자인 '나'와 H 사이의 삼각관계에 있는데 H가 어느 날 죽는다. 그러자 H가 염세주의에 빠져 자살한 것으로 S는 알고 있지만 세상은 독살로 본다. "한 번 그 계집의 품속에 빠지었던 남자일 것 같으면 제아무리 이성이 있어도 도저히 어찌하지 못할 그러한 절대적

마력을 가진 계집"이 S여서 나는 H를 살해하여 범인으로 지목이 되나, 증거 불충분으로 풀려나 S를 사랑하기 위한 어지러운 꿈을 꾸었노라, 인생은 모두 다 어지러운 꿈이다며, '나'와 S와의 사랑은 아름답고 고상하다는 것이란다.

「악마의 사랑」은 영희라는 여인에 매료되어 아내 정순의 모든 것이 싫어져 마음을 다잡고 아내를 사랑하려 하지만 영희만 만나면 수포로 돌아간다. 어느 날 영희가 아내를 찾아와 둘의 관계를 알게 된 아내는 떠나가고, 영희 역시 행복을 바라며 떠나버린다. 홀로인 '나'는 두 여인에게 편지를 해도 돌아오지 않자, 영희를 찾아가 사랑의 고백을 하여 집으로 데려오나 아내 정순 역시 돌아온다. 그러자 '나'는 아내를 우물에 빠트려 죽이고 제정신이 아닌데, 정순을 우물에 빠트려 죽인 것을 보고 영희는 '악마'라 부르짖는다.

「지옥찬미」는 남녀가 독약을 마시고 죽으려는 순간 사후의 세계를 상상하는 이야기를 나눈다. 여자는 사랑을 위해 천사로 하여금 아름다운 천당으로 인도하시라 하니, 남자는 치욕이라며 청춘의 사랑의 불꽃은 지옥이라 말한다. 그러자 여자는 '단테'가 쓴 지옥이면 얼마나 무서울까? 하니, 사람들이 환락에 취해 비애와 고통을 느끼지 못하는 권태로 미움과 욕망이 새로운 세계를 동경하게 함으로 천당은 파멸되었다 한다. 그런데 정사한 후 죽은 시체에서 두 혼이 가볍게 지옥을 향하여 나갔다며 '지옥만세'를….

「위선자」에서는 유학 중인 유부남이 여학생 순애를 만나 도덕을 벗어난 사랑을 하며 귀국하여 급기야 아내와 이혼을 하나, 순애는 이미 다른 남자와 동거를 하고 있어 그녀는 과거의 사랑을 잊은 위선자라는 것이다.

「춘희」는 유부남인 병선이 청순한 소녀 춘희와 사랑하며 이혼까지 생각한다. 그런데 유부남이란 사실을 알게 된 춘희는 충격으로 한 가정을 무너뜨린 죄책감에 시달린다. 그러다 감기에 걸려 죽음에 이르자, 극락에서 만날 것을 믿으며 스스로 행복하다는 춘희에게 "나는 춘희씨를 영원히 사랑합니다."라고 말한다. 둘의 사랑이 백국白菊으로 피어날 것이라니….

임노월 님은 평안남도 진남포 태생으로 살아생전 창작집 한 권 펴내지 못하고 사라진 불운의 천재로 우리 문단에 극히 희소한 '**예술지상주의 효시**' 라 할 수 있는 단편소설을 남겼다. 노월은 호로 본명은 임장화라 하는데 1920년 초~1925년 초에 나타났다, 1925년 말 절필을 선언하고 자취를 감추었다 한다. 그는 오스카 와일드 예술지상주의에 심취되어 있었다고 하는데, 그의 영향을 많이 받은 것이 아닐까 한다.

여기 『악마의 사랑』에 소개된 6편의 작품들 중에 '지옥찬미'를 제외하면 모두 불륜인 남 · 녀의 사랑을 다루었다. 넘어서는 안 되는 선을 넘어버린 배신과 살인을 저지르는 패륜마저도 자행하는 사랑을 위해서라면 하지 못할 것이 없다는 사실이 충격으로 다가왔다. 그래서 도저히 용납할 수 없는 사랑이라고 하여도 사랑은 아름다운 것으로 일단락시켜 놓았는데, 정상적인 사람의 마음이라면 도저히 이해가 가지 않을 것이다.

그러나 도덕성을 무너뜨리고, 부도덕한 패륜을 저지르면서까지도 사랑을 아름답게 펼쳐내고자 했던 임노월 님의 의도는 어디에 있었을까?

특히 작품을 발표했던 1920년대를 넘어서는 당시에 소개된 새로운 이 소설들의 주제는 파격적이지 않을 수 없었을 텐데 말이다. 하여 나는 당시의 패쇄적이고 보수적인 성性으로 인하여 사랑마저 자유로이 선택할 수 없었기에 애끓는 사랑의 진정한 몸부림을 더 소중하게 다룬 것이 아닌가 싶다.

또한 마음에 감추었을 뿐 드러낼 수 없는 시대에 도덕적으로 지탄을 받을지언정 더욱 애절할 수밖에 없었던 사랑의 마음을 작품 속에서나마 속 시원하게 대리만족을 하게끔 하는 의도도 담긴 것이 아닐까 싶다. 덧붙여서 생각해본 것은 남 · 녀의 사랑에 있어 모든 것이 배제된 사랑한다는 그 자체로 아름다운 것임을 강조함으로 더욱 더 '예술지상주의'를 부르짖으며 아름다운 사랑으로 완성하고자 했는지도 모를 일이다.

진정 사랑하는 대상을 향하여 자신의 마음을 고백할 수 있는 용기를 가진 자, 내 전부를 희생하고서라도 오직 사랑만 먹고 살려는 자, 잔악한 마음으로 오직 차지하려는 사랑의 열병으로 미쳐버린 자, 비도덕적 행위일지라도 사랑 한 번 제대로 해 보았다고 후회하지 않을 자, 유부남의 일부일처제를 거역하고 해방되고 싶은 자, 지옥의 불 구덕이라도 뛰어들지 못한 아쉬움보다 뛰어들어 봄으로 자신의 사랑을 토해놓고 싶은 자….

이런 사람들의 염원을 불살라 주고자 문학사에 한 획을 그은 길, 그 길을 걷는 인간이 가장 빠지기 쉬운 사랑의 오류에서 어쩌면 진정한 사랑의 법칙이 완벽히 재연된 원초적인 길을 나도 이 책을 읽으며 들어가 본 듯하였다.

처 염 (영대 1924. 12)	악 몽 (영대 1924. 10)
악마의사랑 (영대 1924.8)	지옥찬미 (동아일보 1924. 5.19-26)
위 선 자 (매일신보 1920. 3.2-8)	춘 희 (매일신보 1920. 1.22-29)

76. 잔인한 도시

① 저　자 : 이청준
② 분　류 : 단편소설 모음집
③ 출판사 : 열림원
④ 쪽　수 : 491

줄거리 및 감상

괜스레 공허한 마음이 들어 우울해질 때 희미한 달빛 그림자를 잠식해버린 도시의 찬란한 불빛이 위안을 주기도 하지만, 때론 그 화려함으로 더욱 초라해질 때도 있다. 그래서 우리들은 양면적인 생각이 들게 하는 도시의 어느 거리에서 꺼질듯 꺼지지 않는 어둠에 의지하여 희망이란 씨앗을 가슴에 담아내는지도 모르겠다.

세상이 급변하며 사람들은 그곳에서 도태되지 않으려 분주한 하루를 달려간다. 닳고 닳아버린 신발을 벗기까지 하루 온종일 뒤를 돌아볼 수 없을 정도로 숨 가쁠 때, 잠시 쉬어갈 수 있는 마음의 여유를 가질 수 있다면 얼마나 좋을까? 각박하다고 하는 도시의 삶에서 지쳐가는 사람들이 많을수록 자신 외에는 남의 일에 눈길조차 주지 않는데, 과연 우리의 정서를 순화시켜 따뜻한 사회를 만들어가는 것이 무엇일지? 그 마음을 이 책을 통해 찾아보는 값진 사명감을 안고 매진邁進했다.

의사인 형과 화가인 동생은 마음속에 아픔과 상처를 안고 살아간다. 어느 날 형이 수술하던 중 한 소녀가 죽자, 병원 문을 닫고 죄책감을 떨치기 위한 소설을 쓴다. 액자소설로 써진 형의 소설은 한국전쟁 당시 낙오되어 부상당한 김일병과 오관모 그리고 형과 셋이서 동굴에 숨어들어간다. 그러나 겨울 식량을 조달하기 힘든 상황에서 김일병이 죽기를 바라다, 오관모가 없는 사이 형이 김일병을 죽였다는 내용이다.

이처럼 죄책감도 적극적인 자세로 대처했던 소설처럼 형은 병원 문을 다시 열지만, 동생은 화폭에 그림이 그려지지 않는 무기력에 빠져 헤어나질 못하고, 결국에는 원인조차 모르는 우유부단한 성격으로 자신의 아픔과 상처를 방관한다.

적극적인 자세로 다시 일어서는 형과 무기력감을 떨치지 못하는 동생의 두 상황을 대조적으로 그려낸 「**병신과 머저리**」에서는 어떠한 아픔과 고통일지라도 딛고 일어서려는 의지와 노력이 있으면 떨쳐낼 수 있는데, 그러지 못하는 사람이 병신이고 머저리란 사실을 일깨워준다.

「**매잡이**」에서는 작품 하나 제대로 써보지 못한 소설가인데 민형의 권유로 취재차 산골로 들어가 번개쇠(매의 이름)를 데리고 매잡이하는 곽서방과 소년을 만난다. 그러나 예전에 비해 사냥감이 줄고, 점차 매잡이 풍습이 사라져가며 곽서방의 생활은 곤궁해져 간다. 그래서 번개쇠가 사냥을 잘 하게 하기 위해서 며칠을 굶기고, 잠을 재우지 않아야 하는데, 곽서방은 번개쇠와 함께 굶으며 죽자 소년은 매를 데리고 어디론가 사라진다.

서울로 돌아와 보니 민형은 자살을 하여 매잡이 곽서방의 해괴한 죽음의 궁금증은 풀지 못하고, 민형의 유언처럼 매잡이에 대한 소설을 쓴다. 그런데 시일이 지나 민형이 남긴 봉투를 열어보니, 자신이 쓴 소설과 똑같은 매잡이 곽서방에 관한 내용인 것이다. 단지 곽서방이 죽음을 맞이하는 것만 다를 뿐….

그래서 이청준 님은 자신이 소설가로서 살아가는 삶의 길을 잘 표현한 "사물의 본질을 투시할 수 있는 눈을 가진 훌륭한 작가라면 그는 어느 정도 미래를 예견할 수 있는 능력을 가진다는 것이다."라고 말한다. 이 말을 통하여 창작의 값진 의미를 더하여 얼마나 신중하게 작품마다 임하였는지 알 수 있을 것 같다.

또한 사라져가는 풍습을 끝까지 고수하였기에 곽서방은 한 몸이었던 번개쇠와 함께하며 의로운 죽음을 택한 것이 아닐까 한다. 그리고 세상이 변하기 전에는 매잡이로 마을의 훈훈한 정을 쌓았던 것에 비추어볼 때, 다시금 사라진 아름다운 시절을 되돌려놓기 위해서라도 번개쇠를 데리고 사라진 소년은 곽서방의 길을 이어 매잡이의 삶을 열어갈 것으로 생각되어진다.

이처럼 매잡이를 통해 진정한 삶의 가치를 가르쳐주며, 곽서방의 장인정신으로 소박한 산골 마을 사람들과 함께 어울렸던 시절이 변화의 급물살을 타고 언제부턴가 아름다운 풍습이 사라져가는 아쉬움이 고인다.

「소문의 벽」에서 잡지사 편집장인 '나'는 불을 켜야만 잠을 잘 수 있는 정신병원에서 탈출한 박준이란 사람을 우연히 만나 병원측을 통해 '진술공포증' 환자임을 알게 된다. 또한 잡지사에 소설을 보낸 박준이란 사람이 자신의 이름을 드러내지 않으려 가명을 쓴 박준일이란 사실도. 그런데 그가 쓴 소설은 괴상하여 마치 정신이상을 앓고 있는 사람의 소설과 같아 '시대양심' '말씽의 소문'으로 소설은 빛을 보지 못한다.

하지만 박준에 대한 궁금증을 풀려는 '나'의 집념으로 그의 누이를 만난다. 누이의 말로는 6 · 25때 집으로 뛰어든 사람을 뒤쫓는 사람이 경찰인지, 공비인지, 눈부신 전깃불 때문에 제대로 알 수 없어 사람의 목숨이 달려있는 긴박한 상황이라 진술을 하지 않은 어릴 적 그 충격으로 미치광이처럼 변했다는 것이다.

이와 같이 전쟁 속에서 사람들의 잔혹한 죽음을 목격한 박준으로서는 아무런 말을 하지 않음으로 책임을 회피한 것이었지만, 전쟁이 만든 충격은 한 사람의 삶을 정상적으로 살아갈 수 없는 공포로 만들어버렸던 일례인지 모른다. 진실만을 보면서 살 수 있다면 얼마나 좋을까만, 전쟁의 참상이 얼마나 잔혹한 것인지 '소문의 벽' 주인공인 박준의 삶을 통해 겪어보지 않은 세대에 대한 경종이 되어 준다.

1978년 이상 문학상을 수상한 「잔인한 도시」는 교도소에서 출감한 노인이 편지를 보냈어도 소식이 없는 아들을 기다리며, 새장에 갇힌 새의 자유를 위해 새 장수에게 사서 날려 보낸다. 그러나 새의 속 날개를 잘라 멀리 날아가지 못하게 하여 다시금 새를 붙잡아 되판다는 사실을 알고, 속 날개가 잘린 새를 안고 노인은 남쪽의 고향으로 향한다. 겨울을 보내면서 속 날개도 자라나 따뜻한 봄이 오면 마음껏 날아오를 수 있을 것이라 믿으며….

감옥 안에 있는 사람들의 몫으로도 새를 날려주는 노인의 아름다운 심성은 그들도 새처럼 마음껏 날 수 있는 진정한 자유를 바라는 따뜻한 정을 느낄 수 있다. 그러나 새의 자유를 붙잡아 버리는 잔인한 새 장수와 기다려도 오지 않는 아들을 뒤로한 기억 속의 '잔인한 도시'는 따뜻한 남쪽 고향을 찾아감으로 새로운 날을 기약하는 뒷모습이 처연할 뿐이다.

하지만 잔인한 기억들만 남긴 도시를 벗어나 포근한 마음의 고향으로 향하는 길에 아들을 만나서 노인에게 희망찬 미래를 열어주는 세상이 되길 간절히 기원한다. 또한 자유를 옭아맨 새의 속 날개도 봄이면 잘 자라서 다시는 잔인한 도시가 아닌 따뜻한 곳에서 마음껏 날갯짓을 펼하길….

「서편제」, 「소리의 빛」, 「선학동 나그네」 세 편을 묶어서 임권택 감독이 영화로 만든 「서편제」의 일부분이다. '서편제'는 전라도 보성 · 장흥 일대를 중심으로 유행하던 판소리 유파의 하나로 '동편제'와는 달리 부드러우면서 구성지고 애절한 계면조 가락이 많다고 한다.

사내는 소리를 잘하는 여인이 있다는 소릿재 주막을 찾아 그 여인의 사연을 듣는다. 오래 전 소리꾼이 사내의 어머니를 범하고, 누이를 낳으며 어머니가 죽자 소리꾼인 새아버지와 이복동생 셋이서 방랑을 한다. 그런데 어머니를 죽였다 생각하는 사내는 새아버지에 대한 원망으로 소리 배우기를 거부하고 떠나버린다.

그 후로 아버지와 딸은 소릿재에 정착을 하여 진정한 소리꾼을 만들기 위해 아버지는 딸의 눈을 멀게 한다. 그러나 아버지가 죽고 딸은 길을 떠나나 여전히 아버지의 소리가 전설처럼 들려온다고 믿는 마을 사람들…. 입소문을 따라 소릿재를 찾은 사내는 다름 아닌 아들이었던 것이다.

원망과 증오로 가족을 떠났으나, 다시 찾고자 방랑을 하였던 아들의 진실한 가족애를 느낄 수 있었다. 또한 소리꾼으로서 숙명적인 삶을 살아가는 내면을 들여다보았으나, 보통의 사람으로서는 알 수 없는 영역인 듯하다. 남도의 정서에 맞게 애절한 가락을 뽑아내는 소리꾼의 목소리가 귓가에 들리는 듯하다.

「눈길」은 이청준 님 자신의 이야기를 소설에 담아 놓은 것으로 온화한 어머니의 자식 사랑을 토대로 하여 몇 배의 감동을 불러일으켜 숙연해진다.

장남인 형의 주벽으로 집안이 몰락하여 집안일을 떠맡은 '나'는 노모가 홀로 사는 오두막 집 단칸방에 아내와 찾아온다. 그런데 '농어촌지붕개량사업'으로 정부 지원을 받아 모두 지붕을 개량한다고 푸념처럼 어머니께서 이야기를 꺼내지만, 짐을 진다는 것이 못마땅한 '나'이다. 허나 아내는 지난날의 일들을 어머니께 묻자 아들인 '나'는 자는 척하며 어머니의 지난 얘기를 듣는다.

비록 큰아들로 인하여 집은 이미 남의 손에 들어갔으나, 고등학교 다니던 아들이 집을 온다기에 집의 주인 행세를 위해 옷궤를 방안에 들여놓고, 따뜻한 밥을 먹여 새벽에 돌아가는 아들과 눈길을 걸어 버스 정류장에 데려다 주었다는 것이다. 그리고 아들의 발자국을 겹쳐 밟으며, "내 자식아, 내 자식아, 너하고 둘이 걸어 온 길을 이제는 이 몹쓸 늙은 것 혼자서 너를 보내고 돌아가고 있구나!"라고 말한 것은 그 때의 심정이었고, "내 자식아, 내 자식아, 부디 몸이나 성히 지내 거라. 부디 부디 너라도 좋은 운 타서 복 받고 살 거라…." 이렇게 말씀하시는 어머니의 이야기를 듣고 '나'는 눈물을 흘리면서도 깨우는 아내를 모른 척한다.

어머니는 집 떠나 있는 아들이 상심할까 봐 남의 집이 된 것을 숨긴 채

아들을 안심시켜 돌려보낸 것이다. 그리고 돌아갈 집이 없는 설움보다 햇살에 비치는 자신의 집 지붕을 볼 수가 없고, 동네에서 아침을 짓는 연기가 피어올라 시린 눈으로는 동네 골목을 들어설 수가 없어 한참을 서 있었다는 것에서도 알 수 있듯, 어머니는 쓰라린 자신의 심정을 모두 감추고 속으로 삭여낸 진한 모성애를 다시 느낄 수 있다.

그러나 자식인 아들이 어머니의 그런 심정을 헤아리지 못하고, 단지 책임지기 싫어 어머니의 말씀을 흘려보내려 했던 불효에 심금을 울리는 깨달음을 준다. 어찌 부모의 마음을 헤아릴 수 있으리. 정성을 다하여도 부모의 사랑을 따를 수 없는 마음이 그저 죄송스러울 뿐….

언제부턴가 「**침몰선**」이 마을 앞바다에 있지만, 어린 수진이는 언젠가 그 배가 멀리 바다로 나가리라 믿고 있다. 그러나 전쟁으로 아픔과 슬픔을 안고 마을 사람들이 떠나가고, 죽고, 다친 것을 보면서 성장한 수진이는 자신의 삶 역시 바다를 향해 나가지 못하는 침몰선과 같아지고 있음을 느낀다.

이처럼 수진이의 순수한 상상 속에 있는 아름다운 세상은 전쟁의 상처를 안고 있다. 그래서 침몰선을 바라보며 수진이가 세상을 배워가는 성장소설로 드넓은 바다로 나가지 못한다는 것을 깨닫는 현실이 코끝을 찡하게 한다.

또한 먼 세상을 향해 다시는 나갈 수 없는 침몰선이지만, 세월이 흐르다 보면 언젠가는 세상의 모든 아픔도 씻겨 희망이 가득한 넓은 세상이 펼쳐지길 기원해본다.

대사가 많지 않은 서술 형식의 7편의 작품은 집중해서 읽지 않으면 안 될 것 같다. 소설가를 주인공으로 등장시킨 병신과 머저리, 매잡이, 소문의 벽은 단순히 자기의 구제를 위한 몸짓이 아닌, 이 세상을 살아가는 모든 사람들을 구제하기 위한 몸짓이라 해설되어져 있는 것에 공감하지 않을 수 없다. 그래서 흥미 위주가 아닌 인간 내면의 세계를 잘 드러내어 깊은 곳에 숨어 있는 상처를 어루만져 치유할 수 있는 힘과 용기를 주고 있다.

어느 한편에서 '매잡이'처럼 사라져간 풍속이지만, 그 속에서 소박하게 살아간 시절을 떠올리며 곽서방을 안타깝게 바라보던 서영감의 따스한 마음과 우리 조상님들의 숨결이 녹아 있어 각박한 정서를 순화시켜 주는 계기가 되었다.

'소설 쓰기를 자기 구제의 몸짓이라고 고백한 이청준, 그가 고집스레 지켜온 날카로운 현실 비판의식과 한국적 정한의 숨결'이 창작 속에 고귀하게 베어나는 것은 그분만이 지켜내는 고결한 삶의 방식이었다는 생각이다. 거기에 세상을 바라보는 눈빛은 남들과 다를 바 없겠으나, 내면의 세계에서 펼쳐가는 이 세상은 이청준 님으로 인하여 깊은 의미들을 수없이 부여해 주었다.

특히 「눈길」이란 작품은 영원히 잊을 수 없을 것 같다. 그토록 하얀 눈위에 비친 햇살의 눈부심을 안고, 고매한 자태로 서 있으셨을 나의 어머니 모습과도 같았기 때문이다. 자식은 자기의 배를 채우고 어머니를 챙기지만, 부모는 자식의 배를 채운 남은 음식을 먹듯 오직 자식을 위해 헌신한다는 사실을 잊지 않았으면 한다.

그래서 멀어지는 자식의 뒷모습을 바라보며 한참이 지나도 눈을 떼지 못하고, 응시하는 애잔한 그 눈빛에 담긴 사랑을 잘 알기에 살아가기 힘겨울 때나, 의욕을 잃어 쓰러질 것 같아도 다시 일어서는 원천이 부모님의 사랑이 있었기 때문이라 생각한다. 정리를 모두 끝냈으니 이제는 홀로 계신 어머니께 사랑하는 내 마음을 수화기를 들고서라도 전해야 되겠다.

77. 농민

① 저　자 : 이무영
② 분　류 : 소설 모음집
③ 출판사 : 문이당
④ 쪽　수 : 382

줄거리 및 감상

어제와 오늘 잔뜩 흐린 날씨 속에 간간이 이슬비가 내렸다. 따가운 햇살을 감추고 무겁게 내려앉은 하늘가. 그 어디에서부터 시작되었는지 모를 마음 한 칸이 뻥 뚫린 느낌이다. 뭐 하나 눈에 띄게 일구어 놓은 것도 없이 쫓기듯 살아온 시간들이 부끄럽게 느껴져 추석을 보름 남짓 남겨둔 지금 날씨처럼 더없이 무거웠다. 근본을 알지 못하고서 어찌 탄탄한 생을 구축할 수 있으며, 마음은 바람에 나부껴 헤매는데 또한 어찌 머무르길 고수固守하고 있는 것인지?

이 책을 읽는 내내 허위와 위선으로 포장된 삶의 단면을 스스로에게서 찾으며 부끄러운 마음만 들었다.

『농민』의 소설 속에는 6편의 작품이 실렸는데, 「농민」을 제외한 5편은 단편소설로 모두 농민이 소설의 주인공으로 등장한다. 하여 농민으로 살아가는 그 삶이 투영된 것처럼 끈질긴 생명력으로 땅을 사랑하며 살아가는 진실한 모습은 시린 마음의 끝자락마저 따뜻하게 안아주었다.

천직으로 생각하며 흙을 사랑하고 거짓 없는 땀방울을 흘리며 자식처럼 곡식을 심고 가꾸어가는 고단한 농민의 삶을 통하여 진정 고귀한 것이 무엇인지? 도시에서 살아가는 사람들, 특히 소중한 우리의 먹거리가 어떻게 생산되는지 모르는 청소년들에게는 간접적으로나마 소중한 교훈을 얻는 계기가 될 것 같다. 더욱 의미가 깊은 것은 이무영 님의 탄생 100주년을 기념하여 펴낸 까닭에 이 책을 대하는 마음은 남다른데, 우리 모두가 밥상에 오르기까지 수고하시는 농부들의 마음을 헤아려본다면 몇 배의 감동이 더해질 것 같다.

「농민」은 탑골 마을에 영향력을 미치는 박의관은 동인이며, 미륵동 마을의 여색을 밝히는 김승지와는 대등한 남인 양반으로 두 사람은 서로 적대관계에 있다.

이와 같이 김승지의 땅을 소작하는 원치수의 아들 장쇠와도 언제나 맞서는 돌이가 있는데, 서로 좋아하는 금순이를 장쇠가 아내로 맞는다. 그러던 어느 날, 김승지가 금순의 미모에 반해 인동할멈을 꾀어 금순을 데려와 탐하고 만다. 그 일로 금순은 자살을 하는데 돌이는 사실을 알면서도 방관한다. 그 후 장쇠가 김승지를 죽이려 한다는 인동할멈으로 죽음을 면치 못할 상황에 놓인 장쇠를 김승지의 딸 미연이 간청하여 살아난 그는 마을을 떠난다.

당시는 동학란으로 술렁이는데 장쇠가 언제 돌아와 위협을 가할지 모르는 상황에 놓인 김승지는 불안한 날을 보낸다. 그리고 박의관의 아들 일양은 유부남임에도 불구하고, 미연을 짝사랑하게 되면서 양반인 자신의 신분을 떨쳐내고픈 평범한 사람이길 원한다는 연애편지를 미연에게 보낸다.

한편 마을을 떠나 신분의 격차 없는 동학당에 들어간 장쇠는 동학당의 두목이 되어 김승지와 박의관의 식솔들을 잡아들여 죽이라는 사람들로 인해 모두 붙잡아 들인다. 미연은 아버지 목숨을 살려달라 애원하자 장쇠와 결혼하면 살려 준다하니 결혼을 승낙한다. 그러나 이런 와중에 관군이 밀려오며 장쇠는 싸우라 우레와 같은 목소리로 호령한다.

여기에서 양반이란 신분으로 소작농의 여인을 범해 죽게 한 죄인 김승지를 처단할 기회인데, 신분의 격차를 없애는 것을 골자로 하는 동학당의 두목이 된 장쇠. 그는 결국 양반댁 규수인 미연의 결혼 승낙을 받아내는 것을 통하여 신분제를 파타한 한 대목을 보여준다. 이처럼 농민에 의해 일어난 동학란이기에 그 의미는 아주 깊다고 볼 수 있다.

「**만보**萬甫**노인**」에서는 타고난 팔자를 원망하는 아들 창복 내외가 싸우는 소리를 들으며, 죽도록 고생만 하다 죽은 할멈과 지겹게 싸웠던 지난날을 만보 노인도 회상한다. 그래서 더욱 더 가난이 대물림되는 것을 한탄한다. 거기에다 며느리가 김 참봉네 담배농사에서(상초, 중엽, 말엽, 막초) 네 단계로 추려 구김살 없이 매지는 '조리'란 작업을 하여 생활하기에 만보 노인은 며느리에게 미안한 마음뿐이다. 그래서 만보 노인은 추수가 끝나면 물방아를 찧어 돈을 벌 요량이었으나, 발동기로 방아를 찧는 부용네로 사람들이 몰려들며 가족의 목숨 줄이 달린 근심으로 물방아를 보는데 할멈의 목소리가 들려온다. 헐벗은 가난은 반백 년을 일해도 끝없이 이어져 잠든 손자에게는 제발 대물림되지 않기를 바라며 자살하려는 순간 만보 노인은 미쳐버린다.

목숨 줄을 달고 있는 물레방아에 걸었던 마지막 희망마저 물거품되어 사라져버리자, 만보 노인의 상심喪心은 그야말로 하늘이 무너진 격이다. 여기에서 상심이란 것은 '허리 꺾일 병'이란 옛말로 더 이상 말하지 않아도 지긋지긋한 가난이 손자에게 만큼은 대물림되지 않기를 기원하는 만보 노인의 뼈아픈 몸부림을 이해할 수 있을 것 같다.

농민에게 있어 자식보다 소중한 것이 무엇인지 생각하니 아이러니하지만, 「**모우지도**慕牛之圖」에 잘 나타나 있다.

첨지의 딸 복순이가 몹시 아팠으나 약도 써보지 못해 아내는 어쩔 줄 모른다. 그러나 첨지는 방관할 뿐인데 갑자기 소가 병들자, "농군은 소를 자식같이 사랑한다."며 소를 살리기 위해 안간힘을 쓴다. 하지만 모든 정성을 다하여 보아도 병난 소는 소생할 길이 없자, 반값에라도 팔라는 말을 묵인한 채 죽더라도 곁에 두려한다. 그것은 어린 시절부터 기른 소가 자신과 함께 고생한 시간들에 대한 뗄 수 없는 인연의 끈이랄까? 그런 와중에 소와 딸은 모두 건강해져 딸을 등한시한 것도 뉘우치자, 그렇게도 가물었던 하늘에서 비가 내린다.

결국 전화위복으로 끝나지만 소는 농사를 짓는 데 없어서는 안 될 가장 훌륭한 일꾼으로 주인과 한 마음이 아니면 안 되기에 자식처럼 여기고도 남음이 있는 첨지의 심정에도 이해가 간다. 그것이 우리 농민의 애달픈 삶의 한 단면처럼 느껴져 짠할 뿐이다.

「기우제祈雨祭」는 비가 내리지 않는 산골에 사는 칠보영감이 땅을 파서 우물에 고인 물을 논에 대어도 물은 부족하여 땅을 파고 또 판다. 그것을 본 음흉한 덕만에게 물줄기를 도둑맞을까 노심초사하는 사이, 칠보영감의 맏아들 장복이 꾐에 넘어가 읍내로 달아난다. 그 충격으로 쓰러졌다 논에 가보니 덕만이 자기의 논에 물을 끌어대는 것을 보고 분개한다.

그러나 누구보다 농부의 심정을 잘 알기에 마음을 가다듬고, 아들보다 나은 덕만을 이해하며 다시금 지독한 가뭄 속에 새로운 물줄기를 찾아 칠보영감은 밤새 땅을 판다. 그런데 다음날 칠보영감은 자신이 파놓은 고인 물속에 빠져 죽어 있는 것이다.

아전인수我田引水라 했듯이 농부는 자신의 논에 물을 대는 것을 보면 배가 불렀다 하는데, 그 심정이 잘 드러나 있다. 비록 힘들게 판 물줄기를 몰래 끌어간 덕만이나, 그 심정을 헤아렸기에 상처를 입어 피가 흘러도 밤새워 굵어지는 물줄기에 힘든 줄도 모르고 등짐을 진 것인데….

아린 마음을 무엇으로 달래야 할지? 나의 부모도 그런 삶을 살았으니….

남편이 왜정 때 징용으로 죽은 박과부의 두 며느리. 큰아들은 휴전을 눈앞에 두고 전사하고, 둘째 아들은 결혼 석 달 만에 군에 가니 농사일로 정신없다. 그런데 큰며느리 방순은 농부의 아내로 성실했던 시절과는 달리 친정에 간다. 친정에서 방순은 짝사랑했던 춘근을 만나 도주를 약속하나, 과부 시어머니와 어린 자식을 떨치고 간다면 흉년에 어찌 살 것인가? 갈등하다 잠이 드는데 굵은 비가 무섭게 내린다. 마침내 비가 내려 가뭄이 해갈되자 방순은 춘근과 도주 약속도 잊어버린 채 논에 물길을 타야한다며 즐거워한다.

이처럼 가뭄해소와 더불어 반사적으로 행동하는 방순의 모습에서 진정한 농부의 심정이 깃든 「며느리」란 작품은 제 시기에 맞춰 파종하여 정성을 쏟는 것이 몸에 밴 까닭에 땅을 떠나서 살 수 없는 진정한 농사꾼의 마음을 담아 제 소임을 다하는 소중한 교훈을 준다.

「농부전초農父傳抄」에서는 교육을 전혀 받지 못한 아버지가 아들이 공부하는 것을 반대하자, 집을 나가 객지에서 공부하고 돌아와 부자는 십 년 만에 만난다.

어린 시절 남의 밭에서 깨를 베고 있는 아버지를 도둑이라 생각했으나, 깨가 익었는데도 베지 않는 것을 오히려 혼내는 것을 이해할 수 없었다. 그래서 근본을 알게 하기 위해서라도 손자들을 시골로 보내라는 아버지는 7세부터 꼴지게를 졌던 소작인으로 밭농사에 퇴비가 최고라며 개똥을 주워 모아 산 '개똥밭'의 주인이 되어 그곳에 묻어달라고 하셨다.

인정 없는 도시 사람들은 농사의 이치를 몰라 제 욕심만 차리는 것이라며, 사람은 시골에서 커야 된다던 아버지가 돌아가신 지 20년이 지났다. 그런데 살다보니 아버지의 말씀이 새삼 가슴에 와 닿아 아들은 고향을 찾는다. '숭어부'라 하여 자식이 아비보다 뛰어났다면 아비도 기뻐했던 것처럼….

이처럼 「농부전초」에는 한평생 농부로 손색없이 외길을 걸어가며 근면성실함으로 실천하는 삶 속에 모범을 보인 부모님의 생애를 통하여 자식에게 보여준 삶은 살아가는 데 더 이상의 말이 필요하지 않은 교훈이요, 거울이 되어준 것이다.

나 자신도 농부의 자식으로 태어나 어린 시절 부모의 노고를 보면서 자랐으나 철없던 그때, 심부름이라도 시키는 날엔 짜증을 심하게 냈던 기억이

난다. 학교에 갔다 놀기도 바쁜데 논둑길 지나 막걸리를 가져다 드렸던 그 길이 왜 그리도 멀게만 느껴졌는지? 또한 벼를 베어 리어카로 집까지 실어 나를 때, 우리 집에 논이 없다면 고생하지 않아도 되는데 옮겨도 끝이 없는 리어카를 밀면서 투정했더니, 아버지께서는 며칠을 옮겨도 끝나지 않았으면 좋겠다고 말씀하셨다.

지금 생각해보니 모두 아련한 그리움이다. 논에서 일하시다 드시는 막걸리 한 잔이 얼마나 시원하고 달콤했겠으며, 끝없이 일을 해도 힘든 줄 모를 정도로 수확의 기쁨이 얼마나 컸을까? 농사일만 하시다가 지금은 돌아가신 아버지의 그 때의 심정을 헤아려보니, 6편의 작품 모두 가슴에 와 닿지 않는 것이 없었다.

이와 같이 곡식을 심고 가꾸는 농사지으며 살아온 날들이 몸에 밴 까닭일까? 농부에게는 곡식을 심을 땅이 있고, 충분한 비가 내리면 황소보다 더 센 힘으로 농사일을 한다. 그래서 닳고 닳아버린 무릎과 꺾여버린 허리, 그래도 땅을 놀리면 죄받는다는 철칙으로 살아왔다. 또한 늙은 백발의 농부가 땅에 허리를 굽히는 것은 땅의 마음을 알기에 가는귀를 열어 자식의 목소리를 듣기 위함이다. 그래서 해도 해도 끝이 없는 농사일을 하면서 가난을 운명처럼 등지고 가족의 생계를 끌고가셨던 농부들, 이 책을 읽는 동안 아버지의 진정한 땀방울의 의미가 공허한 나의 마음을 빼곡히 채워 주었다.

구수한 사투리와 잘 쓰지 않는 정감어린 언어들을 새롭게 대하는 흥미도 이 책을 읽는 깊은 감동을 더해주었다. '으수이 구수한 맛', '영감의 입 언저리는 옴직옴직하기를', '먼지만 폴싹폴싹' 등 등….

78. 나는 빠리의 택시 운전사

① 저　자 : 홍세화
② 분　류 : 수필
③ 출판사 : 창작과비평사
④ 쪽　수 : 323

줄거리 및 감상

'똘레랑스(tolérance)란 나와 다른 남을 허용하고 관용하는 것'이라고 한다. 이러한 똘레랑스에 담긴 의미를 안고 생활을 하는 프랑스 사회에 저자 또한 깊이 뿌리를 내린 것은 선택이 아닌 필연이었다고 하기에 상처가 깊은 낯선 곳이지만, 하루하루 알찬 생활을 하였던 삶 속으로 들어가 보았다.

자유로이 낭만을 즐기며 꿈과 이상의 나래를 활짝 펴는 젊은 대학생의 피가 뜨겁게 끓어오르는 그 시기에 이 사회가 그것을 외면한 가장 큰 이유는 무엇일까?

1970년 전태일의 죽음과 '타는 목마름으로'의 작품으로 유명한 시인 김지하 님과의 연극에서 인연이 되어 「구리 이순신」과 「나폴레옹 꼬냑」을 무대에 올리려 열정을 불태우나 모두 허사가 되며, 진정한 자유의 갈망을 무너뜨린 정권 속에서 쫓기듯 군대 영장을 받는다. 그 후에는 유신체제와 긴급조치로 다니던 직장에서 프랑스 빠리 지사로 근무 차 나갔다 '남조선민족해방전선(남민전)'에 가담한 사건에 연루되어 귀국하지 못하고, 망명하지 않을 수 없어 눈물겨운 프랑스에서의 삶이 시작된다.

관광 안내를 하다 우정을 쌓은 친구를 통해 택시운전에 대한 매력을 느껴, 각고의 노력 끝에 택시운전사가 되어 일하면서도 망명생활로 인한 고국에 대한 그리움과 가족을 향한 미안한 마음을 떨치지 못한다. 그러나 결코 한시도 잊어본 적이 없는 '한국인'이란 자긍심을 가지고, 빠리의 수없는 거리를 운전하는 그에게는 삶의 전선이요, 무대였던 곳이다.

자신의 문화에 대한 자긍심이 강한 프랑스인들 사이에서 한국인을 태우고도 반갑게 인사를 나눌 수 없었던 것은 허풍과 섹스 관광에만 눈이 먼 대화의 내용들 때문이었다는 것이다. 낯 뜨겁고, 부끄러워 도저히 고개를 들 수가 없는 사람들이 고국에서 왔다니 이해가 갔다. 그래도 조국 사람인데 얼마나 마음이 쓰리고 아팠을까? '갈 수 없는 나라'가 되어버린 것이 망명이니 얼마나 더 그립고 그리웠을까? 그래서 더없이 마음이 아팠다. 자녀들에게 어찌하여 한국에 갈 수 없는지?에 대하여 쓴 편지글은 더욱 내 마음속 깊은 곳을 흔들었다. 또한 까뮈가 말한 시지프스의 바위 갈레래앵(노 젓는 죄수)의 운명처럼 자신도 공대를 그만두고, 현실을 받아들임으로 정작 새로운 삶의 진정한 자유를 갈망했던 그의 열정을 엿볼 수 있다.

그리고 뻬르 라셰즈에 있는 '꼬뮌 전사들의 벽'에 담긴 역사적인 사건이 감동적이다. 그것은 1871년 5월 28일 뻬르 라셰즈에서 최후까지 항전했던 147명의 '꼬뮌 전사'들이 베르사유 정부군에 밀려 빠리의 동쪽 끝인 곳에서 포위되어 총살을 당한 주검의 벽으로 '피의 일 주일'에 해당된다고 한다. 그래서 저자는 최후의 꼬뮌 병사들이 뻬르 라셰즈 벽에서 총살당한 그 날까지가 일 주일이어서 '광주항쟁의 일 주일'을 연상하며, '역사는 무엇인가?'라고 연관을 짓는다.

우연한 것이라 하기에 배제할 수 없는 역사적 운명의 닮은꼴, 그 한을 담은 사건을 통하여 이것이 역사의 고리인가 나도 깊이 생각해 보았다.

'똘레랑스'적인 사고방식으로 사는 프랑스인들, 그래서 더욱 자세히 '똘레랑스'의 삶을 사전적인 의미로 설명하였다. 첫째 '다른 남이 생각하고 행동하는 방식의 자유 및 다른 사람의 정치적 · 종교적 의견의 자유에 대한 존중'

과 둘째 '특별한 상황에서 허용되는 자유'를 말하는 것으로 저자는 "똘레랑스는 일탈이며 균형이고, 도전이면서 융화이기 때문이다."라고 정의를 내린다. 그리하여 망명생활을 하게 한 조국에 대한 원망과 한이 아니라, 비록 다른 문화 속에서 살아가고 있지만 진정한 자유의 정의는 이러한 똘레랑스적인 것이 아닐까?라며 여운을 남긴다.

이처럼 분명히 달라져야 한다. 무엇인가 분명히 잘못된 것이 사실이다. 우리의 정부가 그러하고, 우리의 사회가 그러하며, 또다시 우리의 의식이 그러하다. 빈 수레의 소리가 요란하듯 알맹이가 없는 잘못된 의식은 맨손으로 하늘을 가리는 격이다. 무엇이 왜, 달라져야 하는 의식인지?

요즈음 우리나라에서 선풍적인 인기를 끌고 있는 이종격투기 선수 추성훈만 보아도 그렇다. 그는 재일교포 4세로 국적은 한국이었다. 그는 아버지의 당부인 "할아버지의 나라 한국에서 태극기를 달고 한국인의 기상을 떨쳐라." 이 말씀을 가슴에 새기고, 대한민국 유도 국가대표 선수로 올림픽에 나가기 위해 1998년 부산시청에서 운동을 한다.

그러나 대한 유도회에서는 용인대학 출신만 국가대표로 선발하는 학벌주의에 의하여 월등한 기량과 재능에도 불구하고, 국가대표로 발탁되지 못하는 현실에 부딪혀 울분을 삭이며 일본으로 향한다. 그리고 일본 국적을 취득하여 일본 국가대표 유도선수로 2002년 아시안 게임에서 한국선수를 이기고 금메달을 획득한다.

그 후로 K-1 종합 격투기에 데뷔하여 2006년 챔피언이 되었으나, 같은 해 K-1 다이너마이트 대회에서 몸에 로션을 발랐다는 이유로 무기한 출전정지 처분을 당했다. 추성훈의 인기몰이일까? 국적은 일본이나, 한국인의 사랑을 받으며 일본인의 미움을 산다는데…. 참으로 어처구니없는 상황에서 추성훈은 월등한 실력임에도 불구하고, 심판의 판정으로는 도저히 승리를 못하게 되자, 무조건 한판승을 해야만 한다는 일념으로 운동을 하였다고 한다.

이와 같이 우리의 잘못된 사고가 인재의 능력이 아닌 학벌을 위주로 한다는 사실에 먹칠을 한 민주사회의 한 단면을 또다시 보는 일례로 수치스런 일이 아닐 수 없다. 종합격투기 경기에 나갈 때마다 도복의 양 어깨에 한국의 태극기와 일본의 일장기를 달고 등장했다는 것만 보아도, 그가 얼마나 우리 조국을 사랑했는지 가히 짐작하고도 남음이 있을 것이다. 제발 이제는 추성훈과 같은 경우가 재현되어서는 안 되리란 의식의 변화를 이 책을 읽으며 힘 있는 사람들에게 촉구한다.

그리하여 조국의 위상을 드높이기 위해 땀 흘리고, 진정 발전된 미래를 위해 삶의 열정을 태우는 사람들이 인정받는 사회가 되어야 하는데, 다행히 2002년에 홍세화 님은 귀국하여 사회운동과 언론인으로 활동하고 있다. 눈과 귀를 열고 감각으로 느끼는 삶에 부딪쳐서 깨우침을 얻듯, 그 깨달음을 통하여 이 사회의 구석구석을 밝게 비추는 열정을 오늘도 태우고 있으리라 생각하니 마음이 뿌듯해졌다.

따뜻한 사람들이 모여서 살아가는 아름다운 사회, 양보와 배려가 있는 마음의 풍요로움을 느낄 수 있는 사회, 누구에게나 똑같은 기회를 열어주는 평등한 민주사회. 이런 사회의 초석礎石이 바로 의식의 변화라 다시 한 번 강조하고 싶다.

그리고 진정한 자유를 위한 희생은 국가가 어루만져주어야 하지 않을까? 또한 투명하고 깨끗한 사회가 되기를 갈망하는 마음으로 교훈이 담긴 '오오까의 밀감'이란 일화가 소개되었는데 이 일화를 통해서 비리에 연루 된 사람이나, 억울한 일을 당한 사람의 호소를 다시 경청하고 보살피는 사회로 가는 계기가 되었으면 하는 바람이다.

79. 환각의 나비

① 저　사 : 박완서
② 분　류 : 중 · 단편소설집
③ 출판사 : 푸르메
④ 쪽　수 : 272

줄거리 및 감상

5편의 중 · 단편 소설을 아직은 나의 원숙지 아니함으로 전부를 공감할 수 없을지라도 여자로서, 아이들의 엄마로서 살아온 날들 속에 거울처럼 비추어 보고 싶은 생각이 들었다. 흰눈이 바람에 나부끼는 해질녘에 잔뜩 흐린 하늘가, 어디에서 시작 되어 눈이 내리는 것인지? 하늘의 끝을 볼 수 없음과 같이 가슴속 깊은 곳에서 풍겨오는 어머니의 사랑을 느끼는 것만으로도 행복한 나는 과연 엄마로서 길이 이와 같을 수 있는 것일까? 깊이 생각해 보았다. 그래서 새로운 마음가짐으로 우리의 부모님이 걸어왔을 그 길을 뒤따라가 보았다.

「**그 가을의 사흘 동안**」은 1953년 27세의 나이로 전쟁 전 사진관이었던 황씨 건물에 산부인과를 개업한다. 첫 손님으로 전쟁 속에 피난갔던 황씨 딸이 겁탈당해 아기 출산이 있었을 뿐, 그 후로는 미군부대 양공주들의 낙태수술만 한다. 그래서 재개발로 황씨의 건물에서 떠나야할 사흘 동안 화자인 '나'는 임산부 출산을 의사로서 하고픈 생각이 간절하다.

그런데 30여 년을 지나며 세상은 많이 변했고, 황씨 딸이 낳은 아들은 황씨의 아들로 삼아 결혼하여 아기를 낳게 되지만, 황씨는 '사람백정'의 손에 맡길 수 없다며 다른 병원에서 아이를 낳게 한다. 드디어 건물을 떠나야 하는 마지막 날, 강간당한 소녀의 바람대로 8개월 된 태아를 유도 분만하여 우단의자에 옮겼으나, 살아 있어 큰 병원으로 옮김에도 죽는다. 그러자 자신이 죽인 많은 아기들을 위해 채송화 씨를 뿌릴 것이라며 교회당으로 향한다.

새 생명은 잉태로 신성한 것인데, 양공주들의 낙태는 그야말로 사회적인 악이었다. 전쟁 직후라 먹고 살기 위하여 나선 양공주들의 임신을 낙태시켜 줌으로 그녀들의 고통은 덜어주었으나, 한 번도 남자를 사랑하지 않았던 '나'는 "기르고 사랑할 수 있는 아기를 마지막으로 한 번 살아있는 아기를 내 손으로 받아보고 싶단 소망도 실은 아기에 대한 욕심이 쓰고 있는 가면에 불과했다. 나는 나의 정직한 소망이 모든 억압과 가면을 박차고 생명력처럼 억세게 분출하는 것을 느꼈다."라며 아이를 살리고자 달린 것이었다.

이렇게 30여 년 동안 낙태와 성병 걸린 여성들을 통해 돈을 벌었지만, 남은 사흘을 통하여 바라는 간절한 소망이 안타까울 뿐이다. '사람백정'일 정도로 저지른 낙태수술의 죄책감을 채송화 씨를 뿌려 씻고자 하는 것을 보면서 씁쓸한 마음 달랠 길이 없었다.

5남매를 키우고 육아와 일상에서 벗어나 외출만 하면 예기치 않은 일이 벌어진다. 그런데 눈 내리는 날 친구 집에서 늦게 돌아와 보니 친정어머니가 미끄러져 골절상을 당한 것이다. 연세가 많아 수술해야 한다지만 예전 손목을 다쳤을 때, 아들이 구해온 '산골'을 먹고 나은 일을 생각해낸 어머니는 환각 속에서 헛소리를 한다.

한국전쟁 때 오빠는 좌익에 있다 전향하는데 빨갱이라 마을 사람들이 행패를 부리고, 계속되는 감시로 어느 날 군관의 총에 다리를 맞고 실어증 속에 죽는다. 어머니는 아들의 악몽을 꾸며 시달리다, 죽거든 화장하여 고향 북쪽으로 뿌려달라 딸에게 부탁한다. 우연히 집을 비울 때마다 불운이 닥쳐왔지만, 어머니의 골절상을 통해 먼저 떠나간 아들을 가슴에 묻은 「엄마의 말뚝 2」는 분단된 현실과 전쟁으로 좌익과 우익으로 나뉜 비극이다. 아들을 잃은 어머니의 가슴에 묻은 한이 죽어서라도 아들에게로 향하리란 어머니의 애절한 바람이 살며시 눈가를 적시게 만들었다.

「꿈꾸는 인큐베이터」는 재롱잔치에 딸만 둘이라는 남자가 남 · 녀의 성비가 맞지 않는 상황에 대하여 아들 선호사상과 성비의 부조화로 의식구조의 개혁이 필요하다 당당히 그 남자는 말한다. 그러나 화자인 '나'는 딸을 둘 낳고, 셋째를 임신하여 양수검사를 받아 딸임을 알게 된 남편의 묵인과 시어머니와 시누이의 바람으로 중절수술을 한다. 그리고 착하고 공손하던 며느리와 올케였던 '나'는 아들을 낳자 당당하여 겁날 것이 없다. 남편에게서 마음이 멀어진 것과 시어머니와 시누이를 냉정히 대하며 미워한 것은 중절수술로 인한 죄의식에 힘들었기 때문이란다.

어머니인 여자가 딸을 임신했다는 이유로 자식을 지운다는 사실은 도저히 용납이 안 된다. 그런데 전쟁을 많이 치른 로마는 남성위주의 사회여서 나라를 위해 위대한 일을 한 여성일지라도 국립묘지에 묻히는 경우는 없었으나, 예외로 국립묘지에 묻힌 주인공이 출산하다 숨진 여성들이었다는 것이다. 로마는 '미래의 영웅'을 낳다 목숨을 잃은 죽음을 애도했다는 사실이 충격으로 다가왔다.

이렇듯 남아선호사상에서 그릇된 선택을 한 '꿈꾸는 인큐베이터'는 사랑의 선물이 담긴 신성한 곳이다. 어느 누구도 침범할 수 없는 평화로운 곳이며, 출산의 고통일지라도 기쁘게 감수해내는 아름다운 사랑이 싹트는 곳이다. 싱싱하고 파릇파릇 때묻지 아니한 그런 곳임을 모두 명심했으면 좋겠다.

「나의 가장 나종 지니인 것」에서는 증조모 제사를 잊어버린 것에 대하여 형님과 전화통화를 하면서 독백처럼 전개된다. 아들 창완이 운동권에 가담하여 쇠파이프에 맞아 죽자 민주열사로 추앙되어 떠난 지 7년이 지났어도, "생때 같은 목숨은 하루 아침에 간데없는 세상에 물건들의 목숨은 왜 그렇게 질긴지." 손때묻은 물건들을 바라보며 아들의 빈자리를 떠올리는 가련한 어머니다. 친척과 친구 아들의 결혼식에 참석하여 '은하계주문' 을 외우며, 아들의 빈자리를 견디는데 친구가 위로할 양으로 데려간 곳은 사고로 식물인간이 된 아들과 사는 집이다.

어머니는 아들에게 '웬수덩어리'라 연신 욕하며 어서 죽으라 한다. 그래서 도와주려 하지만 어머니 외에는 아무도 손을 못 대게 하는 아들이었던 것이다. 하여 "인물이나 출세나 건강이나 그런 것 말고 다만 볼 수 있고, 만질 수 있고, 느낄 수 있는 생명의 실체가 그렇게 부럽더라구요. 세상에 어쩌면 그렇게 견딜 수 없는 질투가 다 있을까요?"라고 형님께 말한다.

무엇이 더 필요한가? 자식이 어떤 모습이든 곁에 있음으로 전부인 것을 말이다. 일방적인 수다로 들리지만 사랑하는 아들을 가슴에 묻은 어머니의 모습이 곧 나의 어머니 모습이기에 시린 가슴을 가눌 길이 없었다. 사랑하는 사람이 떠난 빈자리에 손때묻은 물건들에 대한 부분이 더욱 공감이 갔던 것은 나도 똑같은 생각을 하면서 오랫동안 떨쳐내지 못했기 때문이다. 그래서 식물인간인 아들과 어머니의 교감은 손끝만으로도 통하고 남음이 있겠다.

쉰 살의 영주는 논문준비로 분주하여 할머니 손에 자란 아이들은 그래서 할머니와 정이 깊다. 그러나 젊어서 과부가 되어 세 아이를 고난 속에서 기른 어머니의 치매 증세로 집안은 평온하지 못하다. 그러다 가출한 지 반 년이 넘도록 어머니를 찾지 못하나, 영주는 예전의 집처럼 허름한 곳으로 발길이 끌린다. 그곳은 포교원으로 어린 나이에 강간을 당해 무당이 되어 집안의 생계를 책임졌던 자연스님과 어머니가 천진스럽게 더덕을 다듬는 모습이 영주의 눈에는 '환상'처럼 보인 것이다.

이처럼 「**환각의 나비**」에서는 우리가 부모에게 정성을 다한다 하지만, 정작 치매란 병에도 무의식의 세계로 이끄는 그 까닭은 무엇일까? 그것은 가장 힘들게 살면서 고생은 되었지만 행복이 가득했던 기억이 이끌어낸 순간일 것이다. 지지고 볶으면서 자식들과 함께 부대끼던 그 순간들 말이다.

그래서 가장 행복했던 시절이 순탄한 삶에서만 비롯되는 것이 아니라 말할 수 있는 것과 같이 어렵고 힘들게 살아온 순간으로 어머니를 이끈 것이다. 비록 치매에 걸렸지만 기억 속에서처럼 진정 포교원의 생활은 자연히 평화로웠으리라 생각한다.

여성의 글로 쓰인 책인데다 우리의 어머니, 그리고 나, 나의 딸 모두 여성이기에 더욱 공감이 갔다. 또한 내가 느끼고 나의 어머니가 그러한 세월을 살아온 것을 지켜보았기에 가슴으로 읽었다. 세월의 무게와 인고의 시간을 갈고 닦은 순간도 자연히 녹아있는 다섯 편의 작품은 그래서 여자의 삶을 그대로 그려놓은 채색되지 않은 밑그림이다. 어떤 색감을 통해 여자의 일생을 물들일지 그것은 자신만이 알고 있다. 무엇에 의미를 부여하는가에 따라서 가야할 그 길이 달라질지 모르나, 자식을 향하여 가는 여자의 삶.

하여 가슴의 따스함을 언제까지나 데워내는 여자의 마음이 식지 않는 이유가 되어 숙연해지는 엄숙함에 왠지 쓸쓸해진다. 아울러 가슴으로 다가가도 풀지 못한 과제가 무엇인지 아직은 모르지만, 조금 더 살다보면 머지않아 알 수 있을 것 같다.

80. 노트르담의 꼽추
(Notre Dame de paris)

① 저　자 : 빅토르 위고, 전혜경 옮김
② 분　류 : 소설
③ 출판사 : 혜원출판사
④ 쪽　수 : 259

줄거리 및 감상

『레미제라블』과 『노트르담의 꼽추』의 소설 작품은 영화 · 뮤지컬 · 만화로도 만들어져 일찍이 사랑을 듬뿍 받았던 작품으로 누구나 필독한 것일게다. 빅토르 위고가 남긴 업적과 생애는 방대하게 소개되었는데, 특히 시인으로서 많은 시집이 있음이 새삼스러웠다. 그는 프랑스의 낭만파 시인이자 소설가 · 극작가로 정치에 참여했다 망명에까지 이르지만 국장으로 장례식이 치러진다. 그것은 그의 작품 속에 등장하는 인물들이 비천한 신분에 있는 사람들을 설정하여 따뜻한 마음의 희망을 불러일으키고, 불의에 대해서는 맞서서 싸우는 정의를 실현하도록 이끌어내었기 때문이다. 그래서 '민중의 보호자'로 불려지면서 프랑스 국민의 사랑을 온몸에 받았다 한다.

『미녀와 야수』란 작품을 떠오르게 하는 부분은 아름다운 여인을 향해 추악해 보이는 꼽추의 순수한 사랑이 펼쳐져 있기 때문이지만, 이 작품은 욕망을 버리지 못한 클로드의 위선적인 사랑으로 결국에는 파멸에 이르는 비극적인 작품이다.

그래서 진정한 사랑을 위한 희생에 담긴 의미와 이단자의 두 얼굴을 가지고 인간이 어디까지 악마적일 수 있는지, 그 베일을 벗겨낸다면 경악을 금하지 못할 것이다.

중간 계급의 집안 아들로 태어나 부모의 기대에 부응한 클로드는 노트르담 성당의 부주교가 된다. 그는 학문의 탐닉에 자신의 행복이 있다고 믿으며 어느 날, 버려진 아이를 데려다 키우는데 그것은 클로드 자신의 부모님이 페스트로 죽자, 동생을 키우던 동정심에 의한 것이기도 했다. 버려진 아이는 애꾸눈에 귀머거리, 절름발이이며 꼽추인 카지모도로 부주교의 보살핌 속에 그는 노트르담 성당의 종치기가 되어 클로드의 충복이 된다.

그러던 어느 날, 부주교는 집시인 에스메랄다를 보고 첫눈에 반하여 카지모도를 시켜 그녀를 납치하게 한다. 하지만 순찰 중인 대장 페뷔스에 의해서 구출되자 클로드는 더욱 강하게 에스메랄다를 향한 열정의 몸살을 앓는다. 그러다 그녀가 생명을 구해준 페뷔스와 밀회를 갖는 장면을 몰래 지켜보면서 격분한 나머지 페뷔스를 칼로 찌른다. 그리고 에스메랄다를 마녀로 몰아 체포당한 그녀는 모진 고문을 견디지 못하고, 페뷔스를 죽였다는 거짓 범행을 시인하여 감옥에 갇힌다.

한편 에스메랄다를 납치하려다 붙잡혀 태형을 맞았을 당시, 목마른 자신에게 물을 건네주었던 그녀의 친절에 흠모를 느낀 카지모도는 대성당 안으로 에스메랄다를 구하여 데려간다. 그런데 이 사실을 알게 된 클로드는 에스메랄다를 찾아가 또다시 사랑을 애원하자, 그녀는 카지모도가 주었던 호각을 불어 위기를 모면한다.

그러나 에스메랄다를 향한 욕정을 끊을 수 없었던 클로드는 작가이며, 시인으로 거지들의 본거지인 '기적궁'에 들어갔다 붙잡혀 거지들이 죽이려 하였을 때, 결혼할 여자로 나타난 에스메랄다로 인해 목숨을 부지하여 그녀와 결혼을 한 것이라 떠벌리고 다니는 그랭구아르를 만나 파리의 거지 떼를 선동하여 성당을 습격하게 한다. 그 속에서 카지모도는 에스메랄다를 위해 필사적으로 싸우는 사이에 그랭구아르와 복면한 클로드는 그녀를 구출한다는 명분으로 성당 밖으로 유인한다.

그리하여 또다시 그녀를 향한 끊임없는 구애에도 외면하자, 클로드는 순찰대를 불러 체포하기 위해 귀둘 수녀의 손에 맡긴다. 늙은 수녀는 자신의 아이를 집시가 훔쳐갔기에 에스메랄다를 죽도록 미워하는데, 예쁜 분홍 신을 간직한 것을 보고 그녀가 15년 전 잃어버린 자신의 딸임을 알게 된다. 하지만 자신의 딸을 찾은 것도 잠시, 에스메랄다가 교수형에 처해지는 광경을 종탑의 난간에서 보고 있는 클로드의 잔인한 미소를 보며, 사건의 모든 진상을 알고 있는 카지모도는 클로드를 밀어 죽게 만든다. “오, 난 저 둘을 사랑했는데!”라고 말하며….

그 후 사라진 카지모도는 에스메랄다를 껴안고 발견된다. ‘송장을 떼어내려 하자…. 먼지로 화해버렸다.’는 꼽추의 순수하며 고독한 사랑이 그대로 묻어나 있다.

성직자로서 불태운 욕망과 집착이 만들어낸 비극의 용서받지 못할 불씨를 보면서 양부임에도 불구하고, 죽일 수밖에 없었던 카지모도는 흠모했던 여인의 억울한 누명을 벗겨주었던 것이다. 그리고 에스메랄다 곁에서 함께 죽은 사랑으로 그 자신을 숭고하게 재판하였다.

그러나 자신을 구해준 페뷔스(태양이란 라틴어)를 향한 에스메랄다의 사랑 또한 절대적이었다는 것은 그녀의 염소를 페뷔스라고 부른 것으로도 알 수 있다.

가장 안타까운 것은 부모를 찾아줄 부적이나, 순결을 잃으면 부적의 효과도 사라진다는 것까지도 극복하며 이루려는 사랑이었다. 하지만 페뷔스는 현실적인 사람으로 자신의 길을 걷는 부분에서 그의 사랑은 절대적인 것이 아니었음을 알 수 있다.

그리고 부주교 클로드가 학문의 탐닉에 자신의 행복이 있다고 믿었지만, 몽상적인 성격이었다는 것을 알 수 있는 내용으로 ‘의학은 몽상의 딸이다.’와 ‘진리는 연금술이다.’라고 말한 것이다. 이처럼 원래의 선한 마음이 여인의 아름다움에 반한 것으로 악의 근원은 신성한 영역을 모두 파괴하였고,

결국엔 사회적 물의까지 일으키게 만들어버렸다.

그런데 이 작품 속에서 카지모도가 신성불가침의 피난장소인 대성당 안으로 에스메랄다를 데리고 간 것처럼 우리나라의 삼한(마한, 진한, 변한) 시대에도 신성시하는 '소도蘇塗'가 있었다. 그래서 그 지역으로 죄인이 들어가면 잡을 수 없었는데 중세 도시 또한, 야만적으로 휘둘러지는 사법권으로부터 시민을 보호하기 위하여 궁전이나 제후의 저택, 사원에 피신처를 두었던 것으로 우리의 삼한시대와 비슷한 제도였다는 점에 선조들의 현명한 일면을 엿볼 수 있었다.

특이할 만한 것은 빅토르 위고 자신이 노트르담 성당의 탑 속에서 발견한 ANA'TKH(숙명)라 새겨진 글씨를 토대로 하여, 클로드라는 인물을 중심으로 역사 속에 길이 빛나는 이 작품을 완성하였던 것처럼, 사소한 것에서도 소재를 찾는 새로운 발상의 전환을 생활 속에서도 활용한다면 불가능한 일은 없다고 본다.

또한 이 소설에는 노트르담 사원의 자세한 묘사가 돋보이나, 훼손되어 원래의 모습을 잃어가는 것을 안타까워하는 문화재를 향한 각별한 애정을 느낄 수 있다. 그런데 숭례문이 불탄 것을 보면서 문화유산을 소중히 지켜야 한다는 각성이 있었듯 사소한 것에서도 지나치지 않고, 관심과 애정으로 빚어낸 이 작품처럼 우리도 매사에 쉬이 흘려버린 것들은 없었는지 뒤돌아볼 일이다.

81. 좀머 씨 이야기

① 저 자 : 파트리크 쥐스킨트 지음, 장 자끄 상페 그림, 유혜자 옮김
② 분 류 : 소설
③ 출판사 : 열린책들
④ 쪽 수 : 125

줄거리 및 감상

『마시멜로 이야기』, 『피라니아 이야기』, 『흑설공주 이야기』, 『어른이 되는 이야기』 등의 작품을 읽어내며 '이야기'에 대한 정의를 많이 생각해 보았다. 나의 소견으로 '이야기'란 어떤 형식에 준하여 하는 것이 아니라, 편안한 마음으로 듣는 상대방에게 자연스럽게 기억에 남을 수 있는 교훈적인 것을 전하여 주는 것이 아닐까 한다.

이와 같은 나의 소견처럼 위에 나열된 책들은 교훈과 감동을 주고도 남음이 있었으며, 또한 깊은 성찰을 통해 깨달음을 주는 반면에 『좀머 씨 이야기』는 중편소설로 책의 내용과 기가 막히게 조화를 이룬 그림들로 이루어져 책을 읽는 즐거움은 배가 되었다. 아울러 일찍이 읽었던 쥐스킨트의 또 다른 작품 『향수』를 통하여 작가의 세계를 알고 있었던 까닭에 『좀머 씨 이야기』를 읽어가다 보니, 작가 특유의 체취가 느껴져 이 작품을 이해하는 데 많은 도움이 되었던 것 같다.

40여 년 전 화자이며, 주인공인 '나'는 어린 시절 하늘을 나는 꿈을 실현코자, 갈릴레오 갈릴레이의 '낙하의 법칙'에 의한 과학적 근거를 생각하며 성장한다. 그러면서 자신의 인생길에서 몇 번 만났던 이상한 방랑의 길을 살다간 좀머 씨의 이야기를 시작한다.

지팡이, 배낭을 메고 아무런 볼일 없이 호수를 중심으로 하루도 빠트리지 않고 걸어다니는 좀머 씨를 마을 사람들이면 모두가 알고 있다.

어느 날 우박을 동반한 비는 그쳤으나, 아수라장이 된 날씨 속에도 걷고 있는 좀머 씨의 곁을 지나던 아버지께서 "그러다 죽겠어요." 라며 자동차에 탈 것을 권유한다. 그러나 좀머 씨는 "그러니 나를 좀 제발 그냥 놔두시오!" 라고 말하자 아버지는 어쩔 수 없이 지나쳐간다. 그 일이 있고 나서 어머니를 통하여 좀머 씨는 '밀폐 공포증 환자(Klaustropbobie)'란 사실을 알게 된다.

그 후 13세이 된 '나'는 미스 풍겔 선생이란 분으로부터 피아노를 배우는데, 그녀는 괴팍한 사람으로 어느 날 화자인 내가 자전거를 배워 학원 가는 길, 개가 무서워 지나가지 못해 학원에 늦게 되자 혼을 낸다. 억울한 처사에 자살을 하려는 '나'는 '낙하의 법칙'을 토대로 하여 나무에서 떨어지려 하였으나, 지나던 좀머 씨가 이상한 기척을 느꼈는지 둘러보곤 배낭 속의 빵을 꺼내 몰아 먹고, 지팡이로 탁― 탁― 탁― …. 하며 떠나는 그로 인하여 '나'의 엉뚱한 자살 소동은 막을 내린다.

어느덧 세월이 흘러 아버지는 "집에서 음악을 연주하는 습성을 망쳐놓고, 눈을 나쁘게 만들기도 하고, 가족생활을 마비시킬 뿐만 아니라, 사람을 전반적으로 멍청이로 만들기 때문이다."라며 TV를 들여놓지 않자, 미켈네 집에서 TV를 보고 집으로 돌아가는 길에 신발을 신은 채 호수로 들어가는 좀머 씨를 혼자서 보게 된다. 그 후로 '나'는 좀머 씨의 일을 비밀리에 간직한다. 그 아저씨의(나무 위에서 들었던) 신음소리와 우박을 동반한 빗속을 걸으며 떨리는 입술로 "그러니 나를 좀 제발 그냥 놔두시오!"라는 말의 기억 때문에….

햇빛을 싫어해 창문을 가리고 사는 '은둔자', '약간 비위생적이다'라는 느낌에 다른 사람들과 악수조차 꺼려하는 쥐스킨트.

그러나 제 2차 대전 후의 시대 상황에 쓰여진 것으로 미루어볼 때, 어쩌면 좀머 씨는 전쟁의 참혹한 경험으로 두려움을 피해 다니는 도망자가 되었을지도 모른다며 역자 후기에 있음을 보면서 공감이 갔다. 또한 '밀폐 공포증 환자'란 부분에서도 쥐스킨트 자신의 삶과 좀머 씨의 삶에는 풀어야할 방정식이 "그러니 나를 좀 제발 그냥 놔두시오!"란 말로 성립이 되는 듯싶다.

이처럼 특별난 성격의 소유자기에 더욱 신비로운 쥐스킨트의 여성성을 느낄 수 있는 세심함과 부드러운 문체, 또한 다소 위축이 되는 폐쇄된 공간과 중후한 무게감이 느껴져 다가서기 힘들다는 생각을 할 수 있으나, 이것이 그만의 색色이요, 맛이며, 멋이 아닐까?

따라서 철저히 자신의 방식대로 삶의 방향을 열어가며 제어할 줄 아는 절제성이 있어 오히려 더욱 폐쇄된 세계 속에서 고독을 즐기며 작품의 새로운 방향을 모색하고 있는지도 모를 일이다. 그런데 괴팍한 사람들을 볼 때면 인상이 찌푸려지기도 하지만, 남을 험담한다거나 사사건건 개입하여 불필요한 관심으로 오히려 부담감을 느끼게 다가서는 그러한 사람들과 다르게 남에게 피해를 주거나 도움을 받지 않는 방관자들….

어쩌면 사회의 전반적인 흐름도 남의 일에는 결코 관여하지 않는 사람들에게서 느끼는 각박한 현실과 흡사한 듯하다.

나 또한 때론 관심을 갖고 다가서는 사람들과 진심으로 염려하는 사람들의 호의를 벗어나, 아무도 관여하지 않는 무無의 세계에 자신을 방치해놓고픈 때도 있다.

하루, 이틀 아니 잠시만이라도….

그러한 잠시 자신의 그 무엇도 세상으로 자유로워진 마음의 평정이 올 때, 순간 차분한 마음 가운데 눈 감으면 적막한 호숫가를 탁- 탁- 탁- 지팡이를 짚으며, 걷고 있을 좀머 씨의 모습이 한 폭의 그림이 되어 나의 영상에 맺힐 듯하다.

『태백산맥』 외 80편의 독서감상문

초판인쇄 : 2009년 5월 20일
초판발행 : 2009년 5월 25일

지은이 : 박 정 희
펴낸이 : 서 정 환
펴낸곳 : 신아출판사

등 록 : 1984년 8월 17일 제28호
주 소 : 전주시 완산구 태평동 251-30
전 화 : (063) 275-4000, 252-5633
E-mail : sina321@hanmail.net

값 13,000원
ISBN 978-89-5925-567-2 03810